本书得到国家自然科学基金（71373227）、上海高校知识
服务平台（海派时尚设计及价值创造知识服务中心）资助

创意产品：价值实现与价值评估
Creative Products:
Value Realization and Valuation

何 琦 著

图书在版编目（CIP）数据

创意产品：价值实现与价值评估/何琦著. —北京：经济管理出版社，2014.4
ISBN 978-7-5096-3090-7

Ⅰ.①创… Ⅱ.①何… Ⅲ.①产品开发—研究 Ⅳ.①F273.2

中国版本图书馆 CIP 数据核字（2014）第 079133 号

组稿编辑：陈　力
责任编辑：谭　伟　高　娅
责任印制：黄章平
责任校对：超　凡

出版发行：经济管理出版社
（北京市海淀区北蜂窝 8 号中雅大厦 A 座 11 层　100038）
网　　址：www.E-mp.com.cn
电　　话：（010）51915602
印　　刷：三河市延风印装厂
经　　销：新华书店
开　　本：720mm×1000mm/16
印　　张：16.25
字　　数：301 千字
版　　次：2015 年 1 月第 1 版　2015 年 1 月第 1 次印刷
书　　号：ISBN 978-7-5096-3090-7
定　　价：38.00 元

·版权所有　翻印必究·
凡购本社图书，如有印装错误，由本社读者服务部负责调换。
联系地址：北京阜外月坛北小街 2 号
电　话：（010）68022974　邮编：100836

《海派时尚与创意经济系列》编委会

顾　问　厉无畏
主　任　刘春红
副主任　高长春　刘晓刚
编　委　(按姓氏笔画为序)
　　　　王　宏　　王　满　　王　雷　　王千红　　王宇明
　　　　王俊民　　丛海彬　　刘秀梅　　刘春红　　刘晓东
　　　　刘晓刚　　孙汉明　　江　瑶　　何　琦　　吴　翔
　　　　吴　韬　　张　贺　　张洁瑶　　杨以雄　　杨永忠
　　　　沈　蕾　　邱　羚　　陈亚荣　　陈李红　　周　琦
　　　　拓　中　　姚洪心　　赵君丽　　袁新敏　　高　晗
　　　　高长春　　喻　葵　　葛东霞　　谢志超　　谭　娜
　　　　颜　莉
总主编　高长春

《海派时尚与创意经济》系列丛书
总　序

　　自20世纪30年代初期，中国文坛"京海"之争以来，"海派时尚"作为上海特有的社会、文化、艺术现象，引领上海经济，始终走在亚洲最前列。传承了吴越文化和江南文化内涵的"海派时尚"文化，不仅具备雅致、细腻、隽永的特点，还具备开拓创新、善于吸收外部文化精髓的特质。"海纳百川、兼容并蓄"是对"海派时尚"文化最精辟的总结和描述。

　　"海派时尚"文化对城市经济、区域产业、文化创意产业的研究，兴起于21世纪初，缘起后工业化时代人们对于经济过快发展带来负面作用的反思和时尚创意产业在世界范围内的蓬勃发展及其对城市经济的持续性推动作用。然而，对于"海派时尚"产业以及相关领域的理论研究，特别是针对上海城市发展特殊性和中国经济体制转型过程中的时尚创意产业发展方向与发展路径研究，更显得匮乏。

　　上海作为"海派时尚"文化的城市载体，时尚产业的发展越来越受到政府重视。2008年9月，上海市人民政府办公厅向全市转发了上海市经济和信息化委员会（简称经信委）、上海市发展和改革委员会（简称发改委）制定的《上海产业发展重点支持目录》，其中的"生产性服务业"明确了"时尚产业"的条目，并明确使其作为产业发展的导向。时尚产业是典型的都市产业，跨越了高附加值制造业与现代服务业的产业界限，是多重传统产业的组合。围绕未来建设"全球城市"的目标，上海时尚产业总体沿着"世界时尚展览展示中心、亚太时尚体验消费中心、东方时尚创意中心"的道路迈进，形成了具备一定创新能力，具有多元性"海派时尚"文化生产要素、市场要素、制度要素和辅助要素的一系列开创性价值创新体系架构。并在此架构上，探索出符合上海城市发展特点的时尚产业价值创新发展路径。

　　目前，上海的"海派时尚"产业已经具备一定规模，尽管与伦敦、纽约等城市相比仍有一定距离，但是"海派时尚"文化的影响力和驱动力逐渐显现，海派时尚创意产业园区、海派时尚产业公会组织、海派时尚节事，成为上海时尚产业发展的标志性内容。价值创新的原动力逐渐明确、耦合机制日益成熟、发展路径日渐明晰，需要理论研究的及时跟进。

本系列丛书的出版，不仅能够帮助研究者了解"海派时尚"文化背景下时尚产业发展的基本脉络，也能够让更多的学者、学生和时尚爱好者了解上海时尚产业的相关政策和发展趋势。只有群策群力、共同参与，才能让"海纳百川、兼容并蓄"的上海城市文化精神永远传递。

另外，在丛书的编写和出版过程中，经济管理出版社陈力老师给予了大量帮助，东华大学刘春红副校长给予了众多关心与关怀。袁新敏副教授、谭娜博士、何琦博士、颜莉博士、张洁瑶博士、丛海彬博士、张贺博士生、高晗博士生、周琦博士生、江瑶博士生等参与丛书部分书稿编写及校对。对以上老师和学生们所付出的工作和努力表示由衷的感谢！

高长春

2014年春于上海

前言

　　创意产业概念的提出距今不过短短十余年，创意经济的风潮却已经席卷全球，在文化与科技融合发展的今天，创意可以迅速转化为产品到达消费者的手中。创意产品的种类越来越丰富，创意市场不断扩大，创意产业对于经济的拉动作用不断显现出来，许多国家及地区在政策和发展战略规划方面也开始对创意产业有所倾斜。在创意产品市场迅速繁荣的同时，对于创意产品市场研究的不足也暴露出来，创意持有人关注创意产品如何实现市场价值的最大化，创意购买者则对创意产品价值评估问题充满疑问，由于创意产品价值的复杂性与不确定性及市场信息的不对称性，创意产品市场价值评估问题引起了所有创意市场参与者的关注。创意产品的市场价值评估既是交易的基础，也是进一步进行创意产权开发和投、融资的依据。在对这些实际问题的观察与思考的基础之上，本书综合运用文献研究法、博弈论、扎根理论、问卷调研法、统计分析和实证检验法对创意产品市场价值实现机制与价值评估相关问题进行了一系列的研究。

　　本书在对现有文献相关研究进行梳理的基础之上，对创意产业及创意产品的概念、特征和分类进行界定，指出创意产品是多维度价值的动态集合，融合多学科的价值论观点，结合创意产品的价值特征提出了文化价值与知识产权价值双重实现的创意产品市场价值实现机制。从产品自身与市场两个角度分析创意产品市场价值实现的影响因素，应用动态博弈分析方法对创意产品转让交易中的价格形成过程与约束条件进行分析,提出创意产品的市场价值决定依赖于交易双方动态博弈的精炼贝叶斯均衡,具体来说,受均衡策略以及后验概率的影响,创意购买者必须提前对创意产品的市场价值进行评估。在后续研究中从知识产权价值评估与文化价值评估两个角度出发,研究创意产品市场价值评估模型。结合国内外市场价值实现模式对不同的创意产品案例进行分类讨论,与市场紧密结合,并通过文化价值与市场表现的差异,对国内创意产品文化价值提升、文化营销策略以及知识产权开发策略提出了相应的建议。最后在创意价值增值的基础上,按照市场价值实现最大化的思路,从价值主张、价值创造、价值网络、价值获取几个商业模式构成的基本要素出发,对创意产品的商业模式创新路径提出有创建性的分析,并结合案例进行讨论。

本书的出版得益于博士导师高长春教授的无私指导,依托东华大学、上海工程技术大学的宝贵资源,撰写过程中获得了上海工程技术大学管理学院、投资金融系领导、老师们的大力支持和关怀,更是得到了许多同行、同门的无私帮助,和他们的学术交流使我受益匪浅。本书从市场价值实现与评估对创意产品市场影响这一热点问题进行了深入研究,付出了大量的时间、精力。在认真研究、思考、总结以及形成书稿的过程中,深刻感受到自身水平有限、所知尚浅。即使许多先贤前辈已经踏出前路,但是追随探索中仍多有迷茫困惑,也付出了巨大的努力,每个小小的创新都是举步维艰,要不断地推敲、验证之后才能阐明自己的观点和思想。书中表达不精练、不缜密之处还需在今后研究中进一步完善。期望自己的研究成果对创意产品市场研究发展是有益的补充和探索。在未来笔者会继续坚持这一方面的研究,期待能做更多的尝试和探索。

何 琦

2015 年 1 月

目 录

◎ **第一章　创意产业及创意产品市场的兴起与发展** / 001

　　第一节　创意产业本质、内涵及动态发展历程 / 002

　　第二节　基于经济与文化双重语境的价值论争 / 010

　　第三节　创意产品市场勃兴及相关研究进展 / 018

　　本章小结 / 043

◎ **第二章　创意产品概述** / 045

　　第一节　创意产品的内涵 / 046

　　第二节　创意产品的特征 / 049

　　第三节　创意产品的分类 / 053

　　本章小结 / 056

◎ **第三章　创意产品的价值分析** / 057

　　第一节　创意产品的核心价值 / 057

　　第二节　创意产品的价值构成 / 062

　　第三节　创意产品分类价值构成 / 064

　　本章小结 / 066

第四章　创意产品的市场价值实现机理分析 / 067

第一节　创意价值链解构 / 067
第二节　创意产品价值形成机理 / 070
第三节　创意产品价值实现机制 / 072
第四节　案例分析：莫奈特展——艺术商业新结合 / 077
本章小结 / 081

第五章　创意产品市场价值实现的影响因素分析 / 083

第一节　创意产品市场价值实现影响因素框架分析 / 084
第二节　基于产品角度的创意产品市场价值实现影响因素分析 / 092
第三节　基于市场角度的创意产品市场价值实现影响因素分析 / 101
第四节　创意产品市场价值实现中的不完全动态博弈分析 / 110
本章小结 / 120

第六章　动态化视角下的创意产品市场价值评估体系构建 / 121

第一节　创意产品市场价值评估相关理论基础 / 121
第二节　创意产品市场价值评估体系总体设计框架 / 131
第三节　创意产品市场价值评估指标体系构建 / 138
第四节　创意产品市场价值评估指标体系设计 / 147
本章小结 / 148

第七章　创意产品知识产权价值实现与评估 / 151

第一节　创意产品知识产权市场价值实现的动态选择 / 151
第二节　创意产品知识产权价值评估类型与现有评估方法比较 / 154
第三节　创意产品知识产权价值评估 / 160
本章小结 / 167

第八章　创意产品的文化价值实现与评估 / 169

第一节　创意产品文化价值的市场实现 / 169
第二节　创意产品文化价值评估模型设计 / 173
第三节　电影产品文化价值特征价格模型构建 / 185
第四节　电影产品文化价值评估模型实证与应用 / 191

本章小结 / 211

◎ 第九章　基于创意产品市场价值实现的商业模式创新研究 / 213

第一节　基于市场价值实现的创意产业商业模式构成 / 214

第二节　基于价值主张的商业模式创新——以《魔戒》为例 / 222

第三节　基于价值实现机制的商业模式创新——以《来自星星的你》为例 / 224

第四节　基于价值网络的商业模式创新——以雅昌艺术网为例 / 227

第五节　基于大数据时代产业联动的商业模式创新——以《纸牌屋》为例 / 231

本章小结 / 234

参考文献 / 235

后　记 / 253

第一章
创意产业及创意产品市场的兴起与发展

时至今日，创意产业的发展已成为各国在全球知识经济竞争中取得优势的关键，创意产业的经济效益实现问题受到全球的广泛关注。创意产业为人们提供的是满足精神需求的文化创意产品或服务，无论对创意产业冠以何种称谓，"创意"都是该产业得以存在和发展的基础，整个创意产业就是一条以创意的产生、传输和消费为核心环节的价值链条。从国内外的实践经验来看，创意产业的经济效益实现主要是通过创意产品的直接交易、创意产品知识产权开发等一系列市场活动进行。创意成果通过知识产权取得商业价值，拥有创意成果的组织或个人将其作为一种资本进行产权交易、产业化运作，资本投资逐渐成为当前创意产业发展的一大趋势。创意产业融合了多个行业，具备独特的文化艺术特征且兼顾市场价值，这都与传统产业有本质的不同，因此，必须首先深入理解创意产业、创意产品市场的兴起与发展过程。

尽管创意产业这一概念提出的时间相对较短，但是对于与其紧密相关的文化产业、文化产品价值的研究其实由来已久，无论是哲学家、社会学家、人类学家还是经济学家都对这一领域有过相关的论述，不过长期处于互相割裂的状态，没有形成跨学科的交流。直至创意产业概念的提出与相关研究的深入，才使得相关的研究内容和方法历经由简单到复杂、从单一学科到跨学科交流研讨的过程开始渐渐完善。创意产业的兴起和发展彰显了文化与经济融合的魅力，研究人员认识到文化价值与经济价值也不再是完全割裂的两个个体。随着基本理论框架的完善，艺术家与经济学家都开始关注如何在市场上实现文化创意的价值,长期以来文化领域与经济研究领域的隔阂终被打破,尽管仍存在一些分歧,但是关于创意、文化层面的价值分析与市场中这些价值的经济估值有了一定的跨学科的研究进展。

围绕本书的主题,本章首先阐述创意产业动态发展历程以明确创意产业本质、内涵、基本特征,并基于价值实现方式对创意产业进行系统分类,这有助于在此基础上研究创意产品的价值特征与分类。其次梳理涉及经济学、哲学以及文化价值理论的研究成果,总结经济领域与文化艺术领域中对于价值分析、价值评价的分歧与共识,结合目前创意产品价值分析及价值评估与创意产品市场的相关研究进展,寻求跨学科、多角度、全方位地解读创意产品价值,探索其市场价值实现机制与价值评估方法。最后介绍国内外创意产品市场兴起和发展的情况,论述在这一日益扩大繁荣的市场中进行创意产品价值实现与评估研究的意义。

第一节 创意产业本质、内涵及动态发展历程

作为一个在发展中不断拓展变易的概念,正确理解创意产业概念、内涵及其演变有助于准确把握创意产业本质属性与特征。现有研究对创意产业提出了许多定义,相关的产业分类尚未统一。这直接或间接导致了计量、比较创意产业经济研究方面的困难。现有创意产业分类标准比较模糊,在相当大程度上是由于忽视了创意产业是一个动态变化的产业,要动态地考虑创意产业分类(苏启林等,2007)。通过回顾创意产业内涵的变迁,对创意产业各种命名方法、定义方式、核心内容加以对比和分析,明确创意产业的核心特征与分类原则,并从价值实现角度进行系统化的分类,为后续研究与比较分析提供理论依据。

(一)创意产业发展阶段性分析及概念演变

创意产业的发展总体经历了三个阶段。第一阶段是1945~1975年,新复制技术的进步使得传媒市场迅速扩大。这一时期明确提出文化产业的概念,其发展阶段处于萌芽期。本阶段的主要特征是政府干预。欧洲及美国均主要采取国家干预与补贴政策支持文化产业,但是在产业发展方面政府干预的理念、性质、程度方面有所区别。

第二阶段是 1975~1995 年，创意产业发展开始向市场化转移（Hesmondhalgh, 2002；Murdock, 2003）。创意产业市场化过程是四个方面共同作用的结果：其一，新自由主义的崛起，主张自由市场的力量能创造出最高的价值，奠定了思想理念的基础；其二，国有媒体私有化进一步促进了市场竞争化；其三，立法方面对于媒体和电信部门放松管制激励了自由创新；其四，Fligstein（1990）认为专业化与商业化发展趋势显著影响了政府对非营利性文化组织的政策。市场化对于文化生产产生了重大影响。第一，新自由主义、私有化、放松管制以及所有制结构协同作用，促进了大规模文化产业的崛起。第二，Tunstall（1986）、Schiller（1989）、Bagdikian（2000）、Hesmondhalgh（2002）均认为市场化使文化产业呈现出多样性和集中化。第三，不断增长的顾客需求与不断细分的市场导致了市场的进一步膨胀以及市场的分裂。市场化使得创意产业开始进入了蓬勃发展的新阶段，竞争机制促进了企业不断创新，文化组织的商业运作不断发展，盈利能力开始提升，创意产业对于经济增长的拉动作用初步显现出来。

第三阶段自 1995 年开始至今，创意产业在延续第二阶段市场化的基础上有了更为复杂的变化发展，进入了繁荣期。创意经济引领经济发展方式转变的主导地位初步确立，作为一种创新增长模式得到了广泛认同。这一阶段的基本特征包括数字技术、信息网络的广泛应用使得文化生产变化加剧，生产要素从资源资本到知识创意，市场以效用中心转为以价值为中心。从宏观来看，国家层面对于文化产业创造价值、转变经济发展方式的作用有了更为深刻的认识，政府支持文化产业发展的政策标准和投资工具有所转变。在生产方面，私营与公共组织关系重组，产业趋于集中化，经营范围扩张，新复制、分销技术的进步（Beck, 2003；Picard, 2002），数字化内容都促进了市场的扩大与产品种类的丰富。在消费者需求方面，社会个体通过选择性文化消费彰显个性。其消费模式呈现出两种貌似自相矛盾的状态。一方面，人们花在电子信息产品、服务上的时间越来越长，家庭娱乐产业增长迅速，人们愿意自娱自乐；另一方面，人们热衷于参与集体体验的现场表演等活动，如体育赛事、主题公园、演唱会、音乐会等（Mommaas, 2000），如图 1-1 所示。

由于不同的历史环境、发展阶段、国家战略、地域特征、文化政策、主导趋向的共同作用，创意产业概念呈现出根据社会经济实践动态演变的特征。上述的阶段性分析表明创意产业的发展是各种力量动态平衡的结果，并正在经历日益复杂的转变。对以往学术和政策中提出的相关概念的历史性回顾有助于梳理文化创

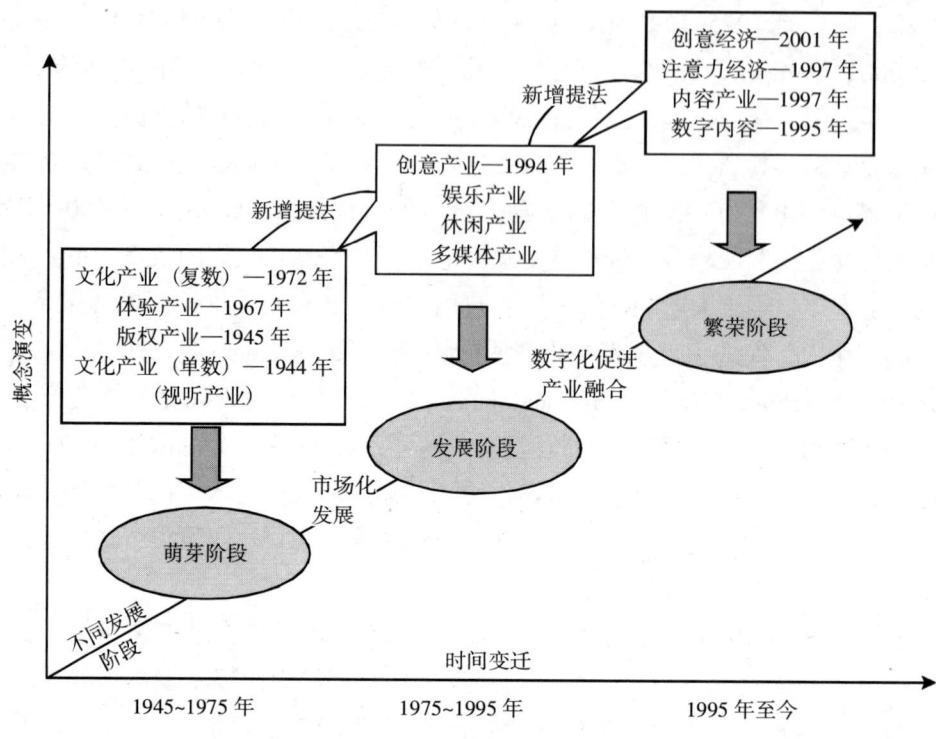

图 1–1　创意产业概念演变

资料来源：笔者整理分析。

意产业内涵的演变过程，反映创意产业的本质，进而明确创意产业的概念、特征及分类。

Horkheimer 和 Adorno（1944）发明了文化产业（culture industry）一词（这里的产业用的是单数），文化产业有了统一的概念。但是这一观点集中于文化商品为大众消费所带来的文化的和社会的负面影响上。从 1972 年起，学者们如 Huet，Miège，Girard 乐于将其称为 "cultural industries"（这里的产业用的是复数）。变化的术语反映了 Horkheimer 和 Adorno 立足的单一视角不再符合时代发展的需要，文化部门不能被当作一个统一体而应加以区分看待；其错综复杂的生产工艺、消费结构和美学形式需要特殊的分析方法。

版权产业的概念于 1945 年提出即被 UNESCO 认定为是国际贸易中最为重要的产业组成之一。与传统产品贸易相比，基于版权的文化产业在大多数国家的工业产值中占据了非常重要的部分。Hesmondhalgh，Throsby，Towse 将版权产业概念与文化创意产业中的耐久性产品联系起来。Bettig, O'Connor, Throsby 将版权产业描述成强调知识产权的文化产业。Towse, Howkins 同政策制定 DCMS (1998) 一样认为版权是创意产业的核心, 目前版权产业越来越受到重视, 许多经济学家将知识产权价值认定为创意产业的核心价值, 影响力也越来越大。

体验产业也有较为悠久的历史, 这一概念在 1967 年由 Guy Debord 提出, 文化经济学家们认为体验生产是第四种经济产品, Mommaas (2000) 提出了体验经济、体验产业的概念。King 和 Sayre (2003), Wolff (2000) 认为娱乐产业是体验产业的一部分。学术和政策的研究者如 Pratt, Wolff 等均认为创意产业不仅生产文化服务也生产文化体验。休闲产业在 20 世纪 70 年代进入快速发展时期。休闲产业主要指与人的休闲生活、物质的及精神的休闲需求、休闲行为密切相关的产业领域,尤其是以旅游业、娱乐业、服务业为龙头形成的产业系统, 同时为人的文化精神生活追求提供保障。这三个概念都具备体验的特征又强调娱乐休闲价值的感知, 三者界限比较模糊。文化产业与娱乐休闲和体验产业有交叉, 但是, 文化产业又区别于后者, 因为它生产具备文化意义以及特定生产和消费模式的符号性产品与服务, 而其他娱乐休闲行业生产服务的意义主要与产品特点有关。

现有文献中极少讨论创意产业与文化产业的异同。在学术文献和政策文件中, 两个概念都经常用到。不仅 UNESCO、EU、WTO 等国际组织经常会用到这两个概念, 学者们也经常同时使用这两个概念。从特征来说这两个概念并无本质区别。Caves (2000) 关于创意产业特征的总结与 Hesmondhalgh (2002), Murdock (2003), Throsby (2001) 总结的文化产业特征基本一致。学术界认为在生产和分销过程中, 艺术家地位、文化中介、宏观结构、消费者、产品和剩余价值等方面, 文化和创意产业都呈现出基本相同的特征。这种相似也解释了二者为何如此如影相随。只不过文化产业这一提法的历史远比创意产业悠久。自 2005 年开始, 由于政治因素的驱动, 创意产业渐渐开始处于上风, 比文化产业运用更加广泛。

在宽泛的创意经济研究中上述称谓均被视为同一概念, 但又各有侧重。其中, 版权产业强调产品版权交易的消费特征, 内容产业重视产品包含的创意内容, 文化产业主要是从宏观政策层面来定义, 创意产业的定义突出了创意阶层的核心作用, 数字内容强调技术对于产品创意内容的支持与融合。表 1-1 结合创意产业发展的不同阶段从定义角度、核心价值对创意产业相关术语的演进过程进行了比较分析。

创意产业名称界定及演进比较见表 1-1。

表 1-1　创意产业名称界定及演进比较

相关术语	定义角度	价值核心	演进过程
视听产业	产品类型	信息含量	技术进步—沟通方式转变—市场扩大—注重市场权益—创意产业萌芽
文化产业	宏观政策	文化资本	
版权产业	市场权益	知识产权	
体验产业	顾客需求	感知价值	市场化发展—客户需求导向—创意产业发展—创意阶层崛起
娱乐产业		娱乐趣味	
休闲产业		生活方式	
创意产业	创意阶层	创意性活动	
内容产业	产品内容	精神内容	知识经济、数字技术耦合化发展——产业融合 公众文化需求觉醒——文化市场扩大 ⇩ 创意产业繁荣
数字内容	产业融合	技术与信息	
注意力经济	资源稀缺性	公众注意力	
创意经济	经济形态转变	市场价值	

资料来源：笔者分析。

尽管不同的提法都与社会经济、技术发展相耦合，其价值核心也体现在不同的维度，但是总体来看，创意产业相对其他名称更具有渗透性和融合性，呈现了一个多层次多主体的产业系统。其中，文化产业、版权产业是创意产业的核心，创意产业的门类又包含了内容产业、娱乐、休闲、体验、数字内容的多个方面，只不过更加强调创意的市场价值实现与经济形态转变的贡献及提升。当然，这些矛盾和冲突也导致了创意产业内涵与特征的复杂性。

（二）创意产业内涵界定

尽管不同产业名称包含了不同的产业门类，但总体来看都涵盖了富有文化内涵、具备原创性与精神内容的产品和服务。下文将从国家层面与学者视角对于创意产业定义进行梳理，以此明确创意产业的核心价值与共性特征，为创意产业分类分析奠定基础。

1. 国家层面对创意产业的定义

创意产业概念的提出基于近期技术的变化和世界经济的变化，同时更得益于国家、城市或地区所形成的政策架构，不同国家为促进经济增长而对创意产业的发展进行政策倾斜与宏观调控。不同国家对创意产业内涵和外延的界定有所不同。在美国创意产业受到消费者和市场驱动，而在欧洲民族文化则会受到公民权文化的局限。现有从国家角度对创意产业内涵的界定主要分为三类。一类是从创意产业知识产权开发与利用特征角度进行分析式定义，另一类是从创意产业文化与经济融合的角度进行枚举式定义，还有一类是从文化价值生产角度进行分析加枚举式定义。

第一类是英国 1998 年在《创意产业专题报告》中对创意产业的定义，"源自个人创意、技巧及才华，通过知识产权的开发和运用，具有创造财富和就业潜力的产业"，该定义是公认的最早对创意产业的权威界定，在国际上有较大的影响力。美国将创意产业称为"版权产业"，指生产和销售版权的产业，根据产品与版权关系的紧密程度分为四大类：核心版权产业，交叉版权产业，部分版权产业，边缘支撑产业。这一定义以版权为核心进行拓展，体现了对版权价值的重视。同样注重版权的还有澳大利亚与新西兰。澳大利亚创意产业与创新研究中心定义创意产业是以创意为价值资源，将新的想法变成知识产权，并通过基于项目的行业内部合作来使用和商业化这些知识产权的产业。我国台湾的一些学者认为创意产业源自创意或文化积累，通过智能财产的形成与运用，形成具有创造财富与就业潜力并促进整体生活环境提升的行业。2008 年北京市政府召开专题会议审议通过了《北京市文化创意产业分类标准》，做出了最具权威的官方界定："文化创意产业是指以创作、创造、创新为根本手段，以文化内容和创意成果为核心价值，以知识产权实现或消费为交易特征，为社会公众提供文化体验的具有内在联系的行业集群。"这一定义强调了创意产业的交易特征，是对文化市场实践的理论总结与指导。这些国家对创意产业界定都采用了分析核心价值进行定义的方式。

第二类是从文化与商业融合的角度对创意产业进行诠释，认为创意产业是提供相关产品和服务的集合，采用枚举式列举包含的行业类别。加拿大将包括实质的文化产品、虚拟的文化服务，也包括知识产权基本概念的艺术与文化活动定义为文化创意产业。联合国教科文组织（UNESCO）也结合创意生产和商品化等方式对创意产业进行定义，认为文化产业包括文化产品、文化服务与智能产权三项内容。我国将文化及相关产业概念界定为：为社会公众提供文化、娱乐产品和服务的活动，以及与这些活动有关联的活动的集合。

第三类是从文化价值生产角度进行界定。芬兰将文化产业定义为文化意义内容的生产。韩国将文化产业定义为可以创造经济价值并与文化产品生产、销售与消费环节相关联的产业。日本将创意产业分为创意和商品生产的结合，包含的门类基本与英国相同。

2. 不同学者对创意产业的定义

Caves（2000）认为创意产业提供给我们宽泛地与文化的、艺术的或仅仅是娱乐的价值相联系的产品和服务。他引用了产业经济学理论和合同理论诠释了创意产业中的具体经营行为。这一定义由于其范围的狭窄，产业界定的具体可操作标准的模糊，因而鲜有国家和地区采用，但是作为理论研究，其独到的角度还是引起了学术界的广泛关注。Throsby（2000）以思想的创造作为创意产业的核心，认为创意产业是以传统文化艺术为中心向外扩展的同心圆。Howkins（2001）主张创意产业应该包含知识产权法保护的部门。他指出创意经济的重要性不仅限于这些产业或是某个产业集群，而是基于某种运作模式，这种运作模式广泛存在于所有产业中。Florida（2004）认为不能把创意产业简单视为一个部门或行业的分类，创意产业在当代经济中的异军突起表明了一个职业阶层的崛起，而创意人才是遍布于许多部门或行业的，他推崇的是创新和个人创造。随着互动式媒体的发展以及 SNS 的推广，创意产业的定义又有了新的变化。Hartley（2005）认为创意产业着力描述创意艺术的理论与实践（个人才能）在新媒体技术语境中和新知识经济中与文化产业（大众规模）的结合，是服务于公民——消费者间新的互动关系的理念。Jason Potts，Stuart Cunningham，John Hartley（2008）从社交网络市场（social network markets）的角度对创意产业进行定义，"创意产业是包括创造和社会关系维护以及在社会关系网中为了维持关系网而做出生产和消费决定，并由此创造价值的一组经济活动"，指出分析创意产业不应该从产业角度出发，而应该从市场的角度入手。从专家学者对创意产业的分析来看，创意产业是市场经济运行的高端方式，其发展方式更加动态化，在依靠创新和市场消费推动的同时又不断地改变市场、创造市场。代表学者定义比较分析见表1-2。

表 1-2 代表学者定义比较分析

代表作者	定义视角	关键词	适用范围
R.E.Caves	委托代理	市场供需	市场交易分析
David Throsby	创意价值	同心圆模式	边界分析
R.Florida	创意阶层	个人创造	创意产业评价
John Howkins	产权归属	知识产权	产权分析
John Hartley	产业融合	互动关系	产业、组织结构分析
Jason Potts	市场决定	社交网络	生产、消费决策分析

资料来源：笔者依据文献整理分析。

综上所述，创意产业是一个与个人创造力，与知识产权相关的概念，以文化创意为关键生产要素，以市场价值实现为导向，充分体现了产业发展方式的融合创新，不仅注重文化的产业化，更注重产业的文化化，强调产业间的融合和渗透。从国家政策层面和学术界对于创意产业内涵的界定可以看出，尽管定义视角不同、范围不同，但是对于创意产业的本质把握基本一致。总的来说，各界对创意产业的界定基本体现出三个特征：

（1）创意产业以文化资源为基础，以创意为核心生产要素，以文化内容和创意成果为核心价值。

（2）创意产业以知识产权为核心资产，创意通过现代产权制度形塑成知识产权，并通过知识产权的开发和运用实现创意成果的价值，以知识产权的交易为显著特征。

（3）创意产业包括有形文化产品、无形文化服务与知识产权三项重要内容，重塑传统产业系统实现其创造财富的商业化结果。

（三）创意产业价值特征

从价值角度分析创意产业是当今理论研究的主题，由于创意产业对经济强大的驱动作用促使人们探究其核心价值来源与价值创造的内在机理。

Jeffcutt，Pratt（2002）从产业价值链角度分析创意产业的特征，由于文化因素的驱动，创意产业具有很强的渗透性，能够将技术、商业、创造和文化融为一体，且在生产环节上不仅占据了价值链的高端，而且具有跨产业部门、跨职业、跨政府部门的重要特性。金元浦（2004）从创意需求、创意产品、创意人员三个方面来分析创意产业的基本经济特点，提出了创意需求的不确定性高，创意产品有差异性和多样化的特征，创意人员有其精神特质，强调原创精神。厉无畏（2004）通过将创意产业与传统产业相比较，准确精练地概括出创意产业独有的特征。田志伟、霍春辉（2009）从生产力形态这一角度考察创意产业的特征，他们认为创意经济的特别之处在于它产生并服务于人们新的、独特的消费需求——精神需求。创意经济的另一个重要特征在于其体现生产力水平的构成要素具有高知识性和高文化性的新内涵，创意产品具有高附加价值。李双金（2008）认为，创意旨在发现一种新的组合，分散化和不完全排他性是创意的重要特征。李新家（2006）认为创意经济的产业特征是文化资源变为共享性的资源形态，向不同的行业进行渗透，随着创意经济的发展能够扩展企业跨行业发展的空间。这一观点通过对文化经济活动的表现形式进行分析,也反映了创意产业的部分特征。孙春波(2005)主要从空间的角度对创意产业特征进行解析,认为创意产业领域与空间的包容性使其生产方式与消费方式呈现出全球性和地方性特征,其发展形态带有创新性以及风险性,其传播方式表现出一定的霸权性。这一观点从创意的生产、消费、传播角度进行了剖析,有一定的代表性,但是也存在着研究视角的局限,没有对消费特性做更为深入的研究。胡彬(2007)从广义创新的分析视角,认为创意产业的价值来源在于广义创新因素的影响,文化的社会认同力与感召力使创意产品更能经受市场考验,商品异质性特征是取得竞争优势的关键。

第二节 基于经济与文化双重语境的价值论争

价值是一个概念体系,而非一个单一的概念,价值理论是一个理论体系,而非某个单一的理论。价值理论不仅仅存在于经济学研究的范畴之内,社会学、人类学、哲学等都对价值有自己的界定论述。价值理论的发展与经济发展密切相关,反映了社会经济发展的水平,折射着经济理论的发展。之所以探讨价值问题从根本上来说是因为这是一切经济行为的出发点和动机。价值可以看做是一种估值也可以看成是一种意义,它可以是一种实际评价,也可以是一种象征意义,是定性也是定量的,因为价值几乎是每个学科都会探讨的问题。对于创意产业与创意产品来说,价值的概念更为复杂,既包含了定量也包含了定性的内容,融合了经济学的论述以及文化理论的观点。对于本研究课题来说,创意产品的价值存在于经济语境和文化语境中,与消费者市场紧密相关,又与其文化表现形式与质量有关,都体现了人们对它的价值判断。本节通过回顾经济学的主要价值理论以及文化、美学理论关于价值方面的研究进展,探析创意产品价值决定的理论基础。

(一)经济语境中价值理论

价值理论经历了古典经济学派、马克思劳动价值论到新古典经济学派的发展,形成了诸如劳动价值论、生产要素价值论、边际效用价值论、有效需求论、供求价值论、均衡价值论、创新价值论等在内的多种价值理论。按照理论学派进行分类,价值理论的发展经历了古典经济学派、马克思劳动价值论、新古典经济学派的演进；按照价值决定因素进行分类，则可分为劳动价值论、效用价值论、生产要素价值论、均衡价值论。

价值理论的核心命题在于探讨价值的源泉及其决定因素。关于价值理论的讨论在马歇尔的均衡价值理论产生之前基本从两个角度展开，其一是从供给者或生产者角度探讨价值源泉及价值决定，主要包括劳动价值论和要素价值论两种观点；其二是从需求者或消费者角度探讨价值源泉及价值决定，主要包括边际效用价值论。按照研究视角的不同众多价值理论均可以据此分类。具体来说，劳动价值论和要素价值论属于供给价值论的范畴，效用价值论属于需求价值论的范畴，均衡价值论则属于供求综合价值论的范畴。本书将价值理论从研究视角宏观层面进行分类，按照供给价值论、需求价值论和供求综合价值论三大类进行梳理。

1. 供给价值论（客观价值论）

在商品经济发展相对缓慢、物质资料比较匮乏的背景下，关于价值的研究主要从供给方面及成本方面进行考虑。人们定义的价值范畴更多的是考虑客观的产品对于人们需要的满足，尚未考虑人们的主观感受与选择，另外主要是考虑物质产品的价值，对于精神产品的价值涉及很少。由于生产要素的限制，人们主要是从成本投入的角度考虑产品的价值。劳动价值论和要素价值论是从供给价值论角度进行研究的代表。其代表学者包括：威廉·配第、亚当·斯密、大卫·李嘉图、萨伊和卡尔·马克思。但是这些学者没有一位是纯粹坚持劳动一元论的，劳动价值论与要素价值论的观点在他们的著述中有重叠交叉的部分。一般认为完整提出要素价值论的学者是萨伊与马尔萨斯。西尼尔和约翰穆勒进一步深化了这一思想，大卫·李嘉图继承了劳动价值论，卡尔·马克思进一步阐明了劳动价值论，并确立了其历史地位。英国古典经济学家威廉·配第是公认的劳动价值论的奠基人。他在《赋税论》中提出"商品的价值取决于生产商品时所耗费的劳动"这一典型的劳动价值论思想，但他也认为劳动和土地这两种生产要素都是价值的来源。威廉·配第将生产成本与商品价值联系起来，提出价值是一种客观现象，一个物品存在是因为具有效用，稀缺性使得商品具有交换价值，建立了成本—价值关系模型。

对后世有深远影响的亚当·斯密继承了配第的思想，他在《国富论》中提出了系统劳动价值论。而斯密的二重性劳动价值论也是人所尽知的事实，其"三种收入"构成价值的观点也是萨伊生产要素价值论的理论源流，至于李嘉图，他认为决定商品价值的有两个源泉，"一个是它们的稀少性，另一个是获取时所必须的劳动量"。

　　李嘉图在斯密价值学说的基础之上对劳动价值论进行了发展，他坚守商品价值是由生产中消耗的劳动决定的这一基本原理，建立了劳动价值论的科学体系。他在区分使用价值和交换价值之后，侧重分析商品交换价值的决定。同时，他提出一般商品与罕见商品的交换价值决定方式有所区别，这为后人提供了启示。但是他也存在一定的不足，将价值的决定价格相混淆。

　　马克思的价值理论批判性地继承并发展了古典主义尤其是亚当·斯密以及李嘉图的价值理论。在《资本论》、《政治经济学批判》和其他经济学著作中，马克思对各种不同意义的价值概念给出了全面的考察和把握。他严格区分物品的使用价值和商品价值、交换价值，立足于对交换价值及其内在尺度的考察，在分析商品的二重性的基础上进而分析生产商品的劳动的社会性，提出劳动只有通过交换才能成为一般的劳动，价值正是通过物与物的关系表现出人与人的关系。以古典的劳动价值论为基础，马克思认为商品的两因素根源于劳动的二重性，这从根本上转变了价值理论的发展方向，确立了科学的劳动价值论研究体系。马克思的劳动价值论对我国学者有着重大的影响，但是随着时代的发展，也出现了许多不同的认识。在目前理论界有关劳动价值论的争论中，有些学者如晏智杰教授，也明确认同了生产要素价值论；还有些学者长期坚持物化劳动也创造价值，事实上，正如很多人已经指出的是：这种观点同样是认同了生产要素价值论。

　　要素价值论认为包括劳动、资本、土地在内的三要素共同决定价值。尽管完整提出要素价值论的是萨伊和马尔萨斯，但是萨伊对于效用价值论的提出也做出了很大的贡献。当然，萨伊首先是要素价值论者，其次才是效用价值论者和供求价值论者。但是萨伊的价值理论存在许多矛盾和混淆之处，他既将价值界定为效用，也把价值界定为劳动量，在本来表现为效用属性的地方将其看做是劳动量，而在本来表现为劳动量属性的时候将其看做是效用。

　　萨伊认为效用基本上还是客观的，是满足需要的能力，是内在的物理、化学特性。同时，萨伊认为生产只创造效用（物品满足人类需要的内在力量），物品的效用是物品价值的基础，劳动、资本、土地（自然力）共同创造了产品的效用，从而创造了产品的价值，还用工资、利息、地租这三种收入组成生产费用来构成价值，当时的效用价值论仍停留在客观效用价值的论断上。西尼尔、约翰穆勒等则进一步深化了这一理论思想。

　　在我国，供给价值论占据了理论研究中心很长时间，受到政治体制的影响，许多经济研究中都运用马克思主义劳动价值论来解释相关的问题，但是随着经济不断发展、产业升级与创新，单单用劳动价值论无法有效阐释相关问题，尤其在研究创意产品的价值方面，由于产品复杂性以及劳动的复杂性，很难准确界定价值量的大小。在创意产品的研究中，仅仅从要素价值论入手进行分析，也很难完全区分每个要素的价值。因此，单独应用供给价值论很难解释创意产品价值问题。

2. 需求价值论（主观价值论）

以物品满足人的欲望的能力或人对物品效用的主观心理评价解释价值及其形成过程的经济理论，在经济思想史上称为效用价值论。它同劳动价值论相对立。在19世纪60年代前主要表现为一般效用论，自19世纪70年代后主要表现为边际效用论。该理论从需求的角度来分析商品的价值，认为效用是价值的源泉，效用同物品的稀缺性相结合而形成价值。18世纪以来，以边沁、萨伊、马尔萨斯和西尼尔为代表的学者们接连从效用、稀缺性以及二者结合的角度阐述了价值决定的问题。随着市场经济的发展，物质选择的日益丰富，人们对于价值判断的依据不再仅仅是成本的投入，而转变为主观需要，效用价值论也经历了从客观效用价值论到主观效用价值论的变化。一般来说，需求价值论主要指的是主观效用价值论，以边际效用价值论为代表。18世纪50年代，"戈森定律"在主观效用价值论基础上诞生，拉开了边际革命的序幕。随后杰文斯、门格尔和瓦尔拉在18世纪70年代几乎同时提出了最后效用程度价值论、主观效用价值论和稀少性价值论。自此之后效用价值论顺势为边际效用价值论所取代。边际效用价值理论也成为了现代西方经济学中需求理论形成的主要依据。

3. 供求价值论（主客观价值论）

边际效用价值论不仅成为继生产费用价值论后对抗马克思劳动价值论的一大重要理论，而且它对西方经济学中的传统价值理论体系提出了重构的要求。马歇尔融合了边际效用价值论和生产费用价值论等多方观点重新对价值概念进行定义，并在此基础上提出了供给与需求相结合的均衡分析法。马歇尔认为价值指的就是交换价值或价格。在此定义基础上，他提出了价值（价格）取决于供给价格与需求价格共同作用的均衡价值（价格）理论，开创了现代西方经济学家以均衡价格来衡量商品的价值的先河。他认为决定供给价格的因素是生产费用的高低，决定需求价格的因素则是边际效用的大小。供求混合价值论从此形成，价值理论也因此被价格理论所取代。均衡价格理论的观点认为商品价格取决于供给与需求的共同作用。这一理论有许多创新之处,包括用价格范畴代表价值范畴,运用供求分析法取代原有的供给与需求单一分析视角,然而均衡价值论认为商品的供求决定价值,不承认商品价值的内在属性,把供求关系当作价值的决定因素,用现象分析代替本质分析,有失偏颇。但是从市场价格的形成来看,从供求进行分析确实起到了重要作用。

回望传统经济学中价值内涵、决定因素的演变发展沿革,也正是各种学说不断争论、融合甚至颠覆的过程。在价值理论的演变过程中经济学得以迅速发展。无论是劳动价值论、效用价值论、供求价值论都是不同研究视角形成的不同流派,在研究中不应盲从。无论是马克思主义政治经济学还是西方主流经济学,主要吸取其研究问题的逻辑与方法。在对于创意产品价值问题的研究中,国内学者存在着生搬硬套马克思劳动价值论的问题,但是结合创意产品的特征可以发现,西方经济学中成功运用的分析工具有一定的借鉴意义,在经济分析中,应该利用这些有利的工具,最大程度地解释现实问题,博采众长才能有所收获。

(二) 文化语境中的价值理论

创意产业的研究与哲学、美学、艺术、人类学等广义文化理论息息相关,然而现存研究中对于创意产品价值的认知由于学科范畴的限制产生了许多争论和分歧。这些学科对于价值的研究与经济学研究的视角截然不同,有着自己的研究脉络并有着不同视角下的价值决定与价值判断标准,本部分通过文化语境中不同学科对于价值、创意产品价值及价值评价的论述,全面了解创意产品文化价值判断的不同方面。

1. 哲学、美学视角下的价值论

价值问题是哲学中最古老的问题之一,对于价值的讨论包括价值的本质、价值的来源、价值如何评价,哲学中的价值论发展也经历了从客观到主观的转变,总体来说,哲学价值论围绕着两种鲜明的观点——价值主观论与价值客观论展开。在古典哲学理论中,价值的属性如美和有用性是客观固有存在于事物中的,关于价值和美的讨论也从未停歇。直到19世纪中叶出现了以艺术本体论为主要特征的美学理论,以及19世纪中期的德奥出现了哲学价值论流派,开始将价值作为哲学的中心问题进行研究,哲学分化出许多支流,本部分将这些紧密相关的理论放在一起进行梳理。

早在古希腊罗马时代哲学就孕育了美学思想和观念,二者的交融、互用一直延续到20世纪初。自柏拉图开始对于价值与美的探讨就一直在进行。柏拉图提出了著名的"美是理念",建立了本体论美学价值观,就价值论的层面而言,柏拉图认为,美本身是超越了经验界限的一种极致完满的价值状态,他认为艺术是最低级的美的形态,而精神理念的美才是永恒的。他的学生亚里士多德则为了艺术的价值辩护,他认为艺术具有心理、伦理、社会价值和认知价值,美在于具体事物之中决定于客观属性而非主观感受。亚里士多德明确地阐述了分析和评估艺术品价值的原则,依据艺术表现的对象、表现的意义、表现的手法,根据不同的要素界定不同的价值。这就产生了价值是主观与客观的讨论,并持续到今天。

鲍姆加通使美学成为哲学机体重要的组成部分,在美学史上第一个采用Aesthetic这一术语,提出并建立了美学哲学学科,从而享有"美学之父"的称号。从黑格尔开始,美学哲学家将他们关注的领域缩小到纯艺术,并且称艺术品在促进精神内容方面有特有的作用,文化和艺术价值被看成一个主观的、超越了科学探索的范畴。哲学与美学的关系在黑格尔、叔本华时代发生了根本的变化,美学已经成为哲学的中心。这一阶段哲学的本体论几乎都是以艺术本体论为中心,充分实现了美学与哲学的统一。

康德和黑格尔都立足于各自的哲学立场建构起自己的美学理论,即审美心理学研究范式和艺术哲学研究范式,与古希腊的美的本质研究范式并称为中国当代美学研究三大范式。其中康德以"审美判断力"为切入点确立其先验哲学的美学体系。他重点分析了审美心理机制问题,其心理美学理论的核心在于强调主观感受与理性的统一。黑格尔比康德深刻之处在于他强调审美情感与理性认识的互渗性。黑格尔对于艺术形式有自己的评价体系,他认为艺术最高的价值在于创意的精神价值而不仅仅是美的体验。黑格尔同样对艺术的题材(类型)进行了排序。主要根据他们的潜在的创意理念和精神超越物质性来说,建筑处在最底层,紧接着是雕塑、绘画以及音乐,诗歌处在最上层。他认为诗歌是最普遍的精神艺术,他认为审美必须与艺术连接,艺术必须与真理连接,避免艺术降低到娱乐的层面。哲学家与美学家们给出了自己的价值评价标准,并尝试将文化价值、美学价值分解成若干组成部分,这对于创意产品的价值分析有非常重要的借鉴作用。

2. 社会学、文化人类学视角下的价值论

Malinowski(1922)是文化人类学价值论中最具代表性的学者之一,他开启了对于价值问题的深入讨论,从功能价值层面理解文化的意义。他从功能论的角度出发,认为一个社会所有文化其实只是一组工具,存在的意义是为了满足人类自身的生理和心理需求，整个市场交易系统中的价值是社会化的，各文化要素之间环环相扣且不断变动保持运作的有效性。他以特罗布里恩德群岛为中心，深入分析了当地土著居民的社会活动，以"库拉圈"为研究对象进而勾画出了整个马辛地区的美拉尼西亚人生活的方方面面，以库拉圈为中心向外推展，所有的文化项目都是为了满足社会上的个别需求，正是因为如此所有文化项目彼此互相整合、没有冲突，整体文化趋于统一稳定。他的学生 Raymond Firth（1946）追随老师的功能论观点进一步指出，一个人在选择社会收益而非经济收益时实际上的结果并不是不经济的。他们从功能性的角度解释了价值，这一结论引起了后续的讨论。Clyde Kluckhohn（1949）尝试将价值置于人类学理论的中心。他的中心假设是价值是"理想化的概念"并影响人们的选择。Arjun Appadurai（1986）提出了以人类学对文化维度的强调，为全球化争论带来一个重要转向，Graeber, David（2001）梳理了100余年来人类学中关于价值和交易问题的讨论，他在世界历史进程下重新思考了易洛魁人、库拉圈交易等问题，认为价值是一种人类的理解。

社会学的研究中，比较有代表性的是 Debreu（1959）的观点，价值被他定义为"市场价格×商品量"。Pirre Bourdieu 区分了经济领域和文化领域，提出了文化资本这一观点。他认为应该在经济领域使用价值，文化领域使用象征价值的概念。他认为价值评估是首要的，也认识到了大规模文化生产市场的崛起，是社会学家中的代表人物。Thompson（1979）提出了"垃圾理论"，他认为价值在运行中有三种形式。最低级的是垃圾，可以被忽略。最常见的是短暂价值，在项目的使用期限内，最高级的是持久价值，在任何时代都可以实现，只有少数作品可以达到。他认为文化艺术语境下的价值是长久的，而市场语境下的价值是短暂的。Smith（1988）从估值的个人体验出发，"我们总是计算事物对我们来说的价格，因此，整个经济就是我们个人的集合"。经济就是每个人决策时面临的资源和约束的集合。史密斯的"双重话语"范式对于人类学和社会学方面关于经济与文化价值的讨论起到了非常大的作用，许多学者通过对其观点的批判发展了对于价值的研究。后现代主义的想法对于哲学和文化的研究导向了一个对于绝对价值的重新强调，取而代之的是 Connor（1992）提出一个"矛盾结构"作为解决方案，"价值不能被突然抓住，或者一起抓住"，这是因为"绝对价值及相对价值不是总体分割出来的两半"。

从这些交叉学科对于价值、美以及美学价值、文化价值评价标准的探讨中可以看出文化理论学家们更侧重于认为文化价值是个社会化的概念，存在于人们的思想理念之中，是主观的、社会化的，不能用经济学的方法去衡量讨论，然而这种观点在近十年内也出现了一些动摇。

（三）经济与文化语境的价值共识

经济学理论与哲学、美学理论从严格技术角度来说都是现代化的产物，都有力地受到了希腊哲学的影响，特别是柏拉图和亚里士多德的著作。因此，关于文化与经济价值的论争也是在哲学中首次提出，始于柏拉图和亚里士多德。20世纪以来，两种理论的分歧仍在继续。在美学理论中，描绘美学价值的独特性的尝试在继续中，Adorno（1984）提出艺术的自治，Wittgenstein 提出文化品位，Budd（1995）为艺术的内在价值辩护。与此同时，在经济学中，价格理论被广泛认可，一个新的层次建立起来，将价格和价值视为同义。在这个逻辑世界中，文化价值被看成一个主观价值，超越了科学探索的范畴。然而随着研究的发展，有一些经济学家开始研究文化艺术的市场价值。Frey 和 Pommerehne（1989）提出了这一假设：艺术品质能够在市场中表现出来，而且他们确实注意到了艺术家的声誉和艺术品的价值评估显著相关。Grampp（1989）概述了构成审美价值判断的因素。他将审美价值仅仅看做是经济价值的表达。重要的是，他认为"市场给予艺术作品的地位与审美品质的判断相一致"。价格，因此成为了无价价值的可靠指标。Throsby（2001）主张区分经济价值与文化价值，他认为前者可以通过经济分析的方法被衡量，并通过货币体系进行表达，而后者是多维度的，源于广泛的文化语境并且没有标准化的记账单位。Mirowski（1990）认为价值是一个社会性的现象，价值的决定不能同社会环境分开。不同的学科观点在这一个问题上首次交流碰撞是在 Klamer（1996）的著作中，这本书中汇集了经济学家、哲学家、历史学家、政治学家和艺术家，通过对他们的单独访谈并汇总相关的观点得出了一些有价值的共识。

基于上述的回顾，不同的学科在过去十年都在努力克服对于艺术与文化价值的理解这一持续的问题。当代关于文化艺术经济学的讨论将经济价值与文化价值这两种价值关系看得更为复杂而不再是一种单向变换，这都归功于跨学科的交流。对这些多样化的文献进行综述有两点发现：第一，根据文化价值与经济价值分离这个导向性假设，显然确实有两种区分的价值评估方法，每个都有自己的运行逻辑。但是二者并不相互孤立，经济价值塑造文化价值评估，同时文化价值评估影响其经济价格,它们相互依赖导致了社会实践中的张力。第二,尽管两者密不可分,但是这些研究文化价值各个方面的学者们却鲜有跨学科的交流对话。特别是有关经济学方面的。

经济学家们开始从非市场性价值看待文化因素,而文化理论家们也开始觉得有时候文化也需要量化评估。这恰恰是文化创意产业的这一跨学科多产业融合的特征所决定的,在研究中应该考虑把二者结合考虑而不应该简单割裂。文化创意因素对创意产品的市场价值有正面的影响,在评估创意产品价值时也应该注重非市场价值的意义。

第三节
创意产品市场勃兴及相关研究进展

(一) 创意产品市场的兴起与发展

创意产品是创意产业的重要载体,创意产品市场也是创意经济的重要组成。在创意经过设计创造变成产品后,就面临着进入文化市场中供消费者选择的问题。创意产品与文化艺术的区别也恰恰在于这一方面,创意产品必须寻求在市场中找到自己的定位,获得其市场价值的实现,这是实现其社会价值的基本前提。因为在市场经济的大潮中,如果创意产品不能被消费者承认与接受,其承载的文化价值就无从传播和实现,创意经济的效益更无法全面实现。正因如此,随着创意产业的发展,创意产品不断进入市场进行交易,创意产品的市场不断扩大和繁荣,国内外的创意产品市场在不断地互动,产品不断流通,促进了全球文化创意思想的融汇,这都为创意产业进一步发展提供了无限的机会。

1. 国际文化市场的发展概况

国际文化市场是指按价值规律进行文化艺术产品交换和提供有偿文化服务活动的场所,是国际文化艺术产品生存和消费的中介和交换平台。国际文化市场的发展现状和趋势反映了世界范围内创意经济的发展脉络,创意经济在全球范围内持续增长,则促进了国际文化市场的进一步扩大。最初的文化市场规模较小,空间布局也较为分散,往往集中于欧洲、北美等发达国家和地区的文化繁荣的所在,国际间的文化创意产品交易相对较少,集中在艺术品领域居多。随着技术的进步，文化与科技融合形成的创意产品得以通过机械复制、电子复刻的形式传播给更广泛的大众，覆盖更为广阔的国际市场。特别是20世纪70年代后，一些新兴的工业国家经济崛起，文化消费能力也逐步提高，东亚、拉美地区也成为了重要的国际文化市场，非洲地区的一些文化创意产品也被更多的地区接受，全球的文化日益紧密。21世纪后，互联网技术的发展使金砖国家快速发展，文化消费能力倍增，促进了国际文化市场规模和效益的提升。随着全球文化的交流和融合，国际文化市场的扩大和流通，新增创意产品的数量也日益增多。创意产业发展过程中，原有文化市场发展较好的地区，其创作热情和创作质量、数量齐升，影响了更广阔的区域，并促进了发展中国家和地区进一步发展创意经济，其创意产品、创作热情也进一步增加，国际文化创意市场的竞争日益激烈。当今创意产品的生产者更加注重创意内容的原创性和文化价值，也更注重其传播方式的新颖时尚性，既希望打开全球市场的大门，在世界范围寻求话语权和影响力，也要占据本土市场的有利位置，在本土文化优势中获得安身立命之本。一些强势的创意产业集团，凭借其强大的经济实力、大量的科技创新与研发投入、丰富的管理经验和推陈出新的创意产品，向国际文化市场进军，不断扩大市场占有率，而一些自身创意产品相对弱势的国家的市场空间受此影响进一步压缩，造成了全球创意产业发展不平衡的情况进一步加剧。

创意产业中最为明显的特征就是以知识产权为核心的产品创造和消费，这也是各个国家、地区创意经济发展的核心。尽管世界范围内尚无统一统计口径衡量创意产业发展的规模，但是根据2013年世界知识产权组织发布的《世界知识产权组织版权产业经济贡献研究报告》可以看出各主要国家在核心版权产业的增加值对国民经济的贡献，从而说明世界范围内创意产业发展的概况。

截至2012年底，各国版权产业对本国的GDP贡献有显著的变化（图1-2）。美国作为版权产业发展最好的国家，版权产业对GDP的贡献超过10%，而文莱相对最低，版权产业对GDP的贡献在2%以下。统计范围内国家版权产业对GDP的贡献的平均值为5.26%，其中3/4国家的版权产业对其GDP的贡献在4%~6.5%之间。尤其是对于经历了经济快速增长的国家来说，版权产业对GDP的贡献高于平均水平。

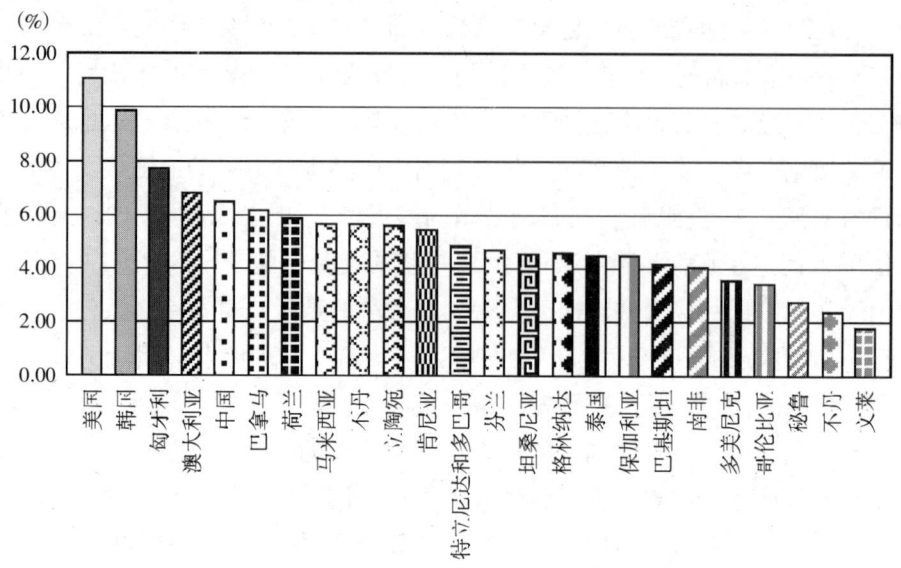

图 1-2　2012 年各国版权产业对 GDP 的贡献

资料来源:《世界知识产权组织版权产业经济贡献研究报告 (2013)》。

图 1-3 显示核心版权产业中各个行业对于经济的贡献情况,其中首屈一指的就是出版和文学行业,对经济的贡献达到 39%。这也是创意产业中传统的优势行业,历史也相当悠久,自文字和纸张创造,就以各种形式传承至今,是非常重要的文化艺术载体,也是创意产品中的核心。随着印刷技术的进步、互联网的兴起,传统的出版、文学已有了与以往截然不同的表现形式,如网络文学、数字出版兴起,其依托于文字内容的魅力仍然占据着创意产业中的核心地位。另外有高附加值的软件和数据库,充分彰显了数字时代中创意产业的内容与技术结合的巨大能量,其余的与传媒有关的广播和电视、音乐与戏剧、广告、电影和视频总贡献超过了 50% 的份额。

美国的创意产品市场涉及版权资料的创造、生产、发行、放映等各个环节,包括报纸、书籍、电视、音乐和广播、电影等多个具体的行业,是其拉动经济增长的支柱产业,该报告发现版权产业为美国就业者创造了 540 万个就业岗位,占全部私营部门就业岗位的 5%。更为重要的是其就业岗位的工资比其他就业岗位平均高出 33%,体现出创意阶层在社会中的经济地位与社会地位都很高。此外,该研究还表明版权产业是一个不断发展的领域,总年增长率为 4.7%,这是相当惊人的,因为该数字是美国经济增长率的两倍。

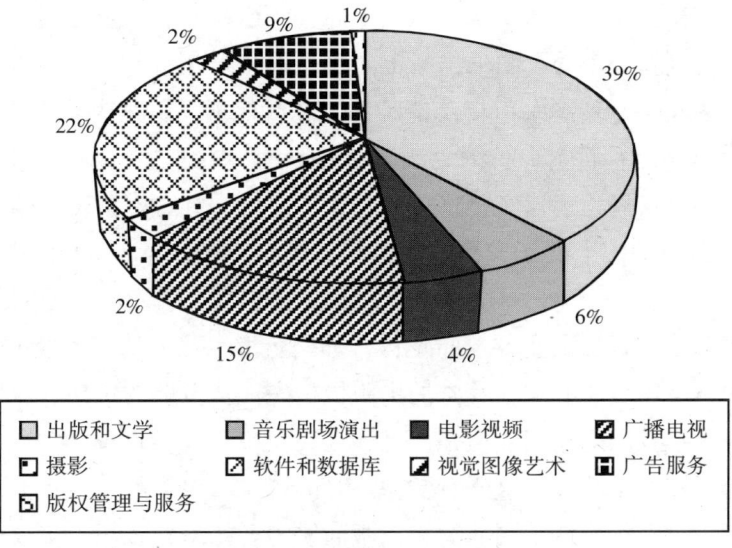

图 1–3　不同门类核心版权产业对 GDP 贡献占比

资料来源:《世界知识产权组织版权产业经济贡献研究报告（2013）》。

国际文化市场主要包括国际演出市场、出版印刷市场、电影电视市场、游戏动漫市场、艺术品市场、音乐市场等多种类型，这些创意产业的各个分支市场的竞争也越发激烈。

（1）国际出版市场发展现状。

国际图书出版市场的扩大源于出版技术的改进、国际贸易的增加与商业模式的创新。出版技术与观念的更新促成了世界图书出版的一次重要飞跃。20 世纪 30 年代后期企鹅出版社引领的平装书革命使得普罗大众有了享受低价品质阅读的权利。出版界改变了精装的习惯，将优秀的作品以平装本的形式出版发行。大量的图书平价而丰富，阅读不再是精英阶层才能消费的文化活动，普通阶层终于有了广阔的文化入口。这一阅读界的革命改变了出版业的格局，对整个世界图书出版业有重大而深远的影响，也成就了这个至今为止享誉全球的出版集团。更为重要的意义在于，通过让更广泛的大众群体开启更为广阔的文化视野，从根本上加快了世界经济文化发展的进程。平装书的普及使得图书有了更为广泛的消费群体，给予了出版界巨大的发展空间。大量平装书销售给出版集团带来了更多的资金流入，一些公司有了机会扩大规模，采取新的商业模式进行运营，图书产业化进程加快，原有的家庭作坊式出版社被现代出版集团取代，专业化的运作、完善的治理机构使得它们发展壮大，并能开拓更为广阔的国际市场。商业模式的转变更体现在销售模式上，从传统的独立书店，到连锁书店，直至网络书城，每一次商业模式的创新都带动了图书出版走向更广阔的舞台。

到今天为止，全球图书市场总值已超过800亿美元，其中美国占了约1/3的份额，其次是德国、日本、英国、法国和西班牙，中国处在第十位。由此可见，图书出版市场的格局与现代经济格局有着相似之处，绝大多数图书市场集中在欧美，我国等发展中国家处于文化较为劣势的地位（图1-4）。这类国家主要提供图书印刷的基础服务，而文化内容的实际输出很少。举个小小的例子就可见一斑，我国并非是基督教的主要分布地区，却是全世界最大的《圣经》出版商，几乎全世界的圣经出版印刷均在我国的出版机构完成。低廉的价格、较好的印刷出版质量都是选择我国的原因。但是，在国际文化市场中，真正打动国外消费者的我国图书作品却寥寥无几，这既有文化差异的影响，更多的是对于产品开发创新的不足。而经过多年发展，国外的大出版商纷纷开拓海外市场，不仅创造了巨大的经济效益，更实现了文化价值观的输出，扩大了文化的影响。2011年数据显示，世界图书出版的产品品种最为丰富的地区是欧洲图书市场，占全球图书市场总数的47%，亚洲次之，为25%，美洲占全球图书市场总数的17%，大洋洲占全球图书市场总值的1%。

从出版业态来看，欧美等发达国家出版业呈现哑铃结构，一端是大型出版集团和公司，作为出版业的主力引领市场发展；另一端是众多的小型出版机构，作为市场多样化个性化的推动者。而发展中国家往往缺乏大型、高端的出版机构，在图书市场的占有率也较低。

（2）国际电视市场发展现状。

电视市场主要涉及电视主体的交易市场，主要包括电视节目市场。目前全球电视市场发展呈现出典型的频道多元化、内容传播全球化、单向流动的特征。许多西方文化媒体企业为了提高经济收益、分散投资风险，不断向发展中国家输送大量的影视节目，扩大其卫星电视覆盖网。目前在亚太地区上空有200多个卫星电视频道，其中绝大部分是西方三大电视集团对亚洲开办的电视频道。美国更是控制了全球75%电视节目的生产和传播，许多第三世界国家的电视节目有60%~80%的栏目内容来自美国，几乎成了美国电视节目的转播站，而欠发达地区的电视节目很难向发达国家和地区输送。美国在全世界电视节目的霸权地位难以撼动，与其完善的产业模式、高度的节目创新紧密相关，在亚洲地区，以韩国为代表的电视剧制作也显示出了较高的水准，其制播合一的市场机制促使其走向海外

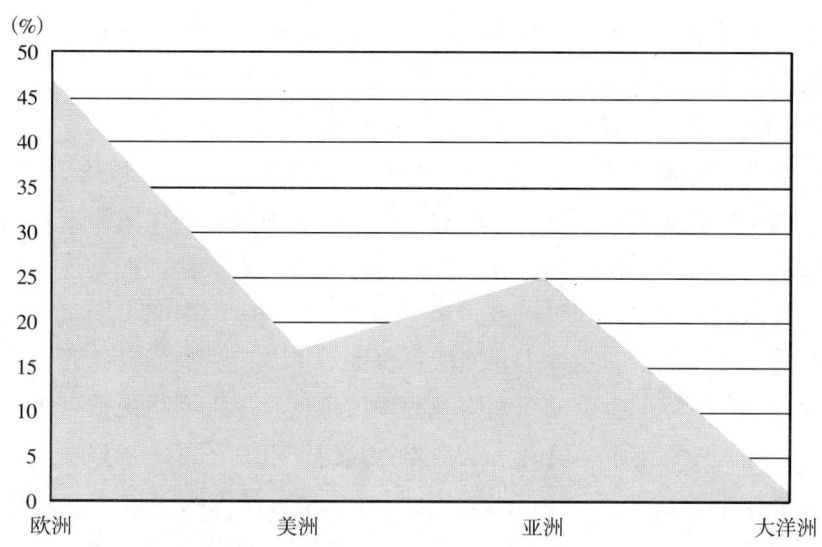

图 1-4　2011 年世界图书产品分布

资料来源：Robert Hucker. Book Publishing [M]. Keynote, 2012.

市场寻求市场空间，以编剧为中心的创作机制保障了原创质量、边写边拍的制播机制注重观众的感受，有助于稳定收视群体，使其保证节目质量，打开国际市场。随着互联网技术的发展，卫星电视与网络电视的融合也进一步增多，这使得传统电视市场呈现出某种转型，但是电视内容的市场实际仍在增加。

（3）国际电影市场。

第一次世界大战改变了原有的电影市场格局，战乱的欧洲无力发展使得美国电影独占鳌头，好莱坞开始作为世界电影的中心。从电影票房收入和屏幕数来说，全球电影市场在整个创意产业中占据了非常重要的地位。北美市场至今仍然占据最大的市场份额，欧洲、中东与非洲次之，亚太地区则是最为强势的增长点，2012 年亚太电影票房年度增长率高达 15%，中国内地电影票房更是井喷式增长至 36%，一举超越日本。电影银幕数量也保持高速增长，特别是数字银幕自 2012 年超越传统银幕数量。目前国际电影市场呈现出美国独领风骚、欧洲固步自封、亚太迅猛发展的格局。2012 年，北美票房达到 108.3 亿美元，欧盟区总体达到 83.169 亿美元，但是大部分票房都流向了美国电影产品，尽管政府一直保护本国文化产品，但是欧洲电影一直没有找到适合自己的商业模式，在市场表现始终差强人意。

亚太地区以中国、韩国、日本、印度为主,电影产业迅速崛起,本土影片显示出强大的生命力,构成了推动全球电影市场持续发展的重要力量,后续本书还将以电影市场为例进行深入解读。

(4)国际数字出版(音乐、视频、游戏等)市场。

发达国家依靠先进的创意、卓越的艺术水准、新颖的制作手法、出其不意的营销方式以及低廉的制作成本、优惠的价格等优势吸引受众,大量视听产品进入发展中国家,获利丰厚的同时也进一步压缩了本土视听产品的市场空间,对本土视听产业的发展形成了一定冲击,当然也督促着本土产品提高自身的质量并做出相应的改变。互联网的发展使得网络视频发展迅猛,一批网络视频巨头引领产业快速发展。从 2010 年到 2013 年,视频网站 YOUTUBE 每月的视频观看次数就从 620 亿人次直升至 1300 亿人次,这种几何式的增长让人叹为观止。而社交网络的盛行更促进了其创新服务和消费模式的转换,这些网络视频平台以创新的方式连接了更多的组织和个体,促进了全球视听产业链的延展,一些平台的自制剧、自制节目向线下延伸,形成了完整的、扩散性强的产品链。

(5)国际艺术品市场。

艺术品市场也是核心且传统的文化市场分支,古希腊时期就有了较早的艺术品市场交易行为。艺术家社会地位的提升、创作热情的高涨增加了艺术品的供给,中产阶级的崛起则为艺术品的消费提供了商机,国际艺术品市场开始形成,并随着市场环境的规范和行业制度的确立逐步完善。根据欧洲艺术品基金会最新发布的《TEFAF 2014 全球艺术品市场报告》,2013 年全球艺术品成交总额为 474 亿欧元,较 2012 年上涨了 8%。报告指出,2013 年美国的全球市场份额高达 38%,同比 2012 年上涨 5%。中国艺术品市场在 2013 年涨幅较低为 2%,在全球市场上下滑至 24%,但仍是新兴市场中最繁荣的国家,英国以 20%的市场份额保持全球第三的位置,欧盟总体下跌 3%,总计约占 32%的市场份额(图 1-5)。

该报告在对 2014 年全球艺术品市场整体分析的基础上,重点分析了近年来备受瞩目的美国和中国市场。美国长久以来一直处于全球艺术品市场的首位,虽然在 2011 年一度被中国短暂超越,但其领先地位却从未动摇。中国作为最重要的新兴市场和全球第二大艺术品市场,其发展前景直接关系到全球艺术品市场的走势和发展方向,也是被关注的焦点。在国际文化市场中,不同国家和地区的艺术品销售带有明显的文化倾向性。现有关于国际艺术品市场的分类不外乎两种类型:一种是根据地区进行分类,包括美国、欧洲、中国等地区为研究对象;另一

第一章 | 创意产业及创意产品市场的兴起与发展 |

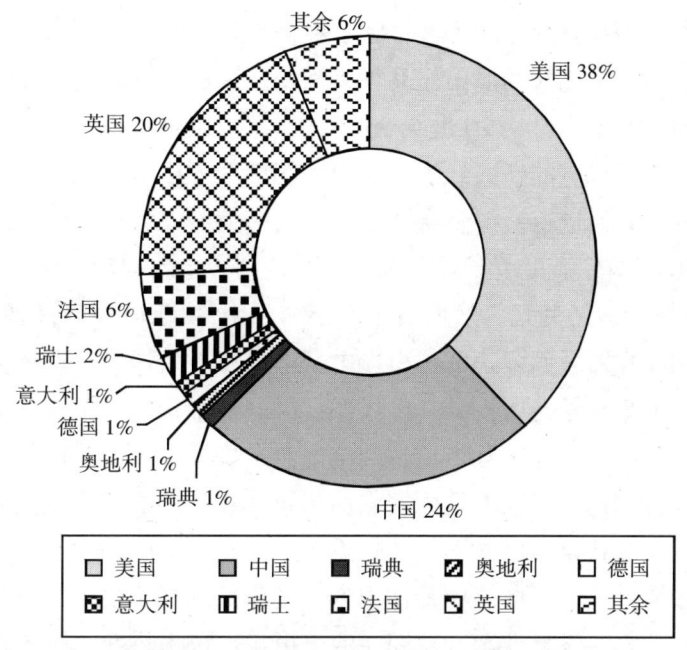

图 1-5　2013 年全球艺术品市场占有率分布图

资料来源：《TEFAF 2014 全球艺术品市场报告》。

种则是根据艺术品的门类划分，比如绘画、雕刻、玉器等。在整个艺术品市场中，按照参与主体的不同与参与方式不同可以划分为：画廊、拍卖会、艺术博览会、艺术基金会、博物馆与美术馆。这些机构对艺术品市场价值实现起到了重要的媒介作用，也促进了市场规范化的发展。总体来看，西方的艺术品市场更为规范，在运营、管理方面有严格的规范和分工，具备完善的法制体系，能够有效监管、制裁伪造艺术品、假拍等恶性事件，这都非常值得艺术品交易逐渐活跃的新兴国家借鉴。

（6）国际演出市场发展现状。

演出也是古老的艺术表现形式，也是创意产品市场的重要组成部分，在文化消费发展到一定阶段之后，有了越来越旺盛的发展势头。国际演出市场其实是各个地区演出市场在空间上的扩展，优秀的演出作品在不同地区循环表演，也出现了许多跨越国界的合作。演出产品作为特殊的创意产品，其市场运作非常的复杂，涉及不同的布景、配乐、舞美效果、演员阵容等多个要素，每一个细节都可能影响演出的质量，这与其他的版权类产品易于拷贝的特性有很大的不同。演出产品整个呈现的品质需要组织有效运行的配合，因此在演出产品国际化的过程中实际面临着更多的不确定性的因素。随着经济发展、交通运输条件的便利、演出场所技术进步,更多优秀的演出作品得以面向广大的观众。国际性的演出活动频繁在全球不同地区上演,从20世纪90年代开始,国际演出市场持续增长,以中国、印度、巴西为代表的新兴经济体演出市场活跃程度显著提升,美国、欧洲的传统演艺机构也开始进行资源整合,跨国经营持续开展,据联合国教科文组织数据推算,2010年国际演出市场的总规模已经达到了1239.27亿美元,相关产业价值创造高达6000多亿美元。然而对于演出产品来说,其市场价值的实现受到表现形式的限制,其资金回收速度比电影电视产品相对要慢,在发达国家,演出产品基本成熟,可复制性有所提升,已经经过时间的筛选保留了一些脍炙人口的经典演出剧目,有利于打开国际市场,资金回收速度快,进而为创作新作品提供资金支持,呈现良性循环。而发展中国家演出市场往往集中在传统文化表演,比如中国的杂技,在文化接受度方面有待提升,一旦资金回收出现问题,对市场扩大的打击是比较严重的,因此高质量演出产品的创新仍然不足,在国际演出市场处于劣势地位。综合来看,北美、欧洲在演出市场保持优势,占有率高达45%,亚洲占整个演出市场的17%,非洲和南美洲的规模比重分别为11%和13%,澳洲占4%(图1-6)。

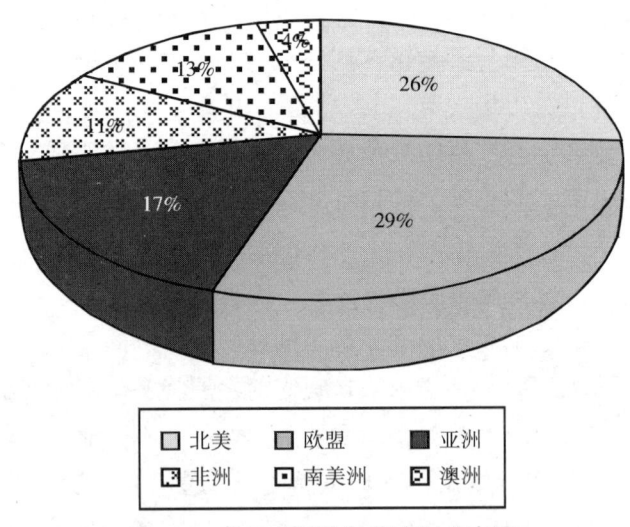

图1-6 2010年国际演出市场分布图

资料来源:《国际文化市场报告》。

2. 我国文化市场发展概况

我国有丰富的文化创意资源，多种创意产品传承至今，文化市场的发展也由来已久，只是由于经济社会发展的一些特殊时期有了一些中断，在市场机制重启后有了明显的活跃发展，是整个世界文化市场的重要组成。随着我国消费者文化消费能力与品位的提升，创意产品市场交易在我国日益繁荣。与国际文化市场相同，我国文化市场主体也由多个分支市场构成。下面具体就各个市场的发展现状一一进行分析。

（1）中国出版市场发展现状。

我国图书出版史是文化发展史的缩影，集中体现了科技、经济、社会的发展变迁。文字在各种载体上记录和传播，目的就是记载、保存、传播曾经的活动与思想，使得文化得以延续和传承。传统的文化认知观强调：立德、立言、立功，促使文人、统治者将各种文献资料编撰成册、出版发行。文化兴盛提供了图书的丰富内容，造纸术、印刷术的支持使得大规模出版成为可能，中国历代留存的古籍之多可见一斑。新中国成立以来，中国的图书出版进入了新的发展时期，出版数量也在不断提升，尽管经历了特殊的历史时期，图书出版受到一定影响，但是在改革开放之后，图书出版再次振兴起来。特别是在1978年到1985年间，中国图书出版市场出现了一次井喷式的超常规增长，出现这一现象的主要原因在于"文化大革命"时期文化市场凋敝，文化消费者长期被压抑的阅读市场需求被释放，产生了巨大的购书数量，与此同时，政策层面也放松了约束，2004年图书出版业的体制改革全面提速，根据中央的统一部署，大多数出版社转型为经营型企业。截至2004年底，已经成立了集编、印、发于一体的15家综合性出版集团。市场化推动下制约产能扩张的问题得以解决，图书出版市场开始了持续高速增长，但是也出现了一些问题。由于我国图书出版业的发展始终处于粗放型的初级阶段，市场竞争水平未能从提高内容质量着手，而存在单从数量、价格方面竞争，图书出版市场上存在着无序竞争、市场混乱、产业布局不合理的问题。随着世界图书出版业的扩张，信息技术革命、外国资本的进入，更多优秀的图书产品涌进国内市场，我国图书出版业面临这内外双重的挑战。在提出文化市场体制改革的构想后，随着出版体制改革的深化，图书出版产业经营主体也开始转变发展模式，提升内容质量，注重国际合作，进行锐意创新和产业转型。目前，我国图书出版产品已进入世界190多个国家和地区。2002~2010年，我国图书版权输出数量逐年增长，特别是2009~2010年两年增幅惊人，2010年全国版权输出数量在5000种左右。如图1-7所示，与"十五"末期版权输出总量相比，2010年版权输出总量增长275%，引进与输出比从7.2:1缩小至3:1左右。2012年全国共出版图书414005种，总印数达79.21亿册，定价总金额为1063.06亿元，截至2012年底，全国共有出版发行机构172633家，但是从产业业态来说，目前出版社的规模大都处于一种不大不小的状态，既没有超级出版集团，也很少有微型出版单位，布局分散，竞争力不强，缺乏先进的商业模式。

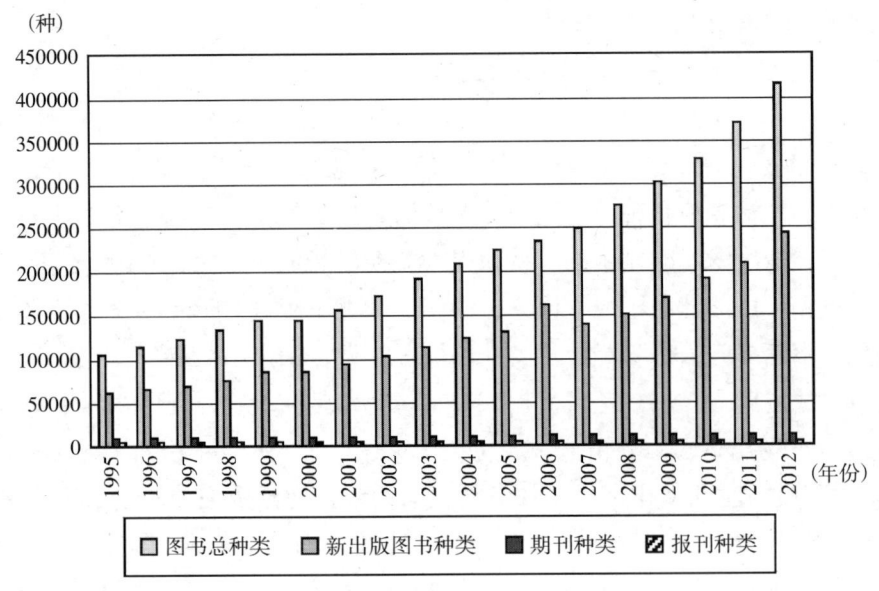

图1-7　1995~2012年中国图书出版分类图

资料来源：《中国统计年鉴》(1996~2013)。

图1-8显示了截至2012年底我国与国际图书出版市场的贸易往来，从数量来说，我国进口数量3138.07万册，出口数量2061.77万册，从金额来看，出口金额为7282.58万美元，而进口金额高达30121.65万美元，数据直观说明了我国图书出版现在输出能力不强，进口数量高于出口数量基础上，进口金额远大于出口，说明国外图书单价比我国高昂，也说明了我国图书出版竞争力处于较低水平，亟待提升，国内急需优质图书作品，否则图书市场受到的冲击不仅仅在金钱上，更会在文化价值观领域受到挑战。

（2）我国电视产业发展现状。

我国电视节目总体在生产数量和质量上均逐年稳定增长，以国产电视剧为

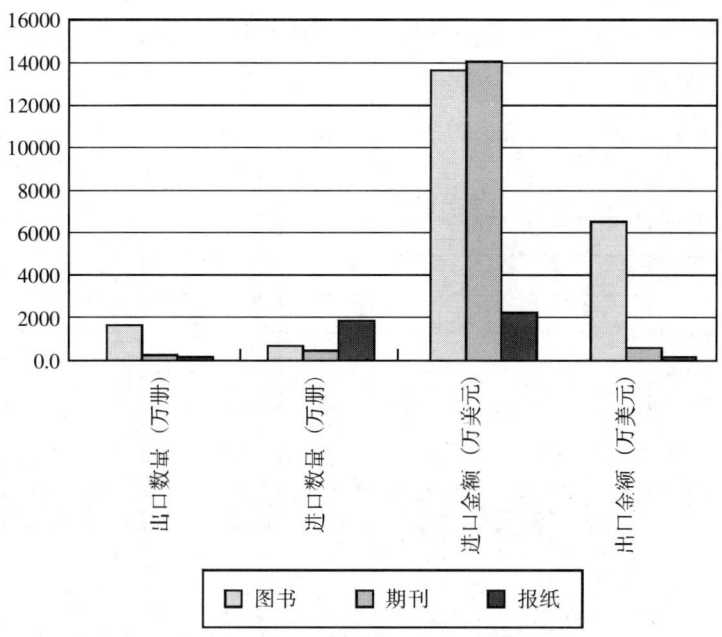

图 1-8　2012 年中国图书进出口概况

资料来源：《中国统计年鉴》(2013)。

例，2012 年电视节目覆盖率达 98.2%，2012 年电视节目制作量为 343.63 万小时，电视剧播出达 24.23 万部，共 662.20 万集（图 1-9），也逐渐出现了一些受到广泛欢迎的电视作品。我国电视节目交易市场中的核心产品就是电视剧，占据各类节目交易的最大份额，从中央到地方的电视台也重点打造"自制剧"，但是由于原创能力有限、高端创意人才缺乏等综合原因，不乏一些粗制滥造的作品鱼目混珠。加之国内审批制度严格，许多题材受到限制，使得产品内容同质化严重，内容的缺乏无法满足消费者日益提升的文化需求，许多电视台加速高价购买国外的优秀节目版权进行改编，使国内的电视制作成本高昂。尽管发展环境面临挑战，也不乏真正优秀的电视节目展露风采。《舌尖上的中国》掀起了国内观看纪录片的热潮，以食物为线索串联起不同地区的文化风俗，引起了人们对于家乡味道与传统文化的共鸣。随着我国电视产业的发展，制播分离的时代已经来临，涌现出了以灿星制作为代表的制作公司，以精良的制作水平、独特的创意构想打造出了有代表性的电视节目，获得了产业链高端地位，受到电视台的追捧，也为我国电视产业的发展指明了前进的方向。随着电视制作水平的提升，我国的电视作品也走向国际市场，以《甄嬛传》为代表，已经进入了美国主流市场，正在进行剪辑制作，并获得了美国电视产业重要奖项艾美奖的提名，显示出了非凡实力。

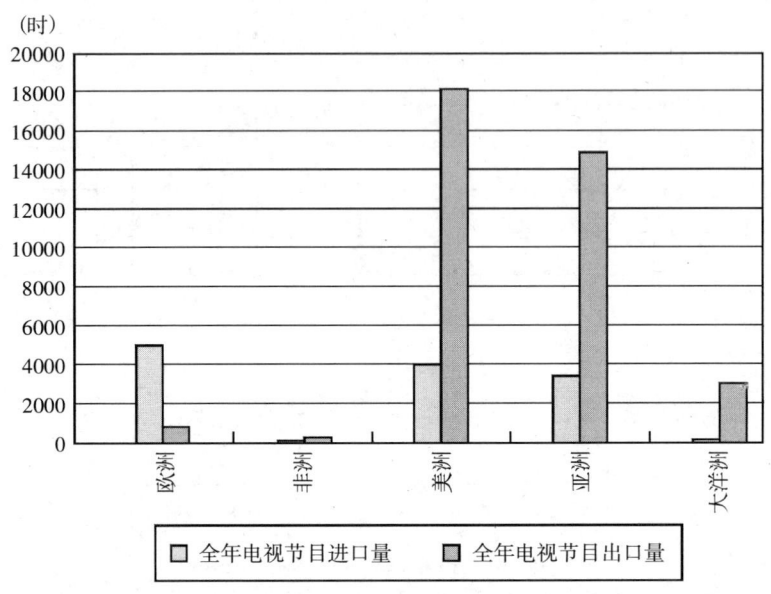

图 1-9　2012 年中国电视剧进出口数量对比图

资料来源：《中国统计年鉴》(2013)。

(3) 中国电影市场发展现状。

我国电影市场相对发展历史比较短，但是近期取得的成绩却是有目共睹，在我国创意产业中的经济贡献也举足轻重。2013 年全年我国电影票房收入同比增长了 27.51%，与 2012 年相比，最值得称道的是国产影片的市场占有率重新回升，高达 58.65%，又夺回了半壁江山（图 1-10）。此外，在 2013 年新增的近 47 亿元票房中，国产影片的贡献率高达 96% 左右，国产影片前所未有地成为中国电影市场增长的主要来源。自 2003 年电影产业化改革启动以来，中国电影市场保持着 30% 左右的持续增长，2013 年初，中国一跃成为仅次于美国的世界第二大电影市场。中国电影产业的规模基数进一步提高，却没有使总体增速放缓，这在很大程度上说明了中国电影产业和市场已经有了内生发展的动力，本土影片的综合实力在不断提升。

通过这些数据可以看出，经过长期的电影产业结构调整，我国电影产业品质粗糙、产能过剩的问题得到了一定程度的改善，产业发展方式从原有的粗放型逐步向集约型迈进，整合资源的能力进一步提升，在挖掘本土文化资源的基础上，

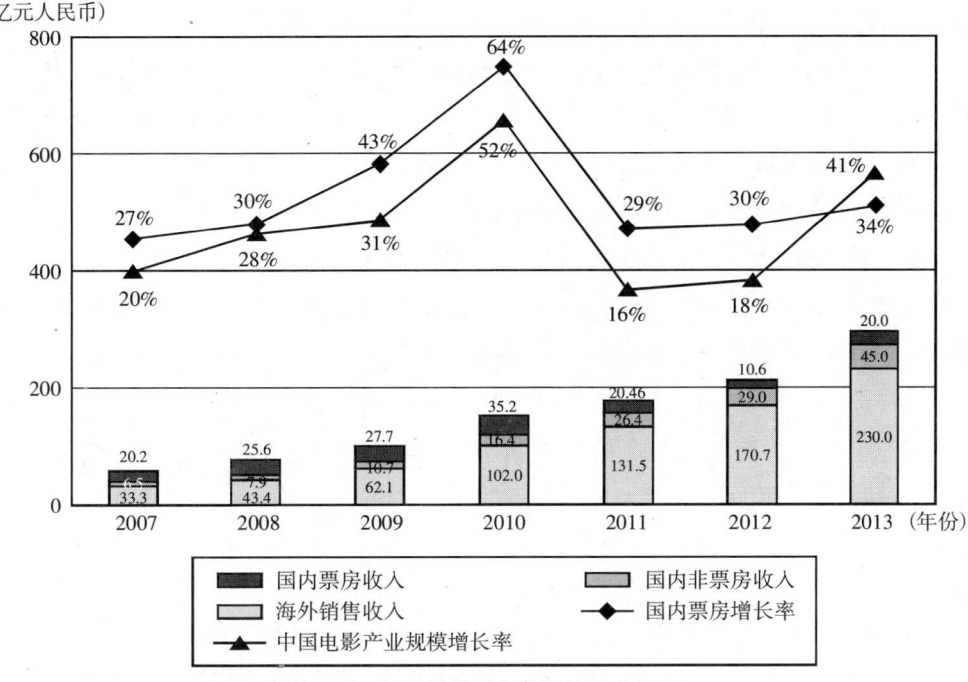

图 1–10　我国电影票房增长情况分析图

资料来源：历年《中国统计年鉴》。

融合国际的理念和技术、获取资金支持，开始了真正意义上的产业化发展。经过 2012 年《人再囧途之泰囧》的超高票房"黑马"之后，2013 年影片票房表现较为稳定，影片质量与票房回报的相关度较高，表明了电影消费市场的稳定性和成熟度有所提升。同时，原创题材和改编电影获得了良好的市场反响，一些畅销小说、漫画的改编作品受到了市场好评，这也充分说明了从创意价值的角度来说，我国电影产品有所提升，但是在电影市场扩大的过程中，还是有部分电影存在着低质量但是高票房的现象。这也表明了我国的电影消费群体的审美趣味还有提升的空间，一些观众的观影行为还是有盲目崇拜的影响，电影市场还尚未完全成熟。从根本上说，国产影片只有不断提高质量，才能进一步巩固已经取得的市场地位。而在世界电影格局中，作为全球第二大电影市场的中国与居其后者的差距虽然已经越来越大，但面对实力强劲的好莱坞，中国市场要进一步缩短与北美市场的差距、中国电影要树立自己的品牌，仍旧任重道远。

（4）中国数字音乐视频出版市场。

我国数字音乐视频市场的发展时间相对短暂，随着互联网技术的进步、计算机大范围普及、电子产品的发展，传统的音像行业受到网络的冲击，新的音乐、视频传播形式盛行，但是政策规范与版权博弈使得行业的发展受到约束。我国用户对于数字音乐、视频的付费意愿持续降低，进一步阻碍行业走向良性发展，用户付费、版权分成、产业链不完善成为一个循环问题。尽管如此，行业中还是有很多代表企业取得了高额营收，这是由于欣赏音乐、视频已经成为人们日常生活中的普遍行为，无论PC端还是移动端，数字音乐、视频已经积累了庞大的高黏性用户群体，虽然行业整体未形成一个良性循环，但其潜在价值是可预期的。2007~2011年中国在线音乐市场规模发展状况见图1-11。

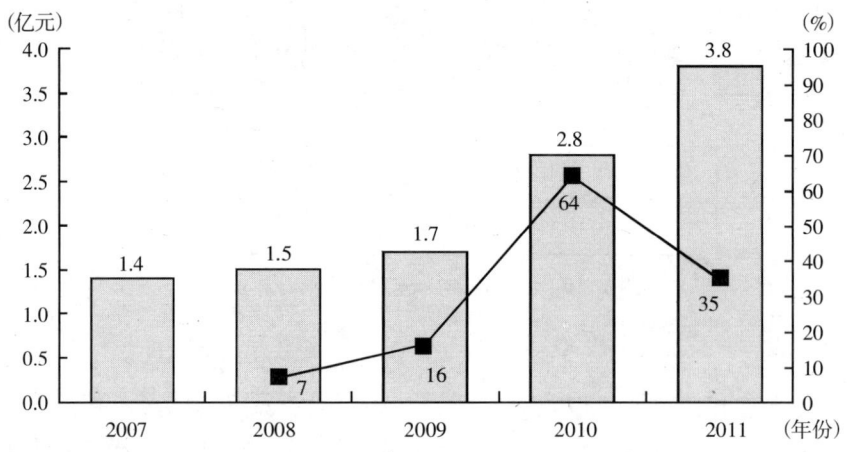

图1-11 2007~2011年中国在线音乐市场规模发展状况

资料来源：《国际文化市场报告》。

2012年我国数字出版产业总产出达1935.49亿元，比2011年增长40.47%，其中互联网广告、手机出版与网络游戏依然占据收入榜前三位。2012年我国数字出版产业整体收入中，网络游戏达569.6亿元，包含手机彩铃、铃音、手机游戏等在内的手机出版达486.5亿元，网络期刊收入达10.83亿元，电子书达31亿元，数字报纸（不含手机报）达15.9亿元，博客40亿元，在线音乐达18.2亿元，网络动漫达10.36亿元，互联网广告达753.1亿元。期刊的互联网收入规模从2006年的5亿元增长到2012年的10.83亿元，增速稳定。电子图书收入规模为31亿元，是2011年7亿元的4.43倍，呈快速增长态势。手机出版收入规模从2006年的80亿元发展到2012年的486.5亿元，发展势头依然强劲。

与国内市场形成鲜明反差，海外音乐、视频市场在掀起对传统产业的变革之后，迅速规范了产业规则，苹果公司在这方面有卓越表现，iTunes 音乐的生态圈使产业各环节都有利可图，为之后整个产业在美国市场的发展打下基础。在最近的几年中，全球数字音乐从"下载服务"转向于"订阅服务"，简单的付费下载已经无法满足用户需求，多元化的音乐服务开始抢占市场，根据 Gartner 统计的全球数字音乐收入结构中显示，"订阅服务"形式在 2012 年约占 12%，逐渐挤占"下载服务"模式的市场份额。国外的一些公司得到用户足够的青睐，如 Pandora 的成功上市、Spotify 受投资者青睐、Turntable.fm 年初的火热都是有力的证明。海外成功的案例被迅速复制到国内，以豆瓣、多米、酷我、酷狗、虾米、QQ 音乐等为代表的企业开始效仿多元化的服务模式，也有许多公司复制 Pandora 的电台服务、Spotify 的个性化服务，迅速成为行业有力的竞争者，海外模式在中国的成功也吸引了大量企业开始迅速复制。然而在海外初期引起强烈反响的重要原因是其宽松的音乐版权，在数字音乐市场，中国与海外本身就存在极大的市场环境差异，盲目简单地复制相同的模式进入中国，存在极大的风险。从另一个角度看，这一现象折射出国内数字音乐的行业浮躁，在盈利压力的迫使下，数字音乐厂商希望快速跟进每一个新模式，抓住成功的先机缩短与领先者的差距。

（5）中国艺术品市场发展现状。

中国艺术品市场研究专家西沐提出中国艺术品市场是由中国艺术品的需求方（投资、收藏及其购买者）与中国艺术品的供应方（销售者、画廊、拍卖行）共同运作，形成了具体的微观层面的中国艺术品交易市场，而中国艺术品的生产、消费、流通、管理及环境等关联运作形成了宏观层面的中国艺术品市场。中国自古以来就有"乱世黄金，盛世收藏"的说法，近 10 年来，伴随着中国经济的快速发展，中国艺术品市场交易实现了从数十亿元到上千亿元规模质的跨越。中国艺术品市场已经成为世界艺术品市场的重要组成部分，初步形成了画廊业、拍卖业、艺术博览会三位一体的市场经营主体结构。综观 2013 年，中国艺术品市场呈现出市场信心回归、新进场资金增加、国际化趋势增强的特点。同时，在艺术品市场发展前景看好的前提之下，艺术品金融化也已经成为人们普遍关注的问题，艺术品价格指数、艺术品抵押、艺术品信托、艺术品基金、艺术品保险和艺术品交易所等艺术品金融产品的创新层出不穷。

从历史的眼光审视中国艺术品市场的发展，基本可以划分为四个发展阶段。

第一个阶段，艺术品的市场是非常私密的，属于把玩、密玩阶段，其基本理念是家有"利器"不可示人，这时，艺术品的效用就是雅好与礼品。第二个阶段，进入了收藏阶段，此时艺术品的效用主要体现在满足个人投资喜好、具备保值增值的效果，但是这一阶段艺术品市场还是行家间的交易，没有形成大规模的市场。第三个阶段，经过进一步的发展，交易主体增多，市场扩大，专业化程度也不断提高，中国的艺术品市场也开始进入了专家咨询、投资理财阶段，艺术品的效用主要体现在投资产品上，包含美学欣赏、馈赠、投资的综合价值，因为这一阶段市场扩大，产品数量很多，交易频繁，但是艺术品的交易受限于专业评估知识，迫切需要专业人士的介入。特别是国内市场环境并不理想，法制保障不完善，艺术品的价值很难得到保证，许多普通消费者无法鉴别真伪，因此专业人士的意见显得尤为重要。第四个阶段，当艺术品可以作为投资理财产品深入普通人的生活之后，艺术品市场真正进入了资本运作的阶段。艺术拍卖盛行，高价迭起，不仅反映了艺术品的文化价值，更是市场需求高涨的反馈，许多金融机构也介入进来，艺术品成了投资者追捧的对象。中国艺术品市场发展的历程也是国外国家历史的复制，但是国内的市场环境不理想的确给艺术品份额化、资本化带来了一定的阻碍，天津文化艺术品交易所也因此被迫暂停艺术品份额化交易，引起了社会各界的热议。但是艺术品市场的热度并未就此降低，2013年，我国艺术品市场的交易仍然非常活跃，也产生了许多值得注意的变化。首先，受到宏观经济环境的影响，艺术品市场信心仍在积累中，市场发展前景不够明朗，产生了投资者对风险的担忧。其次，整个艺术品市场结构发生了细微的变化，表明投资者的成熟度更高了。艺术品投资热点呈现出多元化、分散化的特征，在不同的艺术品板块、不同的收藏类别均出现了投资热点，不仅在书画、油画、当代艺术板块中表现出高关注、高投资的热情，在工艺艺术品、古玩杂项、碑帖等方面也吸引了许多藏家，构成了艺术品市场，特别是拍卖市场热点多元化的特征。与此同时，中国传统书画在国内艺术品拍卖总成交量中的市场份额迅速提升，这充分表明了投资者们对国内艺术品的认可度大大提升，是国内艺术品市场地位提升的体现，特别是中国艺术品的国际化程度的大大提高。国内艺术机构和作品开始走出去，嘉德、保利等国内领先的拍卖公司已经率先到中国香港举行拍卖，并在国外设立分部，这些都是走出去的前期准备。与此同时，国外艺术品市场的大信息公司，如Artprice、Artnet以及法国的艺术基金等，都已经通过各种各样的形式进入中国艺术品市场，且不仅仅局限在拍卖行业。无论是中国的拍卖公司走出去，还是国际大机构走进来，给中国艺术品市场带来的效应都是双重的，均对现有的艺术品拍卖格局是一次有力的冲击。这种冲击增加了国内拍卖企业的危机感，也促使它们提升自己的竞争力，更积极地维护自己的客户。更为重要的是，国外机构的发展理念、运营模式以及精细化的管理理念等都会给中国艺术品市场的发展带来新的启发、视角和机制性的推动。但是值得我们予以重视的是，2013年市场上近现代和存世艺术家的拍品存在着大量撤拍、流拍现象，这一情况反映投资者们对存世艺术家的艺术品价值认同仍需时日，艺术家本身、拍卖机构、评估机构对其价值的评估与投资者代表的市场至今存在差距，艺术品持有者对行业期待过高，市场并未予以支持。这一方面表明投资者的理性和观望态度，另一方面蕴含着机构拍卖中资本操作的可能性。

我国艺术品市场的规模逐渐扩大，市场参与者不断增多，机构和资本的介入程度越来越大，艺术品的市场竞争将会越来越激烈，市场环境也会向更为法制、诚信的方向改善，在竞争充分的市场中，交易成本会逐渐降低，市场集约化、专业化增强，投资者们会更加青睐专业优势突出、术业有专攻类型的小拍卖行，或者是服务全面、品牌影响力大的集团公司，而没有突出特色，同质化严重的企业将会被淘汰。

（6）中国演出市场发展现状。

我国有着悠久的演艺表演历史，京剧、昆曲、民乐、舞蹈、杂技表演等自古以来就是文化消费的主体。但是长期以来这些演出作品以家庭戏班为单位进行组织，没有形成很大的市场规模。改革开放以来，真正的市场化演出市场开始萌芽，一些国有的艺术团体也开始向市场化发展。近年来，我国的演出市场保持增长态势，2012年全国演出团体约计13000家，其中国有演出团体近2700家，民营演出团体10000余家，演出经纪机构3059家，专业演出场所1966家。2012年全国各类演出经营机构总计约18000家。2012年度全年演出总场次200.9万场，比2011年的182.6万场增长10%；演出总收入355.9亿元，比2011年的203.2亿元增长75.1%，其中票房总收入约135.0亿元。专业剧场演出35.1万场，占总场次的17.5%；演艺场馆演出52.3万场，占总场次的26%；旅游演出8.9万场，占总场次的4.4%；乡村演出95.1万场，占总场次的47.3%；公共服务演出9.5万场，占总场次的4.7%（图1-12）。

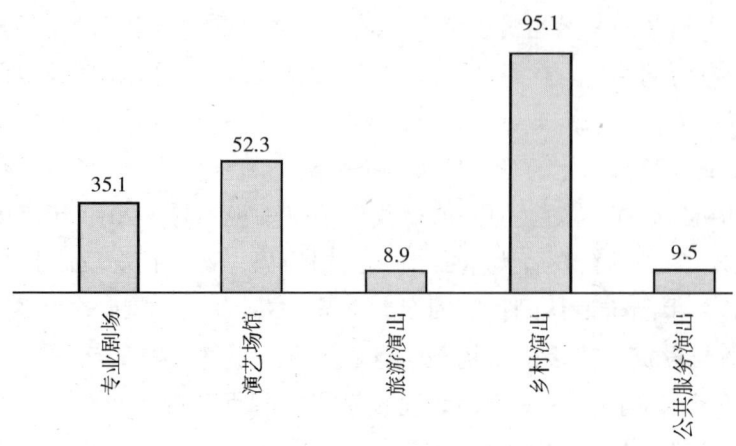

图 1-12 2012 年全国演出场次分布情况（万场）

2012 年度，我国演出市场具体演出票房收入为 135 亿元，各类演出票房收入分别是：专业剧场演出 61.2 亿元，占总票房的 45.3%；演艺场馆演出 27.8 亿元，占总票房的 20.6%；旅游演出 32.7 亿元，占总票房的 24.2%；演唱会演出 13.3 亿元，占总票房的 9.9%（图 1-13）。

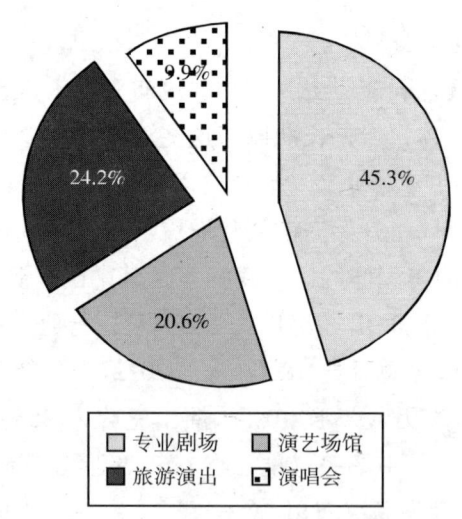

图 1-13 2012 年全国演出票房总收入分布情况

自党的十七届六中全会提出了文化大发展大繁荣的目标，各级政府不断加大对文化的投入，为演出市场持续发展提供了有利的政策保障。各国近代历史表明，当人均 GDP 超过 3000 美元时，文化消费会快速增长，占总支出的 23%；而人均 GDP 超过 5000 美元时，文化消费会出现"井喷"的局面。2011 年，我国人均 GDP 就已经达到了 5414 美元，人民群众生活水平的不断提高，是演出市场能够持续发展的物质保障。自 2009 年《营业性演出管理条例实施细则》放宽行业准入门槛，大量社会资本和社会人才进入演出行业，加之文化体制的改革，带来市场结构的优化及产业化程度的提高，市场自我调整能力的提升，是演出市场能够持续发展的机制保障。可以预期，我国演出市场在可预见的未来将继续保持这种发展势头，但是其中也蕴含了许多问题。2012 年，全国演出市场总体有所增长，但是各区域演出市场发展不平衡，演出市场管理不规范、市场机制不够健全、演出市场观众审美有待提升的问题时有发生，也使得我们在引进优秀作品中有所制约。在我国拥有全球演出业务和艺术展览业务的企业集团数量稀少，一直以来，我国演艺产品登陆海外，多选择全面依赖国外演出商的方式进行，接触不到终端消费者，就无法从根本上掌握市场，无法形成核心竞争力。

（二）关于创意产品及市场相关研究的进展

1. 创意产品价值分析

（1）创意产品的价值来源与构成。

创意产品的价值来源于文化意义，国内外的文化经济学家们在研究中一致认为文化价值是创意产品价值的主要构成部分，并深入探讨了文化价值对于经济价值的影响。国外对于创意产品文化价值理论的阐述相对比较多，代表学者包括 David Throsby，他在多篇文章中都强调了创意产品文化价值的重要作用。诸多学者在对于不同类型的创意产品价值分析中总结出了文化价值的不同表现形式。Terry Smith（2012）通过研究澳大利亚土著文化认为，原创意义是文化价值的重要组成部分。Steven Knopoff 认为，文化价值包括神圣的、精神的、审美和社会的元素。Lourdes Arizpe 认为文化价值具体化在意识中，使得每个参与者认为他们是一个整体。这些相关的研究能够适当地解读文化价值，使这样一个抽象的概念具体化。

（2）创意产品的价值创造。

创意产品的价值创造与社会环境、创作者才华与投入息息相关，现有研究包含三种不同的影响价值形成的方式。艺术家的原创作用、特定的交易模式、艺术品的声誉。David Throsby 集中分析了柏辽兹作品的历史价值。他意识到了艺术家的表述就像他们创造艺术品内涵一样不能仅仅看表面价值。但是他能够表现出对于柏辽兹后面的艺术成就有着清晰的看法,并且如何明确地对他后续的音乐创作起到了优先的作用,他考虑到这些因素影响了对柏辽兹的幻想交响曲的价值评估。Elizabeth Honig 通过梳理 16~17 世纪艺术历史和理论文献中发现,在经典名画分销中,艺术品的"荣誉体系"起到了非常重要的作用。有名的作品更能得到买家的青睐,以及专业人员的喜爱。Kurt Heizelman 通过案例研究了创意产品价值由哪些因素创造,对于短暂的视觉艺术来说,必须有丰富大量的新产品来产生持久的审美价值和经济价值。而对于文学作品来说,其文化价值可能与历史事件有紧密的联系。

(3) 创意产品价值实现。

创意产品的价值实现既包括产品价值的实现,也包括货币价值的实现。胡彬(2007)提出创意产品的价值实现以市场规模化为前提,不仅包含了直接面向个体消费者的创意产品,还包含了面对整个创意产业链需求的中间环节投入的创意产品,这种价值实现在产业链的多个环节进行,能够实现不同的乘数效应。秦霖、邱菀华(2004)认为创意产品的价值不同于一般商品的价值,它是在创意产品的流通、使用及增值、转移的循环过程中反复实现的。创意产品价值实现程度的高低取决于文化产品使用者的需求程度。

2. 创意产品市场定价研究

由于创意产品与传统产品存在较大差异,对于创意产品进行定价研究相对比较困难。现有比较成熟的是有关艺术品定价的研究,集中于预测艺术品价格以及其投资回报率的问题,关于其他创意产品定价的研究也有一定的进展。Levy 和 Montmarquette (1996) 通过对电影院门票价格弹性进行实证研究发现其需求价格弹性很大。Bailey 和 Falconer (1998) 研究了博物馆和画廊入场券的收费问题,分析了入场的影响因素以及免费入场的零边际成本等。County (2003) 分析了表演艺术的价格歧视问题,研究结论发现捆绑售票并不科学,因为它促使了黑市票的产生,这些研究相对比较分散,集中于个别市场需求问题。

Frey, Pommerehne (1989) 和 Baumol (1987) 完全立足于经济视角,强调投资回报率、风险和艺术品价格与交易条件。De Marchi (1999) 在以往经济学家关于艺术和艺术品拍卖研究的基础之上,深入分析艺术市场的不同层面,研究长期困扰学术界的问题即稀有艺术品如何成为经济品。Mei 和 Mose (2002) 的论述引起人们的高度重视,利用最新的数据库对重复交易数据进行长期追踪,建立了梅摩艺术品指数，用以预测艺术品价格趋势，其准确性得到了认可，为后续研究奠定了坚实的基础。Ginsburg（2006）一直在研究这一领域的问题，他主要分析了电影奖项对于电影票房的影响，但是他仅仅考虑了是否获得奥斯卡最佳影片这一项指标。

Throsby（2003）分析了创意产品通过市场确定价值，质疑普遍使用的条件估值法对文化产品价值评估的不足，指出需要更完善的文化创意产品评估方法。秦霖和邱菀华提出文化产品价格是由效用、成本、垄断等因素共同作用、综合决定的。王志标（2008）认为影响文化产品的价格的因素包括供求、生产所花费的时间、历史沉积时间、奇巧性、成本与消费水平、偏好、时尚、政府、垄断、知名度与品牌等。

文化产品的定价还要考虑到生产成本和社会的消费水平。根据 Baumol 和 Bowen 的早期分析，文化产品的成本比典型的制造品的成本增加得要快。这在后来的文献中被称为本疾病或者 Baumol 疾病。在 Baumol 等看来，文化产品成本之所以增加得快，在于文化生产力发展比较慢，即使在当代社会，文化生产中的劳动成本仍然比较高，文化生产主要是一种创意的生产，而非机械的生产。即使一些文化产品在后期表现为工业化生产，在前期仍然需要投入大量的创意劳动，创意劳动的生产力与制造的生产力相比具有滞后性或者渐进滞后性，由此造成了创意劳动成本居高不下，并且高于同期制造业劳动成本。一个社会的平均消费水平决定了文化产品的定价是否合理。过高的定价会抑制对于文化产品的消费。Marina Bianchi 针对文化产品的需求问题，极力解构对于文化产品的消费者的影响比普通产品更为复杂和无限可能。她分析了时间限制、消费技能积累、心理因素这些刺激文化产品需求的因素。采用了历史案例，如 18 世纪"阅读的乐趣"的风靡，这个例子说明了价格的变化和书籍的可获得性影响审美消费能力，特别是欧洲和北美的女性读者人数。

20 世纪 80 年代艺术市场的繁荣重燃了经济学家们对于文化产品价值的兴趣，大家关注某些艺术品背后价格高的原因。Baumol（1986）开始了关于未来艺术价格随机的争论，用来解释艺术作品投资反常的低回报。Frey 和 Pommerehne（1989）的贡献源于文化政策问题的驱动。他们分享了这一假设：艺术品质能够在市场中表现出来，并且确实注意到了艺术家的声誉和艺术品的价值评估显著稳定。Michael Hutter（2006）回顾了市场价值评估和新艺术意义的历史因果联系。他提出一系列的案例，包括绘画、电影、摇滚乐的历史。这三个都为了阐明经济活动与艺术成就之间的"触发关系"。艺术生产中投入商品价格的突然变化引起艺术形式、风格、流派的变化。经济价值的变化导致了艺术价值的变化。新的价格不进入艺术价值评估,但是它们刺激了艺术判断,甚至导致新的作品,让大家认识到什么样的作品能够得到市场的认可。

3. 创意产品文化价值的市场评估

文化经济学学者们一直思考如何对于文化价值进行计量,即使不是严格的量化,至少也有某种程度的"感觉"进行量级。在这部分经济与文化价值的对抗呈现出了它的尖锐的定义,经济价值总能大体上用货币的方式表示,而文化价值仍然是多维的、定性的、变化的、有争议的。Victor Ginsburgh 和 Sheila Weyers(2006)运用经济学的方法来检验艺术品评估问题。电影奖项作为一个指标来构建一个可以量化的样品,来检验审美欣赏转变是随机模式的还是集中于成为规范的少数作品。作者对比了两种方式评估美学质量:首先是一系列反映美的特征,其次是专家评价以及一段时间判断的积累。文化价值可以归因于有这些特征的作品,反过来,这类作品的市场预期有明确的暗示,同样也对其经济价值有利。Neil De Marchi 对于凭借艺术标准评估的文化价值与靠市场价格评估的经济价值的关系的探讨更为深入。他观察了三个案例,在这里面艺术标准和经济评估反映了它们的汇合。在每个案例中,他展示了如何实现一个给定的标准审美价值的经济后果更详细的检验,揭示经济和文化的估值共存的新的光芒。Carolyn Wilde(2008)从"文化品味"谈起,作为来清晰描述和解读文化意义的一种方法。她比较了常常用来评价马萨乔1942年壁画和那些用来评估2000年查普曼兄弟塑料木偶组合的标准。包括华丽的内容,主题的时间敏锐度,表达质量。她的研究表明一个显著的启示:美学的意义一直是矛盾观点,仍未完结。这代表了与现有观点相反的结果,现有观点认为美学的意义是艺术市场中竞争性过程的目标。Bruno Frey(2000)指出了一个悖论。艺术经济学家趋向于关注艺术品的文化价值评估。他们强调艺术生成的外在的、非市场相关的利益。艺术世界中的人——艺术管理者则强调艺术品的直接"经济影响"是艺术重要性的说明。他总结了这类不适当的研究并且拥护对于文化政策更为广泛的关注。

Howkins(2003)提出了创意等式 $CE = CP \times T$ 这一概念,即创意经济(CE)等于创意价值(CP)乘以交易数量(T)。但可以看出这个方程非常的概念化,包含许多无法准确度量的因素。在此基础上,胡晓鹏(2008)将创意产品的价值构成分为功能价值、体验价值、信息价值和文化价值四个方面,提出了创意产品族的价值总量计算公式,他认为创意经济的价值总量是由基础价值和衍生价值两个部分构成,其中,基础价值包含创意产品的功能价值和文化价值,衍生价值则是指体验价值、信息价值以及再创意形成的功能价值增值。公式表示为:

$$CE = (\sum_{i=1}^{n}(FV_i^2 - FV_i^1)) + (\sum_{i=1}^{n}(EV_i^2 - EV_i^1)) + (\sum_{i=1}^{n}(IV_i^2 - IV_i^1)) + ICP \times T$$

其中:$ICP \times T$ 是初始创意产品的基础价值与其交易次数的乘积,代表初始创意产品价值实现总量 FV_i^1,FV_i^2 加入文化创意元素前后第 i 种产品的功能价值含量,右边第一项指以创意产品功能价值变化显示的文化价值增量,同理第二项和第三项分别表示创意产品体验价值和信息价值变化显示的文化价值增量。

(三) 本书的核心概念界定

总体来看,国内外众多学者对创意产业价值特征分析、创意产品价值构成做了大量的研究,国外文化经济学方面对于创意产品市场的研究也有了一定的积累,这些成果对我们进一步探讨创意产品市场价值实现有着十分重要的借鉴和启示。但是由于国内对创意产品及市场价值的研究尚处在起步阶段,理论研究尚不成熟;变化的实践也对我们的理论探讨不断提出新的课题。现有的研究尚存在一些不足和局限性。

第一,国内对创意产业、创意产品的研究还停留在介绍国外理论和发展经验的阶段。大多是对创意产业、产品的内涵进行界定分析,在创意产品市场交易方面的经济学分析比较稀少,对于创意产品的供给关系有了一些研究,但是没有充分结合创意产品的特征进行讨论。对于创意产品市场价值实现与影响因素问题研究不足,尤其缺乏对于创意经济效益实现的动力和原理的分析,理论性不强。这在一定程度上影响了创意产品的生产决策与市场拓展,解决这一理论问题有很大的现实意义。

第二,现有研究偏向对创意产品的价值构成分析,对创意产品的价值评估尚未有好的解决方案。目前创意产品的研究,更多是一种对现象的描述与经验的总结,或运用效益指标对影响价值的因素进行分析。对于创意产品价值总量的评估模型研究较少,未能按特征形成分类分析的有效模型方法,仅有的实证分析中针对特定类型的创意产品有过研究,但是选择的评价指标非常有限,应用了基本的统计分析方法,没有动态化的总体评价模型。

第三，对于创意产品市场定价的相关研究很少，国内外对创意产品价格的影响因素相关理论做了一定研究。但这些研究多是对传统定价理论的套用，适合创意产品特征，也仅是针对某些类别的创意产品，普遍对创意产品交易适用的理论研究不足。

第四，对创意产品知识产权价值评估与开发问题缺乏系统性研究。这也是国外研究的新兴热点，国外文化经济学研究中一直强调知识产权属性的重要性，将其作为创意产品的标志性特征，但多是对于政策与知识产权保护的研究，没有创意产品知识产权价值评估方面的进一步研究，对于创意产品承载的知识产权开发与价值实现也是本课题重点突破的地方，将为国内创意产品实现其市场价值提供理论帮助。

本书把创意产品作为创意经济核心价值的载体，并以此作为我们的研究对象。在研究中以较成熟的文化经济理论为基础，跨学科借鉴现有研究成果，创新性地研究创意产品的市场价值实现问题、在动态化的视角下将创意产品的市场价值解构、解决创意产品市场交易中价值评估问题，并提出有效引导创意产品实现经济效益最大化的政策建议，以期为推进我国创意产品市场发展及价值评估提供有益的理论借鉴和现实指导。

国内对于创意产品的价值与市场研究相对比较少，大多数研究集中于创意产业层面，国外研究对于创意产品的研究时间相对比较长，对于创意产品中的表演艺术、艺术品、电影、音乐、出版市场都有所涉及，但是研究比较分散没有形成系统的理论框架，对于创意产品市场的分析不够深入，同时对于创意产品市场价值的确定及影响因素的分析有一些理论性的研究，实证分析主要局限于艺术品和电影少数影响因素的研究。

因此，在讨论创意产品的价值问题之前，首先需要对相关概念进行准确界定。

1. 文化价值的概念

文化价值的概念非常的宽泛，在创意产业研究中，文化价值作为创意产品的使用价值制约着市场价值，通过前面的文献梳理可以发现，最初许多文化理论学者都认为文化价值是非市场性价值，但是随着研究的深入他们也承认文化有其市场价值。本书研究中，将文化价值定义为创意产品所具有的能够满足一定文化需要的特殊性质或者能够反映一定文化形态的属性，主要包括影响创意产品品质及市场价值的文化因素。在后文中提及文化价值的市场价值就是指文化要素的市场价值。

2. 市场价值的概念

市场价值是指一项资产在交易市场上的价格，它是买卖双方竞价后产生的双方都能接受的价格。产品的内在价值与其市场价值有密切关系，如果市场是有效的，即价格反映了公开可得的产品信息，则内在价值与市场价值应当相等。市场越有效，市场价值向内在价值的回归越迅速。本研究中的创意产品市场价值就是指排除强买强卖等因素的公允市场价值。

3. 知识产权价值

国内外学者从哲学、法学和经济学角度均探讨过知识产权的价值。综合各方面的观点，知识产权的价值可以看做是知识产权对主体生存发展的贡献。当主体为产品时，知识产权是以其具有的获利能力和可持续发展作用为其存在前提的，其对产品盈利的贡献体现了知识产权的价值，盈利越多，价值就越大。综合以上观点可知，以产品为主体的知识产权价值，可以用知识产权在经济活动中实现的收益来衡量，知识产权的商品化和市场化是其价值实现的途径。

4. 创意资本与创意源

Florida 将人们在头脑中建构的新理念、新技术、新商业模型、新文化形式和新产业等创意称之为"创意资本"。

创意源概念主要指是由创意主体个人或阶层对文化素材实施创意活动产生的一个抽象性的创意概念集合。创意源是后续创意活动的源动力，相关的创意作品、创意产品、创意商品都围绕创意源展开。创意源可以被创意主体完全原创出来，也可以是对传统文化要素进行重新包装与解构、再创造。创意源的概念有助于形象化地理解创意这一抽象概念。这些概念的解释说明是为了后续研究中简洁地说明创意价值实现的原理，是一种创意资本增值、创意源扩散的过程。

本章小结

本章首先对创意产业内涵及概念演变以及价值特征进行阐述和界定，其次，从跨学科的视角梳理了经济学语境与文化语境下对于价值本质、来源以及价值评价标准的异同，并在文化经济学研究中找到了价值分析的理论基础。通过对创意产品现有的价值与市场相关研究进展中可以发现，对于创意产品的市场价值实现机制与价值评估体系的研究相对比较薄弱，尚无系统的理论体系，对于创意产品的市场定价的研究比较分散也相对浅显，没有广泛认可的评价模型，但是在文献研究中发现，创意产品的知识产权属性明确，并且文化价值是创意产品价值的重要来源，也是其市场价值的重要组成部分，从而提出本书的研究视角，通过对国内外创意产品市场发展现状与发展阶段的研判可以发现创意产品市场亟待解决的问题，这都为本书后面的研究奠定基础。

第二章
创意产品概述

　　Howkins 提出创意经济就是创意产品之间的交易，在一定程度上揭示了创意经济的本质主要体现在承载了文化创意价值的产品市场化过程中。创意产品的价值问题也日渐成为理论与实践关注的焦点。按照市场学的理论，任何产品的性能都取决于以下三种因素：首先，任何产品都是由一定物质资料或服务形式构成的；其次，任何产品都要有相关的服务；最后，任何产品都有其价值：具有某种象征性的、能够影响消费者的，或其他令消费者依附于该产品价值的东西。创意产品也不例外。与传统的物质产品相比，创意产品在生产、流通、分配和消费等方面都有着自己独特的发展轨迹和运行规律。由于创意产业本身是综合性概念，其产品也有其各自的特征。现有研究多将其看做一个统一概念进行价值分析忽略了不同创意产品的差异。本章归纳了创意产品内涵的演化，基于多维度视角分析其价值构成，并从市场价值实现方式对创意产品进行分类分析，深入分析了创意产品市场价值实现的过程，为日后对不同类型创意产品的价值评估奠定基础。

第一节
创意产品的内涵

（一）研究范畴的界定——创意与创新的辨析

想要深入研究创意产品的价值问题，首先需要明确其研究范畴。总体来说，目前关于创意产品研究范畴的模糊主要源于对创意、创新两者理解的混淆。创意和创新由于文字与语义上的相似常被人们看做是一回事，都是运用人的技能、思想进行创造性的活动，并将这些新想法转化为广泛的实践应用的过程。但是深入分析，二者存在着很大的不同。Schumpeter 将创新定义为建立在一种新的生产函数和一项发明的首次应用。Throsby 认为只有当创意转换为生产时，才被视为创新，创意是创新的前提。Howkins 认为，创意是个人的和主观的，而创新是团队领导的、竞争性的和客观的。创意能导致创新，但创新很少引起创造力。因此，创意比创新更为重要。厉无畏认为创新强调的是功能上的改变，而创意则强调文化上的应用。以上分析表明创意多指主观因素的创造力，而创新则多指对客观规律的改进得到逻辑验证并用于生产。创意对应的主体是文化，创新对应的主体则是技术，而较技术创新而言，文化创意是一种更为高级的竞争性资源。技术创新是为了提高生产效率，改变价值结构，而文化创意则有助于价值总量的提升，本质上实现竞争优势的转变与重塑。

然而创意与创新又紧密相连。Amabile 等认为创新都开始于有创意的想法，创意不同于创新但是能够导致创新的产生。胡晓鹏（2006）进一步指出技术创新是文化创意大规模发展的推动力，文化创意是决定技术创新能力的重要因素。由此可见创意是创新的基础，创新也会激发新的创意产生。

创意产业的内涵强调了人的技能与创造力和文化艺术的结合，借助科技创新，在知识产权制度的保障下提供具有象征意义与文化价值的产品和服务。作为创意产业的核心生产要素，创意与创新既相互联系又相互区别，创意作为创意产业的核心要素，其实具有明显的二向性特征，既与文化密不可分，又在客观上需要技术创新的支持，这奠定了创意的价值特征以及创意产业的价值结构（图 2-1）。创意产业既包括创意的产业化，也包括产业的创意化。前者更偏向于文化艺术进

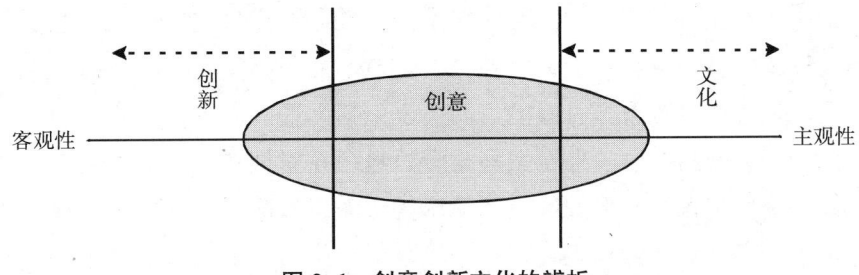

图 2-1 创意创新文化的辨析

资料来源：韩顺法.基于二向性的创意产业价值研究[J].科技进步与对策，2010（6）：60-63.

入消费领域，把文化艺术创意转化为产品；而后者则偏向生产过程中加入创意要素，促进传统产业的创新升级。以文化为导向的创意在消费领域实现价值，以创新为导向的创意更多是在生产领域实现价值。Chrishigson 和 Oliver Rivers 等将在消费领域实现价值的创意称为内容型创意；把在生产领域实现价值的创意称为过程型创意。前者包括了艺术品、表演艺术、文学、电影、音乐、动画、游戏等以精神内容和文化审美价值为主的产品类型，后者则侧重生产流程的创新，涵盖建筑设计、工艺设计、软件设计等生产服务类型。广义的创意产业既包含内容型创意也包含过程型创意，这些都属于创意产品研究的范畴。目前关于创意产业的研究均认为内容型创意是创意产业的主体，也是价值增值的重点，内容型创意产品最能代表和体现创意产品的特征，关于创意产品的讨论也基本围绕内容型创意展开。本书基于市场价值实现的视角主要从消费领域的价值实现进行探讨，因此本书研究的创意产品也是特指这种文化内容为导向的创意产品，不对过程型创意产品进行深入讨论。

（二）创意产品概念界定

创意产品的概念源于创意产业，只有追本溯源才能准确界定。提到创意产业便不得不提及文化产业，这两个概念在学术文献和政策文件中都经常用到。不仅 UNESCO、EU、WTO 等国际组织经常采用这两个概念，学者们也经常同时使用这两个概念，本质来讲二者几无差别。自 2005 年开始，由于政治因素的驱动，创意产业渐渐开始处于上风，比文化产业运用更加广泛。但是在宽泛的创意经济研究中，两者仍常被视为同一概念。由此而来的文化产品、创意产品两种提法也经常让人无法区分。创意产业相对其他提法更具有渗透性和融合性，呈现了一个多层次、多主体的产业系统。其中，文化产业是创意产业的核心。与产业内涵界定相关，文化产品侧重于产品的文化艺术内涵、创意产品则更强调创意要素的作用，但其根本属性与特征并无太大差异，创意产品包括文化产品，但不仅仅限于文化产品。创意产品既包括有形的产品，也包括无形的服务，因此不能将无形产品简单称为创意产品。国内外专家与政府、组织在对创意产业的研究中均认为创意产品这一统称包含了有形的产品和无形的服务，目前有三种代表性观点从不同角度界定了创意产品的内涵。

第一种观点从价值内涵角度对创意产品进行了定义。Thorsby 认为创意产品是在生产中涉及了某种形式的创意，传达了某种象征意义，体现了某种形式的知识产权的产品和服务，同时具备经济价值和文化价值。Frey 与 Throsby 看法基本一致，认为文化资产的价值包含了以货币表现出来的经济价值，而文化价值则是文化、美学、艺术等的结合。Scott、Banks 等强调消费转型的重要性，认为创意产出是为了满足消费者娱乐与欣赏的需要，创意商品或服务的价值来自于美学上的贡献。Caves 认为一切创意产品都是重叠着文化价值、艺术价值或单纯的娱乐价值的产品和服务。Howkins 则认为来源于创意且有经济价值的产品和服务即为创意产品，每次交易都包含了无形的知识产权价值和有形载体的价值。厉无畏提出创意产品的市场价值由功能价值和观念价值两个部分构成。李碧珍将创意商品界定为是一种源自个人创意、技能和才干，根据社会实践要求，以脑力劳动为主，通过知识产权的开发和运用，自觉创造出的具有象征价值、社会意义和特定文化内涵的产品或服务。这些学者对创意产品的本质属性与价值特征的判定基本一致，认为创意产品包含不同价值维度，同时具有明确的知识产权特征。

第二种观点从创意产品的构成形式进行界定。按照联合国教育、科学和文化组织的定义，创意产品包括了创意商品与创意服务。创意商品一般是指那些传递思想、符号和生活方式的生活消费品。创意服务是那些旨在满足文化兴趣或需要的活动，这样的活动不包括物质产品本身。魏鹏举同样认为文化创意产品包含两个相互依存的部分：文化创意内容与硬件载体。创意产品不能简单归属于有形或无形产品之列，往往兼具有形无形，且两者均能给创意产品带来价值。这类观点认为创意产品区别于大多数一般产品的特殊性主要在于其价值体现在它的文化创意内容，将产品和服务的总和界定为创意产品。

第三种观点从生产角度出发进行界定。Jim McGuigan（2001）提出文化产品是感觉与情感被表述的结构，不仅源于个体的欲望与快乐，同样也源于集体的、共享的经验。李东华（2006）认为文化产品是指由文化人和文化行业生产出来的，含有文化性、艺术性或文化含量高的文化载体和服务。汤晖、钟洁（2011）则认为文化产品是根据内容生产出来的，用于流通和消费意义的符号化载体。游涛（2011）综合前人的观点提出文化产品是由文化产业相关人士或者部门创作的，以文化或艺术为主要内容，能够满足人类精神需求，反映社会意识形态，满足大众娱乐的文化载体。这一类观点承认创意产品的生产来源于精神内容与社会文化，但是仅仅认为创意产品是文化工作者的主体创造，在一定程度上忽略了具有创意的普通人的作用。

现有的研究基本明确了创意产品概念的内涵，然而由此包容了大量的复杂的创意产品的外延以及相应的复杂特性，不能一概而论。创意产业作为一个融合发展的产业，其产品的价值特征与价值构成也相对复杂，不同类型的创意产品有不同的产权形式与价值特征，对创意产品进行分类研究更有价值。创意产品是一种体验性的产品，随着它们的大量消耗，消费者的品位也在提高，并因此理性成瘾。创意产品有正的外部性，其生产是以人类创意为主要投入的。创意产品是象征价值的载体，含有至少是潜在的某种知识产权，创意产品的价值不能完全以货币形式表现在市场上，在文献研究的基础上，本书认为，创意产品是具备一定象征意义与文化创意价值，能够满足人们一定精神需求的，体现了某种形式知识产权特征的一类产品和服务。

第二节 创意产品的特征

创意产品与传统物质产品在生产过程、表现形式及消费过程中有显著的差异，决定了其独特的价值特征。根据以上对创意及创意产品内涵的分析与总结，可以归纳出创意产品主要包含的共性特征。

（一）多维度价值体系

创意产品是物质与精神、功能与审美、技术与艺术、文化与经济的综合产物，其物质载体决定了它的有形物质价值，文化创意的精神性则决定了它的无形精神价值。这从根本上决定了创意产品具有多层次的价值体系，也是创意产品区别于普通产品的最为显著的特征。传统产品的价值体系包含使用价值与市场（交换）价值两个维度。创意产品不仅包含使用价值、市场（交换）价值，同时具备以文化价值为主的非市场价值。同时，其使用价值、市场（交换）价值又包含了多重价值层次。其中，创意产品的使用价值不仅包含了物质载体价值、功能价值等处于价值体系底层，主要由资源与科技创造而来的价值，而且包含了文化、审美、艺术、娱乐等由其创意性带来的精神层面的体验价值，并在这种使用价值的多样性中衍生出特定的市场交换价值。创意产品作为一种象征意义的表达，其市场（交换）价值的实现主要凭借创意价值的实现，主要体现为知识产权交易以及消费者对其无形价值的接受与认可。因此，创意产品的市场（交换）价值不仅仅包含了物及相关权利的交换，也包含了体现无形价值的知识产权与知识产权相关权利的交换，以及消费者对其象征价值、体验价值与文化价值的支付意愿，市场对于创意产品总体价值的直接反应。除此之外，创意产品还有一种以文化价值为主的非市场价值。这是创意产品内在的、固有的对社会文化资本的一种补充和贡献，不会随着物质载体的消逝而湮灭，反而可能会随着时间推移而日益彰显、影响深远，包含了社会价值、文化价值、美学价值、艺术价值、遗赠价值、选择价值等多个方面。社会建构了创意产品的使用价值，并且通过创意产业生产运营的具体形式在特定的社会安排中产生出创意产品的交换价值（市场价值），这使得创意产品处于商品、社会和文化的三重结构中。创意产品的这些价值模块不能单独割裂开来，作为一个有机的整体，共同构成了创意产品的多维度价值体系。

（二）双重产权特征

商业化的前提是产权的明晰。创意本身并非稀缺资源，只有通过知识产权在法律权属上进行强制性保护才能成为真正具有价值可以用来交易的产品。创意产业以知识产权为核心资产，创意通过现代产权制度形塑成知识产权，并通过知识产权的开发和运用实现创意成果的价值，以知识产权的交易为显著特征。与物权特别是其中的所有权这种历来被视为有形的财产权相比，知识产权是无形的财产权。物权与客体物质只能始终保持同在，而知识产权客体具有共享性，常与权利本身发生分离，这使得创意产品的共享性成为可能。例如，一张DVD可以许多人购买观看，但是并不影响出版商的版权所有。根据保罗·罗默的理论，创意的内在特征具备非竞争性和部分排他性。其非竞争性决定了一旦一个创意提出，任何人都可以加以利用，这意味着共享消费的可能性。同时，创意也是部分排他的，创意人需要承担高昂的成本，因此可以索要远高于边际成本的价格，从而以利润的形式收回部分贡献于社会的收益，才有足够的激励进行继续创作。这也内在决定了创意产品的规模报酬递增属性。创意的激励在于创意人不仅能获得社会效益也能获取预期经济利益，这样才能继续对社会贡献有价值的创造。产权体制的健全在这个过程中起到了关键作用，从而导致了创意经济持续快速的增长。

创意产品包含许多类型，创意以各种形式附着在物质载体上，有的创意产品物质载体价值丰富，如古董玉器等艺术品，有的物质载体仅有很少的价值，主要价值都体现在内容上。而内容的价值体现在创意的所有权即知识产权控制上，如电影、音乐、图书等。物质载体的价值体现在一般的产权（物权）上，而高附加值的文化、创意、知识、技术含量往往以知识产权的形式体现出来，这使得创意产品具备了明确的产权特征，为其经济价值实现与评估提供了有力的依据。文化商品或者负载在某一载体上（如油画），表现为一般意义上的产权，或者表现为独立的知识产权的形式，这两种权利形式都可以进行市场交易，其市场价值可以通过交易价格来体现。这也是创意产品与传统产品的一个重要区别。

（三）无形价值为主

在创意产业中，创意本身在产品的整个生产过程中占据核心地位，创意投入是最重要的成本，创意内容是构成产品市场价值的最重要因素；相比较而言，创意内容完成后的复制，无论是重复表演，还是负载在物理媒介上的有形产品制造，成本都是比较低的。从前文对创意产业的界定可知，创意产品不能简单地归属于有形产品或无形产品之列，往往创意产品兼具有形和无形，并且有形和无形部分均能给创意产品带来价值。创意产业是以知识产权为核心资产的产业，创意产品更以其文化价值属性为主，在其价值总量中，创意的文化、艺术、审美、娱乐等无形价值占据了绝大部分，而其物质载体价值相对很低。如DVD、书籍中，光盘、纸张的物质价值非常低，其内在的创意内容才是带给消费者巨大价值的部分，当然，就艺术品这类特殊产品而言，有的艺术品本身的物质载体价值昂贵，如一些玉石雕刻、金属制品等，但是其价值更多地体现在工艺的精巧与设计的美感，其价值惊人往往不仅仅在于其载体的贵重而是在于经久不衰的艺术价值。传承多年，跨越历史长河的艺术瑰宝的价值更偏重于对于后世的美学启迪与欣赏价值。尽管在创意产品特征分析中有很多不同的意见，各派学者对这一问题却表现出了惊人的一致。同时，绝大多数文化经济学家都认为现代经济社会中创意产品的无形价值主要体现在以文化、知识产权为核心的价值上。知识产权属性是创意产品的显著特性,也是创意产品与纯文化产品区分的重要特征。

(四) 价值动态化与不确定性

创意产品的价值包含多个维度,同时消费者需求依据个人品位与喜好也有较大的差异,因此其创意产品的价值呈现出动态变化与不确定的特征。在不同时期,创意产品的价值可能都是动态变化的,这与社会的文化导向与审美取向有关,不少经典名作在创作之初都一文不名,直到后世发现其内在的价值。但是,总体来看,真正有价值的创意产品一定具备跨越时间与空间的价值增长潜力。另外,基于创意产品会给消费者带来长期持续的内在影响,创意的品牌价值对于产品来说非常重要,一旦形成品牌影响力,其创意产品的价值也会大大提升,例如宁浩导演的电影作品,最初是默默无闻的,随着《疯狂的石头》一片突如其来的大卖,其影响力显著提升,每部电影作品推出都备受期待,但是一部《无人区》却未通过审查而被禁播,2012年最新上映的《黄金大劫案》又重新获得了票房的成功。这一对比也显出了创意产品价值的变化与不确定。但是,如《泰坦尼克号》一般的经典之作,即使过去了15年后重新上映,仍然稳坐票房冠军的宝座。这不仅仅是得益于影片和卡梅隆导演的声誉,也是消费者对作品艺术价值与文化价值的肯定。一般来说,创意产品的文化创意价值越高,长远来看,其经济价值一定越高,但是,经济价值也可以提升创意产品的认同感,例如,一些受到追捧的品牌产品,以及拍出天价的艺术品可以飞快跃入人们的视野,其中不乏一些精品可以提升自己的知名度与影响力。而其中质量低劣的则终会被淘汰。创意产品价值的动态与不确定都增加了对其价值评估的难度。

(五) 市场价值实现多样性

创意产品跟普通商品的不同点还体现在其市场价值的实现方式的多样化。创意文化产品具有高附加值特征,是一种高附加值的产业,它的价值可以通过知识产权授权多次实现,它之中的创意设计要素的价值随着它的售出也可以不断增值。普通产品一般是银货两讫,价值在交易中一次性实现。而创意产品的经济价值有的是在单次交易中一次性实现,比如工艺品、艺术品等。有的创意产品的经济价值可以在不同途径多次实现,如一本小说将其版权通过许可、授权、复制、转让等不同方式拍成电影、话剧、电视剧、广播剧以及制作衍生产品分别实现价值。还有一种比较特殊的是反复交易。比如博物馆、文化遗产等。观众如果一次消费过还是抱有兴趣，可能会重复体验。每一次体验的经历可能都又有所不同。这对于分类研究创意产品的市场价值也是一个重要的参考。

第三节 创意产品的分类

标准工业分类体系发展至今已有半个多世纪，其分类标准是根据企业从事的主要业务内容，生产资料的输入与产出进行。然而创意产业是一个动态发展的，跨部门融合的产业业态，包含了许多不同类型的行业类别，很难通过传统的分类方式加以区分。现有的分类方法受到地域影响、理解差异、政策倾斜、研究角度的不同也有一些差异，为相互比较、计量分析带来了一定困扰。对创意产品现有的分类方法包括按产业、按产品形态、按产权归属、按供给数量、按消费模式五种。

从产品形态的角度，可分为既有物质形态又有文化符号的创意商品，和直接为社会提供服务的创意服务。从产权归属角度，可分为私有产品、公共产品。从供给数量角度，可分为孤品绝品，数量有限的精神产品，和无限复制的精神产品。Miege 从消费模式对创意商品进行了系统分类。他认为创意商品一般来说通过三个不同模式实现交换价值。第一，将文化理念的物质载体作为商品进行出售，包括书籍、记录、视频等。第二，电视、无线电广播（除了部分有限的订阅听众）免费提供给消费者，并从做广告赚钱资助的项目。第三，这些与公众有关的形式——音乐、戏剧，特别是电影院，依靠限制观看人数并索取会费的方式进行。

创意产品的分类自然与创意产业的分类密不可分，除了前文提到的区分方法，国际上一般通过对创意产业的分类来区分不同创意产品。目前对于创意产业比较有代表性的分类模式包含以下六种，创意产品也相应地各归其类。其中，DCMS 模式源于英国，是在政府意图将创意和创新作为经济驱动力从而在全球化竞争中恢复经济领先地位的状况下提出的，因此包含了以创意为核心的 13 类行业类型，许多国家和地区政府均以此分类为标准，影响较大。象征符号模式由 Hesmondhalgh 提出，在这一模型中创意产业通过对文化的产业化生产、传播和消费象征符号进行分类，因此主要以各种媒体形式出现。同心圆模式由 Throsby 首次提出，该模式的特色是以文化艺术价值为核心向外拓展，认为创意产业的核心是文化艺术类行业。世界知识产权组织（WIPO）提出了基于版权的版权分类模式，认为以版权为核心的知识产权是产品和服务中包含创意的具体表现形式，因此按照不同行业知识产权含量的不同进行划分。这一分类被美国、加拿大采用。UNCTAD（联合国贸易暨发展会议）模式将相同表现形式的行业归为一个部门，涵盖范围广泛而全面。UNESCO联合国教科文组织模式将其分成产品和服务两大类。联合国报告中南美根据贸易实际情况将其分为三类：其中，特色产品是那些文化领域典型的产品和服务中表现出创造力、表达力、解释力、保存价值和传播的象征性内容（CD、电影和书）；相关产品是那些生产特色产品相关投入和资本的产品和服务（印刷、录影带和麦克风等）；辅助产品包括营销、分销以及消费者消费相关产品终端（电视机、音乐家、投影电视机）。

表 2-1 创意产业分类模式比较分析

分类模式	代表国家、学者	分类特征	分类与具体范围
DCMS模式	英国、中国台湾、新加坡、中国上海	包含创意内容	广告、建筑、艺术和古董市场、手工艺术、设计、电影和视频、音乐、电视和广播、表演艺术、出版、电子游戏、软件
象征符号模式	Hesmondhalgh	象征意义的生产、传播	核心文化产业：广告、电影、互联网、音乐、出版、广播电视、电子游戏 外围文化产业：创作艺术 边缘文化产业：消费性电子产品、时尚、软件、运动
同心圆模式	David Throsby	文化艺术价值为核心向外扩散	核心创意艺术：文学、音乐、表演艺术、视觉艺术 其他核心文化产业：电影、博物馆与图书馆 广义文化产业：遗产服务、出版、音像、广播电视、电子游戏 相关产业：广告、建筑、设计、时尚
WIPO版权模式	美国、加拿大 John Howkins Twose	知识产权相关度	核心版权产业：广告、版权集体持有、电影和视频、音乐、表演艺术、出版、软件、广播电视、视觉艺术 交叉版权产业：空白录音资料、消费性电子产品、乐器、纸张、复印机、照相器材等 部分版权产业：建筑、服装鞋帽、设计、时尚、日用品、玩具 边缘版权产业：相关支持服务

续表

分类模式	代表国家、学者	分类特征	分类与具体范围
UNCTAD 模式	联合国贸发会	按表现形式特征归类	遗产类—传统文化表达：工艺美术、节日、庆典 人文遗迹：遗址、博物馆、图书馆 艺术类—视觉艺术：绘画、摄影、雕塑、古董 表演艺术：现场音乐表演、剧场、舞蹈、歌剧、马戏等 媒体类—出版及平面媒体：图书及其他出版物 视听：电影、广播电视、其他传媒 功能性创意类—设计：室内设计、图像设计、时尚设计、珠宝设计、玩具设计 新媒体：软件、电子游戏、数字化创意内容 创意服务：建筑、广告、娱乐、创意研发、数字化及其他创意服务
UNESCO 模式	联合国、中国	区分有形产品和无形服务	文化商品核心层—文化遗产，印刷品，音乐和表演艺术，视觉艺术，视听媒介 文化商品相关层—影院和摄影，电视和收音机，建筑和设计，广告，新型媒介 文化服务核心层—视听及相关服务，特许使用税和许可费，娱乐、文化和运动服务，个人服务 文化服务相关层—广告、市场研究和民意调查，建筑、工程和其他技术服务，新闻机构服务

资料来源：笔者整理。

通过表 2-1 可以看出，不同的分类模式体现了不同的理论切入点，但对于广告、建筑、艺术和古董市场、手工艺、设计、电影和视频、音乐、电视和广播、表演艺术、出版、电子游戏、软件这些行业，各分类模式基本认同，只是根据不同分类特征划分到了不同的产业部门。而对遗产类、电子消费品及硬件支持、相关技术支持服务等存在一定的争议，涵盖这些行业的分类模式也多将其划分到产业边缘。综合来看，现有的几种分类模式尚有不足。首先，创意产业是一个动态概念，不能用单一维度静止看待，应该从多维度综合考虑。其次，现有分类仅从产业特征出发，对表现形式类似的行业进行归类，但是未对各行业的价值特征进行深层分析。最后，随着创意产业市场的不断扩大，现有分类很难满足产业研究中市场价值比较分析的需求。

结合上述分类模式，综合考虑创意产业生产、消费特征，以价值为中心在复杂的生产性和非生产性劳动组合中进行提炼，本书将创意产业及产品分为以下四类：

（1）生产创意内容，提供以可复制性知识产权为核心的产品。其市场价值的实现主要是通过知识产权价值的开发和利用，其物质载体价值可以忽略不计。主要包括以下行业：图书及其他出版物、音乐、音像视频、软件、数字化创意内容、动漫、电子游戏、软件、广播、电视、电影。

（2）生产创意内容，提供唯一的艺术创意作品，其市场价值的实现主要是由于其艺术、历史、稀缺性等特征价值实现。主要包括视觉艺术、艺术品、手工艺。

（3）生产创意体验，提供以体验价值为主的无形产品，其市场价值的实现主要通过自愿付费购买体验价值实现。主要包含表演艺术类行业，如现场音乐表演、剧场、舞蹈、歌剧、马戏、木偶戏、体育赛事等。

（4）生产创意体验，提供以体验价值为主的公共产品，其市场价值的实现主要通过政府补贴与公众自愿付费相结合的方式实现。主要包括建筑、遗址、博物馆、图书馆。

本章小结

本章通过文献研究分析了创意产品的价值内涵，归纳提炼出创意产品具有多维度价值体系、双重产权特征、价值动态与不确定性、价值实现方式多样性四个显著的价值特征，总结出创意产品的市场价值实现经过了从创意到产品再到产权开发的系统增值过程。从市场价值与非市场价值两个角度深入分析创意产品的价值构成，并提出其市场价值包含了物质载体价值、知识产权价值与文化价值三大特征属性。

第三章
创意产品的价值分析

第一节
创意产品的核心价值

(一) 创意源的创意价值

创意经济中一个创意多种应用的现象非常突出,这也是创意产业特有的经济现象。一个好的创意可以激发多种尝试,衍生出许多成功的创意产品。这种现象被经济学家抽象出来有了"一意多用"的提法,并由此提出了创意源的概念。创意源是基于文化资源之上的由创意主体结合个人思想、创意形成的一个抽象性的创意概念集合,是某种创意产品产生的基础创意想法,由此可以衍生为一系列相关的创意产品。创意源在创意产品中得以诠释,附着在创意产品上进入市场,获得消费者的认知与共鸣。消费者对于创意产品内涵本质的高品位追求实际上就是对创意构想创意源的追求。创意源可以被创意主体完全原创出来,也可以是对传统文化要素的解构与再创造。创意源应该蕴含较高的文化价值、艺术审美价值,体现特定的社会价值观念,同时也应当具备很好的可塑性和适应性,能够最大限度地与各种产业形式结合转化为不同类型的创意产品。创意源与知识产权相结合，通过制度化造成稀缺性的形式具有了经济价值。在获得市场的检验取得成功之后，创意源衍生出其他周边产业并形成独有的文化品牌。创意源是创意活动的结晶、是创意扩散的灵魂，也是整个创意产品价值实现过程中的决定性因素。创意源是创意产品产生的源头，创意产品的好坏与创意源息息相关，创意源的生命力直接决定了创意产品发展的质量与品位。对于这个时代的消费者来说，其文化品位与判断能力双重提升，只有真正新颖打动人心的创意才能生存发展。创意产品的品质取决于创意源，因此创意源的创意价值也是创意产品的核心价值之一。

（二）知识产权价值

知识产权意为知识（财产）所有权或者智慧（财产）所有权，也称为智力成果权，是国际上广泛使用的法律术语。知识产权是指人们对其在科学技术、文化、艺术等精神领域创造的知识产品（智力成果）依法享有的权利，是为保护知识产品而从法律上赋予民事主体的权利，主要包括专利权、商标权、著作权（版权）以及商业秘密。无论是从学者及政府组织对于创意产业与产品的界定、分类来看，还是从创意经济的本质进行分析，知识产权价值是创意产业及创意产品的核心价值都是毋庸置疑的。创意产业是以知识产权为核心资产的产业门类，许多创意产品的市场价值得以实现都依赖于知识产权的保护。知识产权这一术语产生于18世纪的德国。1967年在斯德哥尔摩的外交会议上，缔结了《建立世界知识产权组织公约》。现在的"世界知识产权组织"就是根据这个公约成立的，共有100多个国家和地区参与了这一组织，也就实际上认可了这一公约对于知识产权的界定。依据公约中的知识产权定义，主要包括以下权利：

（1）与文学、艺术及科学作品有关的权利。

（2）与表演艺术家的表演活动、与录音制品及广播有关的权利。

（3）与人类创造活动的一切领域内的发明有关的权利。

（4）与科学发现有关的权利。

（5）与工业品外观设计有关的权利。

（6）与商品商标、服务商标、商号及其他商业标记有关的权利。

（7）与防止不正当竞争有关的权利。

（8）一切其他来自工业、科学及文学艺术领域的智力创造活动所产生的权利。

上述是知识产权的广义定义，包括了一切人类智力创作的成果。狭义知识产权定义包括工业产权和版权两方面。无论是广义还是狭义知识产权定义，都规定了专利权、商标权、版权三种权利类型，这是世界各国（包括我国）都予以承认的。知识产权具有独占性，它是对于智力劳动成果，依照法律规定所应该享有的占有、使用、处分和获得收益的权利。它是一种无形资产，诸如商标、专利、外观设计、使用新型、服务标志、厂商名称或原产地名称，以及文学作品的著作权、发表及使用或是许可他人使用和获得报酬的权利等都属于知识产权的范畴。知识产权是知识产权（财产权）与知识产权客体——知识产品（财产）构成的统一整体。邓达（2006）结合知识产权的特征对创意产品进行了深刻的分析，他认为创意产生之后不具有天然的稀缺性，因而不具有边际效用价值，从而不能成为财产，必须由法律造成人为的稀缺性才能使知识产权成为经济学意义上的财产，同时，创意活动的相关权利具有法定专属性，法定的支配权就为创意活动和创意产业的价值实现创造了条件。当创意内容被嵌入到物质载体后，在相同的知识产权下，每次复制既不会对原有的知识造成损害也不会受到物质资源的制约，同时创意产品可以与不同的物质载体相结合，开发出衍生产品，这是知识产权的共享性与可复制性决定的，也是创意产品价值实现的重要方式。以迪斯尼为例，米老鼠、维尼熊、白雪公主等形象都出现在电影、电视、玩具、文具、服装、鞋帽等各种商品上，为迪斯尼带来了丰厚的利润，但利润的背后却是由美国的强有力的版权保护体系做后盾。创意产品中知识产权的价值和作为精神产品载体的物质价值相比更大，在总价值中占有绝对的比例优势。创意产品的物质载体价值往往是微不足道的，几乎可以忽略不计。例如，微软公司的办公与系统软件，装在价值几乎可以忽略不计的光盘中却以高价售出。这是因为，创意产品一旦设计生产出来，其产品复制只需要消耗非常有限的物质成本，附着的知识产权价值却并未因此有丝毫减少。这种文化创意具有更强的外在表现性，更容易被抄袭复制，因此也更需要知识产权的保护。创意产业的发展与创意产品的价值实现都离不开知识产权制度，从创意产生到消费的过程知识产权都贯穿始终，知识产权价值是创意产品的核心价值实至名归。

（三）文化价值

文化一词渗透在生活的各个方面，但是为其下一个精确的定义又非常困难，总有些管中窥豹以偏概全的嫌疑。从词源学的角度考察，汉语"文化"一词最早出现于刘向《说苑·指武篇》："圣人之治天下，先文德而后武力。凡武之兴，为不服也；文化不改，然后加诛。"后来，南齐王融在《三月三日曲水诗序》中写道："设神理以景俗，敷文化以柔远。"从这两个最古老的用法上看，在汉语系统中，"文化"的本义就是"以文教化"，它表示对人的性情的陶冶、品德的教养，本属精神领域范畴。随着时间的流变和空间的差异，现在"文化"已成为一个内涵丰富、外延宽广的多维概念，成为众多学科探究、阐发、争鸣的对象。而英语中文化一词"culture"，从自然耕作将文化置于一定的生活方式之上类比转为对人的培养直至今日发展成为社会精神上的整体生活方式表达和传承。Rokeach（1973）认为文化价值是相对持久的信念，一个社会将文化认可作为标准指导其成员的态度和行为。Terpstra（1978）等认为文化是人们行为方式和独特的生活方式的综合，是人们和其他社会成员一样拥有的、思考的和做的一切事情，它在和环境学习和相互影响的过程中不断地发生变化。Tse 等研究者认为消费者的文化价值观是促成消费者的动机、生活方式和产品购买决策的重要因素，文化存在于动机、机构和自我形象中，人们的需要与消费动机相关，指导消费决策和行为。Hall 和 Hall（1990）认为个人的消费行为和沟通风格也受到文化的强烈影响。

文化这一客观事物所具有的能够满足一定文化需要的特殊性质或者能够反映一定文化形态的属性就是指文化价值。文化价值可以看做是反映艺术品、手工艺品、文字、表演、仪式和习俗的意义。创意产品的价值之所以能够经得起时间空间的考验，很大程度上是由于它源于深厚的文化土壤，包含一定的文化要素，蕴含了一定的文化价值。文化价值的含量越高，其价值增值的潜力越大。创意经济的时代，人们购买产品更注重品牌的价值，而品牌价值其实就是文化价值的集中体现，人们热衷于追求品牌产品，其实是对该品牌文化的一种认同。文化是一种历史和人文的浓缩和传承，是当今世界最具影响力和感染力的形态，是促进创意产品提高品质与价值的关键。中华民族文化不仅可以为中国的创意产品赋予鲜明的民族、思想、内容、形式和美学特色，而且能给中国创意产品以特殊的文化魅力和市场竞争力，从而产生良好的社会效益和创造巨大的经济效益。

（四）体验价值

Holbrook 和 Hirschman（1982）认为消费体验会引起体验消费价值（Experiential Consumption Value），如符号的、享乐的或美感的价值，它与理性消费价值（Rational Consumption Value）是相对应的。体验价值是一种顾客价值，是消费体验中顾客表示出来的一种价值判断，是随着人们消费模式转换所表现出来的一种新型的顾客价值观。对消费者来说，有形的商品和无形的服务是外在的，而在消费商品和享受服务中获得的体验则是内在的。美国学者Tynana和McKechnie认为体验是一个或者一系列的顾客与产品、公司、公司代表等更多利益群体之间的互动，这些互动会造就一种反映，如果反映是正确的就会使顾客认可产品或服务的价值。体验价值是服务价值的一种升华，体验价值不仅仅包括消费产品所带来的使用价值和使用过程中的感受价值，还有顾客对服务过程以外的感知。文化艺术也是如此，古往今来人们在创作文化艺术作品中体现出的人性的光辉和情感的流露总是惊人的相似，打动人心的创意作品总是让人们在享受一个过程，欣赏、娱乐抑或仅仅是消磨一段时光，这些体会让消费者认同这一产品的价值。随着物质文化生活的日益丰富，人们对于体验价值的追求也日益增多，不仅仅满足于温饱的消费者，开始选择让自己感到愉悦惬意的生活方式与产品，体验经济开始出现。体验，就是企业以服务为舞台，以商品为道具，围绕着消费者创造出值得回忆的活动。Csikszentmihalyi（1975，1997）提出流畅体验观点，并在扩展研究中明确流畅体验的八种构成要素之后，这种基于顾客心理感知评定体验价值的方法引起了学术界的广泛关注。

Massimin、iCarli（1988），Csikszentmihalyi（1990）等学者以顾客对消费对象的主观理解及感受为视角，开展了顾客体验状态以及顾客体验价值结构维度的系统分析。具体地说就是在消费全程中设置一些体验性细节，更加人性化、生动化、体贴化，使得产品的概念得以充分地扩散，以在传播的强度和深度上感染目标人群。体验价值是指顾客从企业提供的产品或服务中所体味到的源于内心感受的价值。

创意产品的体验价值主要体现为它的某种信息传达或者感性体认。即是说，当人们选择某一创意产品时，是看重它所承载的信息、情感、审美、内涵等方面的感受以及用设计、包装、广告和形象等塑造出来的某种象征符号。对于创意产品而言，已经不仅仅是提供功能价值满足消费者基本生活需要的传统产品，它蕴含的创意、文化价值给消费者带来的是独特的感受和体验，消费者购买的主要原因也是出于心理层面的满足，无论是音乐、电影、现场表演等多种核心创意产品，均是以无形产品为主，与传统产品不同，创意产品的使用价值主要表现为这种体验价值，消费者购买了创意产品，获得了震撼、感动、愉快、悲伤等一系列的心灵体验，并因此对这个产品留下深刻的印象从而形成对此类产品的认同甚至形成品牌忠诚，这种产品在他内心深处留下的烙印可能影响深远，甚至影响他对此类创意产品的鉴赏水平和选择。许多人都可能因为儿时看过的一部小说或电影而对往后的人生有所启发，这也是创意产品区别于普通产品的一个显著的特征。因此，体验价值也是创意产品不可或缺的重要价值之一。总体来说，文化价值与体验价值是有区别的。文化价值是创意产品固有的，与消费者的反应关系不大，而体验价值则是消费者购买创意产品之后的体会，非常主观。但是文化价值与体验价值也是紧密相关的，文化价值通过体验来实现，体验价值建立在文化价值的基础上，只有具有文化价值的产品才能让人们获得良好的体验。

在本书的研究中，基于体验价值有非常大的消费者主观因素，必须在消费之后才能测量，且体验价值主要来源于创意产品的文化要素。因此，在创意产品市场价值实现与评估的讨论中，考虑消费者可能的文化体验评价，但是不将体验价值单独进行价值评估。

第二节
创意产品的价值构成

国内现有研究对于创意产品的价值构成多从劳动价值论出发，但是在这一研究视角中，对于人的活劳动的测算非常困难，理论研究可行，实践中却无法操作。国外研究分析创意产品的价值构成倾向于从市场价值和非市场价值或者经济价值和文化价值两个角度，且在非市场价值、文化价值方面著述颇丰，市场价值分析不多。比较来看，效用价值论在分析创意产品中有一定优势，因为创意产品大多通过体验实现其价值，消费者的主观感受对于市场价值有重要影响，但是创意产品的市场价值核心在于提供的象征价值以及知识产权价值等客观价值，因此需要与客观价值理论结合考虑。由于创意产品的需求具有非常大的不确定性，供给又具有强垄断性，因此，仅从供求均衡来分析创意产品的价值也有失偏颇。Baumol 和 Peacock 认为无论人们是否支付金钱，艺术总能为他们带来好处。O'Hagan 也提出了同样观点：艺术可以在市场上被买卖，但公共利益不能被出售。以 Throsby 为代表的文化经济学家认为价值是连接文化与经济的基石，是一种社会建构现象；是内在的审美价值、艺术价值或文化价值；绝对价值具有永恒的特点，必须加以考虑。综合来看，创意产品的价值是多维度、动态化的，必须将其市场价值与非市场价值相结合，主客观价值理论综合运用来分析其价值构成。

由于文化价值高的产品往往可以索取到高的经济价值，表演艺术、艺术品的文化价值与经济价值呈现正相关的状态，即文化要素也具备经济价值这一点在一些文献中已经被证实了，因此仅仅以经济价值和文化价值区分的提法并不准确。本书认为创意产品的价值在使用价值的基础上包含市场价值和非市场价值两个维度。其中，使用价值又可以看成功能价值、创意价值、体验价值与文化价值的集合。市场价值是可以通过交换，用货币收入反映出来的产品价值，包含着物及物权、知识产权、消费者体验与文化符号价值四个要素，另一部分非市场价值则反映了创意产品固有的特征，是其科技、文化、艺术价值的社会化体现，是长期的、带有公共属性的，可以作为文化资本积淀的内在价值，不因消费者的主观意愿而变化。创意产品的价值包含了承载不同内容形式的价值。不仅包含了文化内容，也包含了消费者体验的一部分，这些无形价值也要附着在某一载体上表现出来。因而，功能价值、创意价值、体验价值和文化价值就成为文化创意产品内容价值的表现形式（图3-1）。

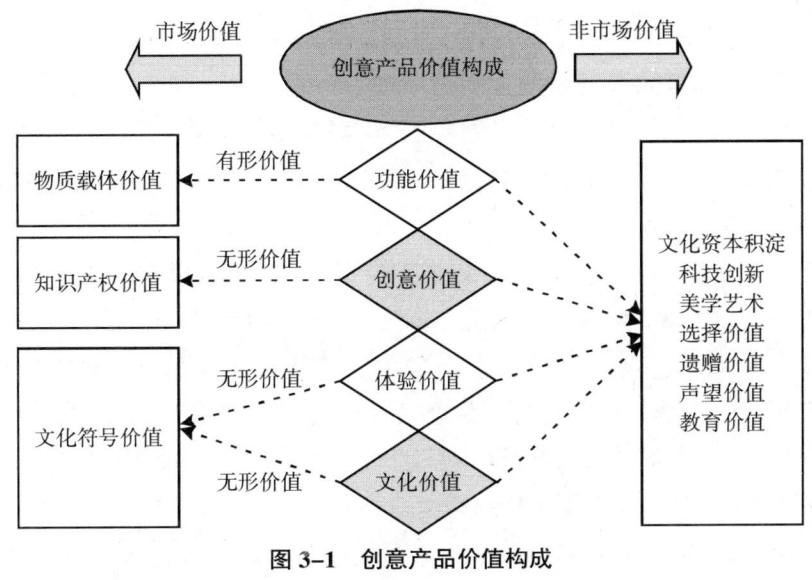

图 3-1 创意产品价值构成

资料来源：笔者整理。

依据大多数国外文化经济学家的观点，创意产品的价值是市场价值与非市场价值的和，但创意产品的市场价值和非市场价值应该分别进行评估。认识到创意产品是具备一个有多维度价值体系的产品对于进一步研究有重要的意义，这说明创意产品是一个有多种特征价值的集合体，且每一部分价值对总价值贡献的分权重不同。而其中最为重要的就是知识产权价值与文化价值，在整个价值体系中占据重要的位置。

第三节
创意产品分类价值构成

创意产品种类繁多，涉及许多行业部门，也有其各自的价值构成与特征。在分析创意产品价值问题时，应该切实考虑不同类别创意产品价值构成的差异，进行具体分析，这对于创意产品分类价值评估与创意产业统计分析、比较都有重要的意义。在创意经济中，不同类型的创意产品所处的产业部门的差别使得它们在产业价值链中的地位也有不同，在市场价值实现的过程中，其经济价值也有所不同。总体来看，国内外的统计研究均表明，包括图书及其他出版物、音乐、音像视频、软件、数字化创意内容、动漫、电子游戏、软件、广播、电视、电影，这些产品在创意产业中经济价值最大，传播最为广泛，影响力也十分显著。国家电影局发布的数据显示，2011 年，我国生产的各类电影总产量达到 791 部，全国电影总票房达到 131.15 亿元，较 2010 年增长 28.93%。其中国产影片票房为 70.31 亿元，占全年票房总额的 53.61%。20 部国产影片票房过亿元。中国电影市场再度保持住了高速增长。据悉，国内全年共新建影院 803 家，新增银幕 3030 块，平均每天增长 8.3 块银幕。截至年终统计，全国城市影院数量突破 2800 家，银幕总数达到 9200 多块。在新建影院和新增影厅中，数字化技术得到普遍应用，90%影院都已具备数字放映条件。以核心版权产业为主要部分的美国版权产业（创意产业）也在当年国内生产总额中有非常夺目的表现，在 1977~2001 年的 24 年间，美国 GDP 中版权产业部分的增速达到了 7%，超过了其余经济部门（3%）和整体 GDP 同期年均增长率（3.2%）的两倍；美国总体版权产业合计增长率为 4.10%，也大大高于其他经济部门同期增长率 1.5%。即使是在美国经济大幅下滑的 2001 年，美国版权产业依然"逆势而行"，其净产值依然保持递增态势。单就美国核心版权产业部分来看，在 1977~2001 年的 24 年间平均每年增长 7.01%。其中，从 1977 年到 1997 年，核心版权产业的净产值在国内生产总值中的增长率为 2.41%，年平均增长率为 6.3%，是同期美国经济总增长率（2.7%）的 2.3 倍；

而在1997~2001年的4年间，核心版权产业平均年增长率高达9.38%。无论从占总GDP的比重以及增长速度来说，都表现出了良好的上升态势，也展现了创意产业尤其是核心版权产业强劲的生命力。

在实践数据与前期研究基础上，结合前文对创意产品的分类及其价值特征与价值构成分析，本书从市场价值实现的视角以创意产品的核心价值内容、市场价值构成、交易形式，对创意产品进行了系统分类。

表 3-1　创意产品分类别市场价值构成情况表

产品类别	核心价值	市场价值构成	交易形式	具体种类
核心创意产品	文化价值与知识产权	知识产权+文化价值+物质载体价值	可复制、衍生多次交易	图书及其他出版物、音乐、音像视频、软件、数字化创意内容、动漫、电子游戏、软件、广播、电视、电影、设计
创意体验产品	文化价值	文化价值+知识产权价值	一次性交易	现场音乐表演、剧场、舞蹈、歌剧、马戏、木偶戏、体育赛事
文化艺术产品	文化价值	物质载体价值+文化价值	单品重复交易	古董、艺术品
文化遗产产品	文化价值	物质载体价值+文化价值	极少或不能交易，只能租赁	人文遗迹、自然景观、图书馆、博物馆

资料来源：笔者整理。

表 3-1 将创意产品分为了四个大类，分类的依据是从核心价值构成内容的差异分解其市场价值的构成。从核心创意产品来看，包含了图书及其他出版物、音乐、音像视频、软件、数字化创意内容、动漫、电子游戏、软件、广播、电视、电影、设计这些以创意精神内容为核心，通过知识产权保护获得价值，并可以复制、多次交易的创意产品，这些创意产品还有一个显著的特征，就是围绕一个创意源可以衍生多个产品，因此价值也是最丰富的。创意体验产品强调产品的文化体验价值，其交易形式以一次性的交易为主，包含一些现场表演形式。而文化艺术产品则是以文化价值为主，主要是艺术品这类稀有产品，这些产品的价值完全取决于文化价值的内涵，由于数量的稀少很多都是孤品且年代久远，因此交易形式多是单品的重复性交易。最后一类是文化遗产类的产品，如人文遗迹、自然景观、图书馆、博物馆，这种公共服务性质的产品以非营利性和公共产权为主，基本不能进行交易，其主要价值是文化价值以及社会效应。一些创意产业相关的服务类产品尽管对于创意产业的发展确实有重要的作用，但是由于其创意内容与文化价值含量相对较低，因此本课题不予讨论，在分类中也不再列出。

本章小结

本章重点分析创意产品的核心价值，从市场价值与非市场价值两个角度深入分析创意产品的价值构成，并提出其市场价值包含了物质载体价值、知识产权价值与文化价值三大特征属性，并在此基础上对创意产品进行了分类，这种分类方法有助于我们发现不同类型创意产品本质上的不同，为后面评估其价值提供了有力的依据。

第四章
创意产品的市场价值实现机理分析

第一节
创意价值链解构

Michael E. Porter 在《竞争优势》一书中首次提出价值链的概念，这一观点受到学者和企业家的一致推崇，使得价值链分析方法在企业管理实践中得到了广泛应用。Porter 认为价值链就是企业在特定业务单元内的各种活动的组合，每一个企业的价值链都是由独特方式连接在一起的九种创造价值的基本活动构成，价值链是判定竞争优势并发现一些方法以创造和维持竞争优势的一项基本工具。价值链理论着重于研究链条中不同环节之间的关系。与原有的基于制造业中的价值链观点不同，新的价值链观点把价值链看成是一些群体共同工作的一系列工艺过程，认为企业的发展应该重新创造价值而不仅是增加价值。Peter Hines 将 Michael E. Porter 的价值链重新定义为"集成物料价值的运输线"，这是另一种有关价值链的定义。Hines 的价值链与传统价值链作用的方向相反，重视将顾客对产品的需求作为生产过程主导方向，将利润作为满足这一目标的副产品。同期学者 Kogut 在分析国家比较优势和企业竞争能力的时候认为"价值链基本上就是技术与原料和劳动融合在一起形成各种投入环节的过程，然后通过组装把这些环节结合起来形成最终商品,最后通过市场交易、消费等最终完成价值循环过程"。Peter·Maigers（1995）将价值链看做是群体共同工作的一系列工艺过程,认为企业的发展不只是增加价值而是要重新创造价值。他认为在价值链系统中不同的经济活动单元通过协作共同创造价值。Jefferey F.Rayport 和 John J.Sviokla 于 1995 年结合电子商务这一价值增长点提出了开发虚拟价值链的观点,与实物价值链这一线性活动相对应,虚拟价值链是非线性的,能通过各种渠道获得分布矩阵。对比两条价值链价值创造过程的差异及其相互作用,企业可以根据自己的组织、结构、战略观点对相应的管理实践提出新的观点和改进。Brown（1997）给出了一个较精练的价值链定义,他认为价值链是一种将商业行为分解为相关战略活动的工具,它能够使之清楚地了解其竞争优势的来源。Walters 和 Lancaster（2000）认为相对于供应链强调成本最小的思想,价值链则强调成本最优创造价值最大。Shank 和 Govindarajan（1993）则提出了程序化的价值链分析方法,他们设计出一套以分析价值链各个环节的成本计算方法,使价值链分析方法具有很大的可操作性。产业链的概念是源于维系自然界平衡的生物链,由于市场环境处于不断变化之中,企业想要求得稳定发展,需要依靠上下关联,形成产业链。对于产业价值链的概念,学术界尚未达成共识,可以看做是包含了整个产业价值创造活动中各个环节各个角色的集合。

创意产业价值链本身就是一个动态的系统,各环节对产业链的价值贡献不断被重新界定。各个环节的价值和利润随着各种因素的变动而在产业价值链上转移和流动,且呈现出高集中、高频率、大范围、高速移动的特征。创意产业价值链系统是整合各项资源、推动产业发展的系统工程。具体来讲,一方面,研发、创造、生产以文化创意理念为核心的创意产品或服务,通过一系列市场营销和渠道销售,到达消费者,在市场交易中实现价值;另一方面,通过合作开发、专利技术或者版权转让形式,把创新设计的核心价值延伸到关联产业中,新的市场主体和价值创造者不断加入进来,形成以核心产业为辐射、相互合作、相互竞争的产业集群。设计者的创意或技能,产业资本以及文化资本和各项资源协同带动关联产业的发展。其中,设计者的创意和智慧可以通过资源转化机制变成资本,与资金和技术一起构成资本的生产要素,投入到价值链的各个环节,推动产业价值的实现。创意产业价值系统十分复杂,包罗万象。然而究其本质,创意产业价值系统就是以创意源为中心,创意资本价值不断增值过程的汇总。每一个价值增值的环节都是价值系统的有机组成部分。

随着对创意产业研究的深入，有学者提出了创意价值链的概念。创意价值链（Creative Value Chain）指从创意源到创意成果产业化的过程中，由创意主体通过系列创意活动形成增值链条的集合体。

将 Porter 的企业价值链管理思想拓展应用于从创意源到创意成果产业化的全过程，着眼于创意如何转化增值，涉及大学、研发机构、文化机构、投资机构、设计中心及企业等一系列创意主体的价值增值活动创意价值链：①围绕创意性产品从研究、策划、制作、供应、销售以及衍生产品的开发；②围绕创意产业发展从技术、投资、生产、销售等涉及环境资源和服务的集合。

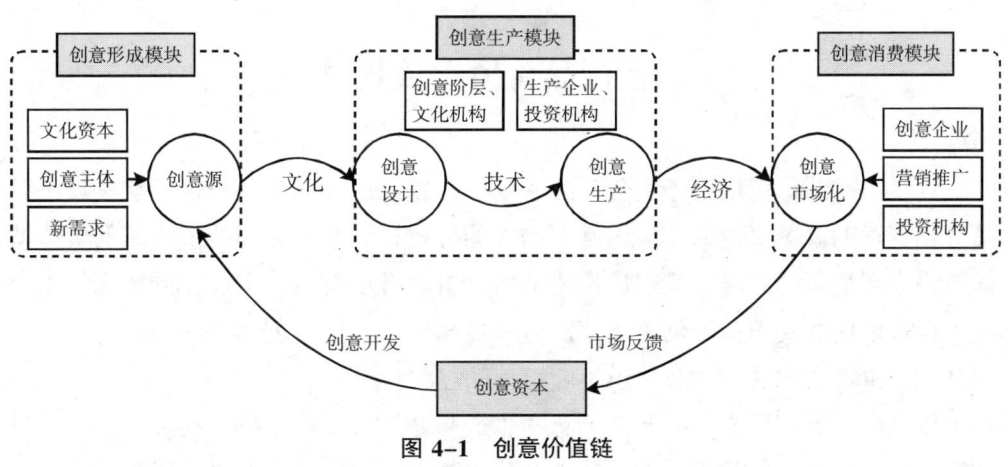

图 4-1　创意价值链

资料来源：笔者整理。

创意过程如特里史密斯所描述的那样，是一个价值流形成的过程，艺术家的作用在于整理这些价值流，把它们集中于一种布局，并在适当的时候将它们展示给世人。创意价值链反映了创意源到产品的一个价值增值的过程，基于价值链理论，创意的价值增值过程可分为知识创新源转化为创意源、创意源转化为创意产品和创意产品市场化运作三个阶段（图 4-1）。依照价值链理论，结合模块化的观点，创意价值链可以分为三个基本模块。这三个模块是创意形成模块、创意生产模块和创意消费模块。与之相对应的三种市场主体是创意主体、企业开发者和消费者。创意阶层的主要任务是从文化资本中汲取精华，结合自身的知识和创造力提出崭新的想法，即创意源；开发者的任务是致力于对创意源的商业化开发，并向市场出售创意商品；消费者则通过消费创意商品来体验和享受蕴含于其中的创意价值。三个模块分别代表了创意增值的不同过程，而每一个模块都有其独特的运行机理。其中创意产品的价值形成模块主要表现为创意源的形成，这一过程是文化、创意、消费三者共同推进的结果；创意产品的生产模块是表示创意源结合创意设计、科技创新的力量由企业生产开发出来，是文化、创意、科技三者的结合；在创意消费模块，创意产品正式推向市场，在各个市场参与者的推动下进行市场交易，这是一个多方博弈的过程，经由市场认可的创意产品有极大的可能进行再次开发，这个经过市场认可的创意沉淀为一种创意资本，反馈给创意主体，可能促使新的创意源生成。

第二节
创意产品价值形成机理

创意产品的价值根植于文化，源于创意，创意产品的市场价值实现本质上就是文化创意的市场价值的实现。基于前文的分析，创意产品与传统产品的价值特征与构成有显著的差异，其市场价值的实现机制有动态性和多样化的特征。本节基于价值模块的视角，从创意价值链这一概念出发，探讨创意产品价值形成、价值开发、价值实现这一创意价值不断增值的过程。

创意产品价值形成的本质是创意的生成与开发。而创意形成离不开文化开发和运用，这决定了创意产品的价值以文化为基础，以创意为源泉，以市场为导向的价值生成机理。创意价值的形成是由创意主体运用自身的创造力、技能、才华以及知识创造出一个创意源，这个创意主体可以是个人也可以是一个机构，而创意源是一个基础的创意想法，它被创意主体创作出来，再通过一定的设计、技术生产出来成为产品，这也标志着创意产品价值的形成。创意源由创意主体个人或阶层对文化素材实施创意活动，产生的结果为一个抽象性的创意概念集合即"创意源"，它将成为后续创意活动的源动力。之后的创意作品、创意产品、创意商品都将围绕它展开。创意源可以被创意主体完全原创出来，也可以是对传统文化要素进行重新包装与解构、再创造（图4-2）。

其中，文化是创意产品价值生成的基础。这是由于创意主体在创作的时候所运用的个人创造力突破创新之后，往往受到了自身知识结构、社会文化背景的深刻影响与约束。文学家们在创作作品时，往往有明显的时代印记，反射出一些社会现实，很难跳脱出文化背景。无论是巴尔扎克的《人间喜剧》，还是曹雪芹的

《红楼梦》，甚至是描绘了光怪陆离神话世界的《西游记》，都是作者们观察社会现象的反思，影射了一定的社会文化的现状。当然也有科幻小说家们天马行空的创作，却也是合乎逻辑与常识的合理推断。同样地，西方多是浓墨重彩的油画，而东方则以挥毫泼墨的山水见长。基督教的文化背景下，出现了美轮美奂的教堂建筑设计，而佛教浸润下的东方文化则遍布庄严的寺庙。音乐与影视创作亦如是。创意主体是有思想的人群，必然会受到教育背景、成长环境中文化的熏陶，值得开发推广的创意源也一定有其文化内涵。

创意是创意产品价值形成必不可少的要素。创意产品之所以与传统产品区分开来，正是由于创意的存在。创意赋予了产品的核心价值，也带给消费者们不同的体验和感受，可以引导新的消费需求。理所当然的，有一定审美品位与消费能力的市场也是促使创意产品价值生成的条件。创意主体创作创意产品的动力在于对文化艺术价值的追求，也在于市场的接受与鼓励，他们更看重成为一种风格的代表。创意产品的供给更多的是为消费者提供一种文化享受和选择，消费者的认可是创意主体的动力之一，促进了创意产品的价值形成。

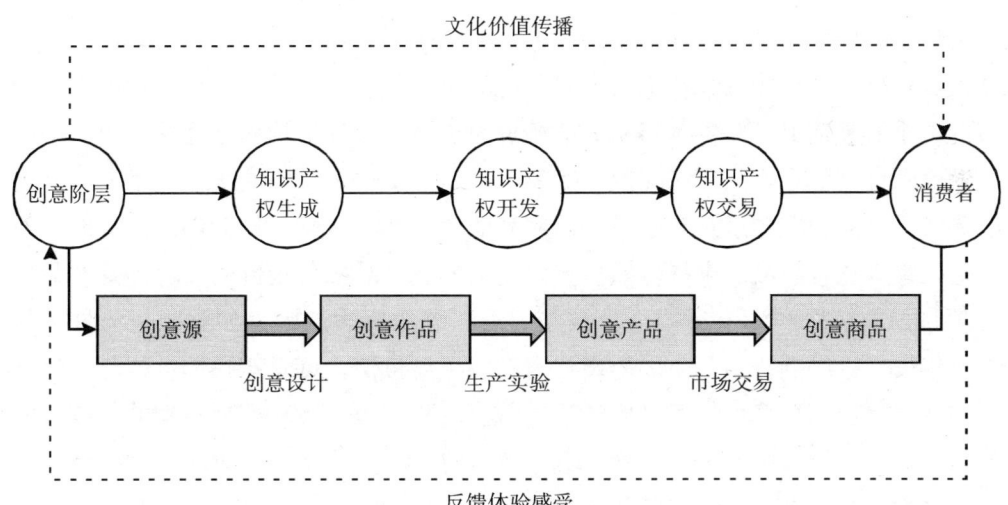

图 4-2 创意产品价值形成过程

资料来源：笔者整理。

第三节
创意产品价值实现机制

价值实现既包括产品价值的实现也包括货币价值的实现，创意产品的价值实现要以市场的规模化为前提。创意产品是创意源的载体，而市场是价值交换、价值实现的平台，也是了解消费者需求、检验创意产品的有效场所。对于创意产品来说包括两个方面，既是创意产品市场价值的实现，也是创意源价值的不断增值与扩散，包含着文化价值与知识产权价值的双重实现。

（一）市场价值的实现以非市场价值为基础

市场价值是新古典经济学中经常讨论的，从个人偏好而来。这表明有非市场价值与市场价值之分，暗示了非市场价值是内在的，或者客观的独立于个人偏好之外的。而艺术品的"效用"就是艺术带来的"精神享受"，这种效用会成为经济价值。实证研究已经证实了，两件艺术品的排名高低，与在市场上索取的价格高低成正比，这种相关性在论及当代艺术品时已经得到了证明。在明晰了市场价值的本质的基础上，对创意产品的市场价值进行有效评估的思路逐渐清晰，即应该紧紧围绕"创意产品市场交换的实现"破题。要解决这一问题，需要深入分析产品市场交换的实现形式和途径，即产品的盈利模式分析。根据创意产品的价值特征，本书创意产品的市场价值具体体现为创意产品的市场价格以及创意产品包含的知识产权权利的市场价值，是一个更广泛的概念。因为创意产品的种类繁多，仅仅通过产品价格不足以体现其全部的经济价值。创意产品的价值构成包含了市场价值，而市场价值可以用货币进行衡量，这也是市场交易活动的基础。但是价格不能完全反映创意产品的价值。因为创意产品的价格具有一定的特殊性。在市场操作中，宣传、推广等营销手段对作品价格的作用被充分认识到了。无论在艺术市场还是电影、出版等核心创意产品市场，营销传播水平较高的创意产品往往会收获更高的价格，这些活动提高了消费者的心理预期，提升了消费者的心理兴趣，有助于提高消费者的支付意愿。世界排名前10名的油画作品，不仅有名家大作如莫奈的《睡莲》之类，还有看似普通的作品，如排位在第10名的画作仅是一副三种颜色拼接在一起的作品。其天价与其内含的艺术价值很难定义。总体来看，市场价值的实现必须建立在非市场价值的基础上，具备一定社会价值文化意义的产品才能够真正立足于市场，获得消费者的认可与广泛的成功。

（二）非市场性价值也受到市场价值实现的影响

虽然创意产品市场中的作品灿若星河，但是创意作品在市场取得价格的成功，并不等于作品的文化艺术意义获得肯定。荷兰的梵·高、法国的塞尚、中国明代的吴镇都没能在艺术巅峰看到自己的作品受到肯定；反之，幸运的画家不一定艺术成功，这样的情况比比皆是。创意品的市场价值与非市场价值并不一致，常常产生偏离。市场价值较高的作品并不意味着非市场价值就高，同样地，非市场价值极高的作品并不一定能得到对等的市场价值。因为创意产品的市场价值与非市场价值并不是单纯的对应关系，它还受到市场中其他因素（如供求关系）的影响，尤其在短期这些影响十分明显。然而非市场价值也确实受到市场价值实现的影响。一些成功的商业电影也自有其文化价值与社会意义，商业上的成功使得其传播得更为广泛，对于社会的影响也更为巨大，这样其社会价值就会提高。反之，如果是一些低俗的创意产品流行，那么也会影响整个社会的文化品位。

（三）创意产品市场价值实现的双重机制

从生产的角度看，文化、创意资本代替物质资本、技术资本、人力资本，成为推动产业发展的主导要素；从表现形式来看，大多数创意产品的物质载体价值远低于其文化内容含量，以无形产品为主；从消费的角度看，创意产品以顾客价值导向为原则，满足消费者精神方面更高层次的需求，其核心价值契合了消费结构的升级；从价值实现角度看，创意产品的市场价值包含文化、知识产权市场价值的双重实现，且可以通过多种路径实现。

按照马斯洛的人类需求五层次理论，人类具有非常复杂的生理、心理需求，不能仅仅用"衣食住行"来概括，人类还存在着更高的需要，如审美需要、自我实现的需要等。创意产品作为一种特殊的产品形态，人们在消费这种产品时，实际上是认同了一种思想观念和审美取向，并且影响自己的思维方式和行为方式。所以说，消费者的社会行为及其结果是市场对创意产品的需求的最终利益。当创意以产品的形式进入交换和消费领域后，创意的内容就具有了独立的价值形态，其价值在满足消费者心理的过程中得以实现。这些基于人们创造力的创意内容具备了审美、艺术、象征、历史等多种文化价值。创意以自身内含的文化价值结合消费市场的需求最终转变为丰厚的经济收益。同时这些创意被法律保护形成稀缺的知识产权价值可以独立在市场流动。

图 4-3 描述了创意产品市场价值的双重实现机制。

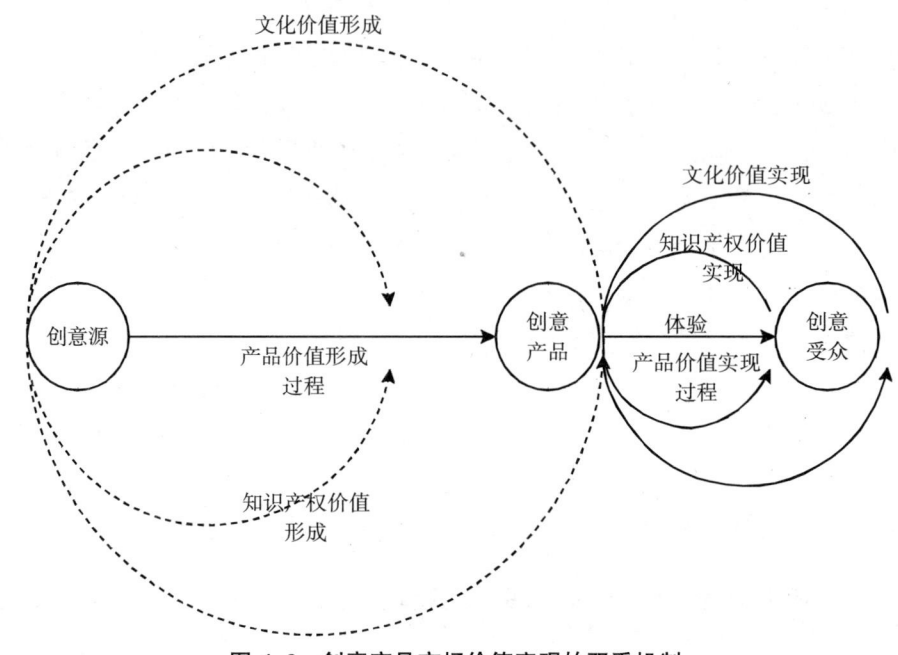

图 4-3　创意产品市场价值实现的双重机制

资料来源：笔者整理。

1. 创意产品文化价值市场价值的实现

创意产品的文化价值不仅仅体现在市场中，也体现在对于整个社会文化资本的积累和贡献上，然而创意产品的文化价值只有在市场中实现，才能真正使创意受众体验接受。因此，创意产品文化价值的实现方式非常重要，它是通过体验的方式来实现的，在创意产品的消费中通过体验感受到文化价值的魅力，并愿意为其付出较高的价格。随着社会的发展进步，人们的消费品位也在不断地提升，只有真正有文化价值的创意产品才能得到他们的青睐，才能顺利实现市场价值，而文化也只有真正地面对市场，才能获得广泛的传播。著名导演李安曾说"艺术不是曲高和寡，而必须有回应，这才是真正的艺术"。这句话恰恰说明了文化价值也需要在市场中实现，只有让大众接受、喜爱、引发思考、有所共鸣的创意产品才是真正好的创意产品，因此，在创意产品市场价值实现的过程中，应该注意文化价值要素的市场开发，让文化通过体验真正影响社会。

2. 创意产品知识产权市场价值的实现

知识产权价值实现是个综合和具有实践意义的概念，体现了知识产权创造、运用、保护和管理的最终目的。其内涵应包括：知识产权使用价值的有效转移、服务经济建设、改善社会福利、权利拥有人研发成本的补偿和预期收益实现等。在创意产品市场价值实现的过程中，知识产权价值实现是必然的，也是非常重要的。由于知识产权是一种权利属性，可以独立于产品单独进行交易、开发，这对创意产品市场价值最大化有非常重要的意义。创意产业作为拉动经济增长重要的力量，很大程度得益于知识产权的保护与开发。重视对创意产品知识产权价值的实现，是实现创意产品市场价值的重要保障，因为知识产权价值包含着对于创意产品开发未来战略的选择。帮助创意产品知识产权价值顺利实现是全面实现创意产品价值的关键。

总体来说，创意主体构思出创意源，经过生产变成产品，通过市场交易到达消费者的手中，创意产品的市场价值也因此得以实现。在这个市场化的过程中，创意源的价值得到了实现，知识产权的价值也得到了实现，创意产品到达了创意受众的面前，其文化价值获得了体验，非市场性的价值也得以展现在社会大众的面前。一些创意产品即使没有出色的市场表现，也仍然赢得了口碑认可。创意产品的市场化过程是一个创意产品价值实现的过程，有形的市场决定了创意产品的市场价值，而思想市场决定了创意产品的文化价值。创意阶层通过发现消费者的需求创造价值，消费者也会反馈给创意阶层心中所想。

（四）创意产品市场价值实现路径分析

尽管创意产品有其独特的价值形成机理以及价值特征，但是在传统产品市场化过程中起到作用的供求机制、价格机制等价值规律也同样在创意产品的生产和交易中起到重要的作用。不过在创意产品市场价值实现的过程中，其文化、创意这些核心要素的价值在不断增值。在市场化过程中如何让创意产品价值充分、最大化的实现主要通过以下几种路径。

1. 创意价值链的拓展——"一意多用"模式

基于前文的分析，创意产品市场价值的实现是从创意源到创意产品的市场化过程，在创意产业的发展实践中，一个创意源多样化利用是创意经济中的重要现象。文化经济学家将其称为"OSMU"模式，来自英文"One Source Multi Use"

的缩写，中文译为"一意多用"。一个来源是指一个新颖独特有经济价值的核心创意源，多个用途是指跨界生产运营中用多种形式表达形成多个产品。这些产品在设计、投资、上市时间、宣传推广、市场定位等方面互相配合、互相推进，围绕核心创意源，形成一条独特的产业链。例如，同一首歌曲有 MP3、卡带、DVD 光盘等不同载体的产品形式，同一个剧本有电影、电视、舞台剧等多个表达形式，而且每一种形式的产品都有相应的消费群体和市场空间；另外，一个成功的创意源可以衍生出多种创意产品，如《哈利·波特》、《暮光之城》、《蝙蝠侠》等都衍生出多种创意产品。这其中就蕴含了创意产品价值实现中非常重要的创意产权开发模式。创意产品与传统产品不同，同一个创意源可以衍生出多种产品，这是由于创意的特殊属性决定的，也决定了创意产品价值实现路径的多样化。这一模式在创意产业领域应用非常广泛，这一模式拓展了创意价值链，从创意源出发可以创造出多种产品，增加了产品的宽度，同时也提升了创意本身的价值。经济收益增加，在消费者乃至社会中的影响力扩大，同时促进了市场价值和非市场性的价值实现。

但是"一意多用"不等于同质化风潮，一个好的创意源受到认可后，如果相继出现大量类型相似、风格雷同的作品反而引人生厌。就像"非诚勿扰"作为一档新型电视节目出现后，各个电视台跟风推出同类节目收视率反而下降。

2. 知识产权保护机制的完善

知识产权制度的确立是创意产品市场价值实现的根本保障。知识产权制度的意义在于人为地确立了对创意持有者和对创意产品的排他性的获益权，这样一种人为设定的稀缺性与竞争性是创意得以商品化的前提，也是整个创意产业运作的基础前提。无论是各国政府、国际组织还是著名的创意经济学者都认为加强知识产权保护对于创意经济的发展壮大有至关重要的作用。著名学者约翰·霍金斯更将创意产业定义为处于知识产权保护下的所有部门。创意产业特别是创意产品这一重要载体的核心在于创意，这一本非稀缺的资源在知识产权保护制度下才有了稀有性，进一步有了经济价值，正因如此，知识产权对于创意产品来说非常重要，对于知识产权保护的要求也非常高。在这样一个信息爆炸的时代，信息传播速度如此之快，知识产权很容易受到侵权的危害。特别是微博、微信等自媒体的流行，许多具有知识产权的内容产品都非常容易被复制、传播、下载，许多网络小说、音乐几乎没有办法保障版权所有者的权益就被无偿传播，尽管现有一些知识产权保护的相关法律法规，但是目前国内对于知识产权保护的整体意识偏低，维权成本相对较高,这都影响了创意产品市场价值的顺利、正常实现。

在创意经济时代,创意产品的原创性非常需要整个社会的认同和保护,这不仅仅需要政府将知识产权保护上升到战略高度,完善相应的制度规范,也需要整个社会形成尊重、认可个人创造力的文化氛围。首先在政府层面应该完善、制定与时俱进的知识产权保护法律法规,适应新时代知识产权保护的要求;其次整个社会中应该增加宣传保护知识产权的力度,在市场交易中建立、完善创意产品价值评估体系,对各类创意产品知识产权收费管理,加强保护程度,使得创意人的合法权益得到保障,从政策、市场、社会环境方面不断完善,提升整个社会对于创意、知识产权的尊重和保护意识。

3. 挖掘文化价值,引领创意消费

创意产品的核心价值在于精神文化内容,丰富的精神内涵、内容创意是创意产品市场价值实现的基础与关键,在创意价值链中,文化创意占据着关键部位,这与传统产品有着本质的差异。在创意产品市场价值实现的过程中,应当注重激发创意人的创造力,努力挖掘文化资源使其转化为文化内容,强调创意产品的文化创意价值,引领、创造文化消费。特别是在数字时代,文化资源与科技创新结合更加便捷,更容易碰撞出创意的火花,也更能吸引消费者的目光。在苹果的APP应用中,就有电子乐器的游戏软件,让悠扬美妙的音乐在键盘上演奏出来,并且可以自己创作乐曲,这给了许多消费者愉快的体验,深受各个年龄阶段消费者的青睐,一经推出就成为畅销榜第一名,这充分说明了,创意产品的文化价值才是吸引消费者的关键,独特的精神内容决定其文化内涵和意识形态,因此创意产品市场价值实现的路径中非常重要且独特的就是从文化根源着手,创造文化需求,从根本上实现创意的价值。

第四节
案例分析:莫奈特展——艺术商业新结合

(一) 案例背景

莫奈,"印象主义之父",他的创作开启了现代派绘画的源头。印象主义画派,19世纪后半期西方重要的绘画艺术流派,莫奈在其中占据着举足轻重的地位。他以正直谨慎的态度、泰然的心情在困苦和荣誉之间走完他的艺术道路,用他那悠长的创作生命为西方艺术史留下一批珍贵的艺术瑰宝。随着世界经济的回暖,艺术市场逐步回温,提供商业艺术相结合的世界各大艺术博览会迎来广大艺术爱好者、收藏家、投资者,为艺术品经营者、爱好者提供交流平台,为城市树立新标志、新品牌。同时,国内拍卖市场也迎来当代艺术热的浪潮。国内外艺术市场的迅速起色促使了更多形式的艺术商业化市场探索。"中法建交50周年"重要庆典活动之一的"印象派大师·莫奈特展"于2014年3月8日至6月15日在上海K11购物艺术中心成功展出。开展第一天,即迎来3500人次观众,第二天则为3200人次,开展前的网络订票量就已经超过5万张。10天内的售票达到12.5万张。当然,这几个简单的看似成功的数字离不开经济土壤的培育。

(二)创意价值实现依赖于宏观经济环境

从宏观背景来说,GDP是国内创造财富的总和,居民消费量与艺术品市场的繁荣程度最为密切,居民的收入水平越高,艺术品市场的消费需求会越大。按照国际通行的说法,GDP增加,公众的休闲时间可以延长,有更多闲暇关注艺术品,只有当一个国家的人均GDP达到8000~10000美元时,才会有大规模的公众对艺术品收藏感兴趣,从而促进艺术市场蓬勃发展。事实上,中国大陆的人均GDP在7年内猛增4800~6800美元。然而,现中国仅14%的家庭拥有高于247万元的财富,GDP平均数被过大的贫富差距"拔高"了,并被"有房"和"无房"的中国"财富鸿沟"放大。也正是因为过大的贫富差距,使得我国拥有足够的人、财、时资源占领全球艺术市场份额,仅仅在2011年,中国在全世界艺术品市场所占份额已经达到30%,位列第一。同时,数据也显示,2012年北京、上海、杭州等40余个城市的人均GDP都超过1万美元,为艺术类购物中心的发展提供了土壤。

所谓"盛世收藏,乱世黄金",宏观经济环境的繁荣使得艺术市场得到了更多消费者的关注,宏观经济环境的稳定增长是收入持续提高和资产价格稳步上升的保障,促进了艺术品市场持续发展与繁荣,而金融市场波动通过财富效应和替代效应对艺术品需求产生影响,同时,宏观经济环境平稳,也使得人们有更多的时间与金钱投资于艺术品位的提高上,使得整个社会的审美趣味有了一定的提升,艺术素养有了一定的提高,这都从根本上保障了艺术品展览受众的广泛。

（三）创意价值实现依赖于市场化运作

莫奈特展的成功在于其富含的文化创意价值，也得益于其专业化的市场运作，莫奈特展获得文化价值与经济价值的双重肯定主要包括以下几个方面：

1. 市场定位准确

K11是全球首个融合艺术、人文、自然三大核心元素的全新品牌，其定位是通过为大中华区年轻新锐艺术家提供支持的培植平台，推动当代艺术发展并带领年轻新锐艺术家走向国际舞台并得到广泛关注。本次莫奈特展主办方天协文化公司提供运营，K11购物艺术中心提供场地。如此双赢的合作，是K11背后中国香港郑氏家族资本商业规划的一部分，目的是为了从艺术赞助人的角色转型为艺术商业生态圈。

2. 商业运作

莫奈特展的主办方为上海天协文化发展有限公司，是一家致力于中外高端文化交流和传播的专业公司，专门引进世界顶级艺术普及推广的商业化运作及国际性高端文化项目，在国内开创了世界顶级艺术普及推广的市场化运作先河。该公司之前就有引进国外优质展览的案例，如2013年初举办的"007电影设计展"，以及"2011毕加索中国大展"等。

3. 特色选址

K11购物艺术中心坐落于上海著名的现代服务业集聚区，淮海路的黄金地带，交通便利，人气爆棚。它以艺术主题购物中心为定位，用艺术品来克服消费者对购物中心的审美疲劳，以推动当代艺术发展为己任，举办过多次艺术展，如德国著名艺术家迈克尔·沃尔夫装置作品展、胡介鸣个展等。

4. 门票定价

主办方天协文化公司坦言，作为民间投资行为，也不可能说是不计成本投资大型展览项目。选择在商业区展出，是考虑到所有的展览费实在太高，包括借展费、运输费、搭建费、保险费等，如果不进行门票销售是很难打平成本的，这也是选择K11购物中心的根本原因。莫奈特展55件参展作品仅运输费保额总价值就高达6亿欧元，再加上借展费，总计费用超过2000万元人民币。莫奈特展通过大众点评网与格瓦拉生活网进行团购、预售及全票多种方式进行售票，单预售价就定为70元，在一个月时间售出近7万张；全票定价的依据是比照上海电影票的定价，其票价为100元。不同的定价及购票渠道也是促使特展火爆的原因之一。

5. 融入式体验

莫奈特展不设一米线，使人能够静静地与作品"对话"。通过放映"莫奈花园"，可以看到吉维尼这个遗风犹在、梦境一样的小镇处处所洋溢的蓬勃生机与活力，也成了莫奈创作的源泉；通过售品区的印象派画、美术书刊、花花草草，似乎点明画展的用意在于学会欣赏画展的同时，更应学会保护自然，让人们生活在大自然的环境中；13场"莫奈和印象派"系列讲座，策划了"印象轻生还活创意"征集活动，"我有一个私密花园"的自然文艺风搭配活动，以及携手日本女性服饰品牌，邀请消费者将莫奈画作的意境，融入穿着搭配中，展示清新自然的风格；并且推出了"印象派的致意"KllpicK单品推荐活动，进行艺术商品关联微调查，将画展变成平台，使商业文化展销合理进行。

（四）创意价值实现得益于文化营销

坐落于淮海路的K11利用高雅文化营销，创新了文化商业模式的新局面，立足街市厚重的历史文化积淀，点燃白领的文艺体验激情，让"莫奈花园"风景变成"私人定制"的"私密花园"风景，从而延伸为自然文艺欣赏的个性风景：或美丽的衣着搭配，或温馨的居室装潢，或生态的家庭绿化，或都市花园风情旅游，使得莫奈特展热成为淮海路高雅文化商业的消费热。北京侨福芳草地和上海K11都使用艺术购物中心的商业模式，将美术馆展览空间向功能性楼宇内发展，突破艺术被仰望格局，增添公众购物休闲乐趣，将购物中心和文化艺术相结合可以进行差异化竞争，消除购物中心"同质化"诟病。城市商业购物娱乐中心向文化产业转型的发展过程似乎在某种程度上借鉴了艺博会的内在机制：策展的呈现方式、艺术欣赏氛围和体验的引入以及各种跨界设计创意的尝试，已经在国内某些购物中心初露端倪，这有可能改变未来购物休闲娱乐的现状，使其成为一个拓展的沟通平台。

（五）创意价值实现的根本保障在于高品质艺术作品

印象派作品在20世纪80年代曾被正处于黄金年代的日本财团追捧，在拍卖场上频频创出天价，导致印象派名作市值高涨。此次莫奈特展的展品均来自法国巴黎马摩丹莫奈美术馆，共55件，其中包括40幅莫奈真迹、12幅其他印象派大师作品，以及3件莫奈生前所用物品。

莫奈特展的展览分为五大主题："莫奈的朋友：印象派的朋友圈"展示了莫

奈许多良师益友的作品;"莫奈的漫画:初露锋芒时期"展示了莫奈少年时期所热衷的漫画肖像;"莫奈的旅行:捕捉不同的光与影"展出了莫奈旅行中的作品;"莫奈的花园:吉维尼的完美杰作"展现了一位"园林艺术家"亲手造就的"水上花园";"莫奈的晚年:印象派顶峰时期"展示的是多幅莫奈晚年的作品。作品中的晚年名作中,有3米长的《紫藤》和2米高的《睡莲》,还有在大师失明之后单靠经验与意志力描绘出的几幅《日本桥》,尤为感人。印象派的大师个展本身稀缺而珍贵,展览作品质量很高,观展的人到现在都还记得自己激动的状态。在业界,有个众所周知的全球适用的规律,只要不是宣传太差、不是连轴展,有时间积累的文化符号类内容作品多数情况下都会火爆,包括埃及木乃伊、中国兵马俑、印象派、草间弥生。

本章小结

本章通过文献研究分析了创意产品的价值内涵,归纳提炼出创意产品具有多维度价值体系、双重产权特征、价值动态与不确定性、价值实现方式多样性四个显著的价值特征,总结出创意产品的市场价值实现经过了从创意到产品再到产权开发的系统增值过程。从市场价值与非市场价值两个角度深入分析创意产品的价值构成,并提出其市场价值包含了物质载体价值、知识产权价值与文化价值三大特征属性。结合理论研究提出了创意产品市场价值实现机制包含了文化与知识产权市场价值的双重实现,就其价值实现的路径和模式进行了相关分析,并通过"莫奈特展"的案例进行了具体验证。

第五章
创意产品市场价值实现的影响因素分析

  Ruth Towse 在《文化经济学读本》中指出，文化经济学对创意活动方面的研究主要集中于两个问题：第一，艺术性创意的动机是什么；第二，艺术家如何将其作品推向市场。这一提法彰显出创意产品市场交易在创意经济中的重要性。这是因为市场是创意产品价值实现的重要场所，市场交易是创意经济活动的重要环节，是创意经济存在的重要前提，也是创意产品价值实现的基础，更是从事创意经济活动的主体用以实现资源优化配置的基本途径。创意经济中的供求规律、价值规律、竞争规律甚至创新规律等必须借助具体的市场交易才能获得充分体现。创意产品市场价值的实现受到两方面的影响：一方面是市场因素，另一方面是产品自身的价值因素。因此，本章重点围绕创意产品的市场特殊性进行分析，提出影响创意产品市场价值的因素，同时，从创意产品自身角度对影响其价值的主要因素进行分析，并考虑在创意产品交易市场中的博弈如何影响创意产品价值的实现。

第一节
创意产品市场价值实现影响因素框架分析

(一) 创意产品的市场特殊性

创意产品的市场特征决定了其市场价值实现的方式和路径，也影响其市场价值的形成和决定。创意产品市场交易最显著的特征就是不仅包含了以有形的物质产品的形式进行售卖双方的等价交换；它也可以以无形的专利技术、版权转让的形式进行等价交换；它还可以在某些特定的产品领域进行提前交易，因为买主看好其前景并深信可以获得巨额回报而甘愿进行较长周期投资；它甚至可以通过专项研发、文化附加、创意策划、风险投入及技术孵化等方式来接受购买主体或消费主体有偿的定向服务委托，并且基于这个特征，可以反复交易且不损害产品价值。

1. 市场需求的不确定性

普通物质产品的需求可以根据市场规模的大小、消费群体的定位、人口规模，平均消费水平，以及生命周期进行大概的估计，然而创意产品主要是文化创意内容，其消费需求也容易受到社会文化环境、时尚潮流、偏好、地域特色等多重因素的影响，其消费需求的不确定性很高，即使是非常成熟的创意产品，有着良好的创意受众，也很难准确预测其市场需求，这也造成了创意经济发展中的高风险。从整个产业来看，创意产品需求的不确定性和高风险决定了整个产业的形态和布局。作为创意产品，其创意内容的受欢迎程度很难提前判断，这对确定创意产品的市场价值增加有很大的难度，但是有一定知名度、好评度的创意工作者能够适当地规避一些风险，提升对创意产品的价值预期。如我国的青花瓷器艺术品、中国画大师的作品在国际艺术品交易会上往往有上佳的表现，这跟产品的声誉有很大的关联。在 De Vany 和 Walls (1996, 1997, 1999, 2004) 的一系列文章中，探索了以电影产品为例的创意产品需求的动态性。许多实证研究的文章也研究了创意产品的需求问题。这些研究结果发现市场需求函数往往是重尾分布函数，并且理论上有无限方差，这表明了创意产品的需求有非常大的不确定性。

2. 市场供给的"名利双收"特征

创意产品是具有公共产品以及外部性的产品，市场供给有着独特的特征。从私人供给的角度来看，它追求的是经济价值与文化价值的统一；而从公共供给的角度来看，则强调了参观人数与政府扶持力度的一致性。Heilbrun 与 Gray 通过对表演艺术进行分析发现商业性表演强调利润的最大化。Garnham 在研究中发现创意产业有着"受众最大化"倾向。Hansmann 在研究中证明了如果企业是受众最大化者，质量将倾向于次优低水平；如果企业是质量最大化者，质量通常会相对于受众规模实现次优高水平。Luksetich 与 Lange 通过对管弦乐队的研究得出了相近的结论：大型乐队以作品质量为先，然后再考虑利益最大化，而中小规模的管弦乐队首先看重受众数量的最大化，这也与他们希望家喻户晓有关。Throsby 与 Withers 的研究再次确认了创意产品供给的目标包括最大限度吸引观众以及注重产品质量两个方面。Throsby 曾以表演艺术为例说明创意产品的特殊之处，包含了普通观众欣赏的私人供给以及作为公共品对社会而言的艺术文化价值部分。Towse 指出其创意产品供给的目标通常是追求高质量供给，并且增加公众或特殊人群接触其商品或服务的机会。陈志标（2012）在对以往研究供给目标的这些思想进行模型化，从私人文化企业和公共文化机构两个角度分别来构造文化创意产品供给目标模型并将其总结为名利双收。学者们的研究与实践相吻合，文化创意企业往往追求经济利益，但也同样看重产品质量的文化价值与社会影响，这既是创意产品供给的一个显著特征，也是对于创意产品市场价值决定重要的影响因素。因为在生产供给过程中，文化创意企业就对自身有一定的要求，强调了产品的质量必须达到一定的水准。

3. 消费者的审美趣味

审美趣味是西方美学的一个重要范畴，是人类审美感受力的直接表征，在西方美学发展史上占有重要地位。对于创意产品这种精神体验产品来说，消费者的审美趣味对需求和供给都有一定的影响。创意需求是一种典型的嵌入性需求，依赖于消费者过去所接受的文化教育与文化消费习惯。消费在偏好形成的过程中可能会起到强化或弱化的作用。消费者如果在某次消费中获得了愉悦的感受体验，就会对这种创意产品进行追加消费以及口碑宣传。反之亦然，甚至可能造成更恶劣的影响。Heilbrun 和 Gray 提出"艺术是一种逐渐养成的嗜好"，指出创意产品需要在消费过程中不断增强偏好特殊性。现在国际美术市场上炙手可热的荷兰现代派绘画大师梵·高在世时也仅以低价卖出过一幅画。这不得不说，社会文化审美趣味的变更对于创意产品消费有着莫大的影响。对于创意消费者来说主要的知识和技能是"审美趣味"。Roger Mccain（2006）认为一个创意工作的消费者必须具备一定的知识，这也是对创意产品价值生产和评估的基本原则，而这些知识的获取主要是通过艺术产品的消费经验。Caves（2000）认为创意产业依赖品位，而品位在某种程度上是需要培养的，培养品位用经济学模型来概括就是"理性上瘾"。这个基本的模型是由 Stigler 和 Becker（1977）首次提出的，但是 Stigler-Becker 模型没有很好地解释多模式品位非线性和其他要素，如有限理性、磁滞等。所有研究都表明，拥有较高的收入水平、较高的职业地位以及较高的教育程度的人群，对艺术的参与率比其他人更高，这些研究结果对于不同时期的各种艺术形式都适用。同时消费者的审美趣味集合成社会的审美趣味，这对于社会偏好直接影响着创意产品供给的类型和形式。在文化快餐的年代，纯粹的文艺片、纪录片、艺术现场表演等消费者寥寥无几，而商业气息浓厚的好莱坞大片却备受期待，这也与社会推崇的审美趣味有很大的关系。消费者的审美趣味决定了他们对于创意产品的评价标准，这对创意产品市场价值的评估有着重要的意义。

4. 创意产品市场存在严重信息不对称

创意产品是创意工作者根据自身的创造力，结合所处时代和自身生活背景、文化修养及技法，创造性表达的对事物的认知，传递出一种独特的情感和精神符号，这种符号不可能被所有人理解，甚至由于部分创意产品的专业性和历史性，需要具有专业知识和长期经验的积累，否则可能对真伪的认知都难以做到。有时，不仅外行无法判定创意产品的市场价值，很多专家也可能有力所不逮的时候。前段时间曝光的一档著名鉴宝节目错把真品当赝品的事件也反映出了判定创意产品价值的难度。不仅艺术品可能存在这种误判，对于一些概念性的创意产品也很难判断其当下的价值。对于创意产品来说，准确判断其价值是相当困难的，只能在一定基础上进行一下合理预估。创意产品市场这种严重的信息不对称会造成价格常常严重偏离实际价值的情况，但长期来看，文化价值高的产品还是会大浪淘沙最终留存下来。

在创意产品市场中，买方一般处于信息劣势，除了具备的基本知识，实际上对产品真实信息知之甚少，如艺术品和古董的收藏就是如此，另外，生产者在生产过程中的创意，对于购买者来说，还要经历一个理解和吸收的过程。在创意产品市场交易中，创作者将自己的呕心沥血之作，往往卖给能出合理价格的知音，而不仅仅看谁出价最高。比如电影拍摄中的剧本作者在挑选合作导演时的情况。

创作者也期待着购买者欣赏和交换自己的情感。对他们之间这份共享情感的产生，沟通其实起着十分重要的作用。因此，创意产品市场是一种典型的信息不对称市场，存在着逆向选择和道德风险。

5. 市场存在明星效应

好莱坞最有名的明星拍一部片子就能拿到2000万美元，但好莱坞也有不计其数的演员，靠在餐馆打工才能维持基本生活。无独有偶，《哈利·波特》的作者J.K.罗琳的年收入可达3700万美元；但是绝大多数作家却只能靠其他工作来"补贴"写作。创意产品市场存在超级明星现象，1981年，芝加哥大学的Sherwin Rosen首次提出了经济学的"超级明星理论"。他试图解释为何在一些职业中，少数杰出人物"超级明星"获得了既超出同行，也超出一般意义上的个人禀赋的高额收入。他提出技术革新使得某一领域最优秀的执行者能服务更大的市场，因而获得更大的收入份额。但这也减少了该行业中能力较差的人所能分到的份额。超级明星现象在许多行业存在，但在演员、歌星、作家这些职业中表现得最为明显。创意工作者明星化成为一种现象，不仅仅是娱乐明星、电影明星，一些明星艺术家的作品也能创造高价位的神话，这些明星吸引了越来越多人对于创意市场的关注，助长了创意市场的繁荣。出于对创意明星个人的崇拜追随也会影响消费者的审美趣味，甚至影响整个社会的偏好，对于创意产品市场价值的实现有很大影响。

6. 利益相关者之间的博弈

创意产品的价格并不一定与其作品本身的文化艺术价值相符，有时候价格会远远高于其文化价值，有时候又会过低，这在创意产品市场上是非常普遍的现象，因为这其中存在着许多利益相关者之间的博弈。在创意产品市场，特别是艺术品市场上，经常会发现有些名不见经传、文化艺术价值偏低的作品能够摘得天价，这不属于市场交易的正常运作，而是因为存在一批评论家和投资者对创意作品的价格进行了哄抬炒作，这种情况在目前的国内市场更是屡见不鲜，不规范的操作也时有发生。从长期来看，这种炒作价格的作品多数不能经受住时间的考验，一些文化艺术价值含量低的创意产品始终不能抵挡时间的考验。然而在创意产品的市场交易过程中，必须看到这是买卖双方价格动态博弈的过程，尽管真正的艺术家看重作品是否能得到慧眼识珠，然而市场经济的推动使得现在出现在创意产品市场的双方更看重利润回报，对于升值空间的关注远远超过了对于创意产品真正文化创意价值的关注。这些利益者之间的博弈不知鹿死谁手，往往是价高者得。然而从长期来看，博弈方会在理想的价格均衡中收局。

（二）理论研究的局限与突破

从传统价值理论出发对创意产品市场价值影响因素进行分析一直是创意产品价值研究的起点。李庭新、李书受到马克思"劳动价值论"的影响，认为文化产品的价值是由凝结在产品内的无差别的一般人类劳动来衡量。秦霖、邱菀华基于"效用价格论"认为创意产品的价格并非由某个因素单独决定，而是由成本、效用等因素共同作用的结果。Caves（2000）认为需求的不确定性、产品的差异性，时间因素对于创意产品的价值都有影响，王志标（2008）认为影响文化产品价格的因素包括供求、生产所花费的时间、历史沉积时间、奇巧性、成本与消费水平、偏好、时尚、政府、垄断、知名度与品牌等，他们将市场因素与产品本身特征融合，有一定的启发意义。国内许多学者在研究创意产品价值决定时都将"劳动价值论"作为理论基础，然而这种视角仅仅集中于产品本身的生产层面，且存在巨大的局限性。西方学者往往基于"效用价值论"将关注延伸到了消费层面，但是由于没有充分考虑创意产品的差异性，每个人的效用很难衡量，"效用价值论"仍然没有揭示创意产品价值的核心，因为创意产品作为一种精神产品不仅仅是为了服务消费者而存在，更是一种精神象征。下面主要探讨现有研究的不足，以期发现完整的创意产品市场价值影响因素研究框架。

1. 劳动价格论视角下的创意产品市场价值决定

我国创意产品价值决定中，从劳动价值论出发进行论述的相对比较多，这是源于价值理论大师马克思在《资本论》一书中对于艺术品的论述。他指出在非物质生产中有两种情况，有的是独立于生产者消费者的形式，如书、画等脱离创意者也可以存在的创意产品，还有类似于表演艺术这种不能与创意人分离的创意产品，他认为这些价格可以由一系列非常偶然的情况决定。而目前多数劳动价值价格论者机械地认为创意产品的价值应该由生产创意产品的劳动时间决定，由于创意产品的内容生产具有独立性，而且以活劳动为主，因此创意产品的价值应该由个别活劳动时间决定，创意生产时的个别劳动时间是创意产品价格形成的基础。这种价值论只注重人的活劳动的价值，而忽略了其他要素对创意产品市场价值的影响，套用劳动价值论的观点，忽略了创意产品中劳动的复杂性和不可测性，也无视在市场环境下进行创意产品交易时的影响因素，单纯用劳动时间决定产品价值是不科学的，在实际应用中也无法推广。持有这种观点的以我国研究人员为主，也与我们受劳动价值论影响深远有关，但是研究创意产品时不能简单套用。

2. 效用价格论视角下的创意产品市场价值决定

由于创意产品的生产不存在平均化的社会必要劳动时间，因此效用价值论者认为创意产品的价值不能作为比较的统一尺度和共同标准，其市场价值只有借助其效用使用价值指标才能正确描述。这一观点比较符合客观实际，充分肯定了创意产品的使用价值对其价格形成的影响，因为创意产品是一种以文化价值为主的体验性的产品，消费者注重其精神文化价值带来的感受，因此从这个角度讨论创意产品市场价值也非常值得借鉴。然而，创意产品的效用更不易确定，即使是同一创意产品带来的效用也会因用户、时间和地点的不同而大相径庭。因此，尽管依据创意产品的效用来确定创意产品的市场价值是符合实际情况的，但在实践中难以把握，不过文化经济学者们在这方面已经有了一些有益的尝试，这一视角也是本研究重点关注的。

3. 成本价格论视角下的创意产品市场价值决定

成本价格论认为创意产品生产过程中消耗的文化资源、物质材料和劳动力的货币表现决定了创意产品市场价值。这一观点从效益与成本角度考虑创意产品的市场价值，在效用和成本中寻求合理的平衡有一定的可取之处，然而忽视了创意产品显著的知识产权属性，这一属性使得大多数创意产品的内容价值在复制中不受任何损失，长期来看边际成本趋于0，具有无限的规模效应，除了极少数的珍稀古玩本身材质的价值很高，需要特别考虑成本，大多数创意产品一旦被创作研发出来，复制的成本就非常低廉，但是其蕴含的内容价值却很高，因此仅仅以生产成本决定其市场价值明显有失偏颇。

4. 均衡价格论视角下的创意产品市场价值决定

这种观点认为创意产品的价格由买卖双方在市场交易中讨价、还价、相互制约而决定，充分肯定了市场的作用。供求规律是市场经济的一个重要规律，在商品经济的条件下，特别是从短期来看创意产品的供求的确对创意产品的市场价值有较大的影响。然而运用供求价格论观点，相当于肯定了微观信息经济学的假设前提，即市场信息尤其是价格信息是充分的、完全的，对于市场参与主体来讲是信息对称的，不考虑信息搜寻所花费的时间成本和人工成本。同时，均衡价格论属于静态分析，即在考虑收入、偏好、生产成本等诸多因素都不变的前提下，考虑需求曲线和供给曲线的均衡，然而现实中创意产品市场本就存在着非常大的不确定性，这种理想化的状态非常难达到，因此应该寻求一个动态化的视角来看待创意产品的市场价值决定。

5. 垄断价格论视角下的创意产品市场价值决定

垄断价格机制理论使均衡价格理论贴近了市场，是相对马歇尔价格理论的一大进步。垄断价格理论的代表张伯伦认为纯粹竞争和纯粹垄断是两个极端，而实际的价格（决定）却是趋向于中间点，这取决于各种情况下竞争与垄断的比较强度。这一观点的持有者从创意产品垄断性出发，强调创意产品的市场并不是完全竞争的，由于创意通过知识产权保护的制度约束具备垄断性，因此垄断价格论者在创意产品市场价值影响研究中也占有一席之地。他们认为决定创意产品市场价值的因素在于卖者的垄断性、买者的需求程度和支付能力。一方面，创意产品知识内容生产具有独创性，创意产品市场较传统物质产品市场缺乏激烈的竞争，当然这并不与同类创意产品的生产有竞争加强的趋势相矛盾；另一方面，人们为保护创意产品的所有权制定了如版权法、专利法等保护制度，两方面交互作用形成了创意产品的垄断价格。这种价格论反映了创意产品的特殊性——易产生垄断，但这种完全由垄断的市场性质决定创意产品市场价值的视角又忽视了其价值核心的作用，也不可取。

6. 信息经济学与博弈论结合的研究新视角

现实市场运行中有许多复杂的情况，均衡的状态很难稳定达到，同时创意产品具有外部性、公共性等特殊属性，其价格机制应用均衡价格理论很难解释，而随着经济学的发展，博弈论和信息经济学为马歇尔以后的价格机制理论发展提供了升级换代的经济分析工具和方法论。博弈论源于1944年冯·诺依曼和摩根斯坦恩合著的《博弈论和经济行为》一书的出版，19世纪60年代泽尔腾改善了纳什均衡的概念，引入了动态分析的观念，海萨尼把不完全信息引入博弈论的研究，进一步完善了博弈论方法。20世纪80年代后博弈论在经济中的运用日渐成熟。博弈论对新古典价格机制论的突破不仅是数学方法上的突破，而且更是价格行为过程的认识和分析上的突破，因此更适合于变化的市场。

创意市场本身充满了不确定性，创意产品供给方和需求方存在严重的信息不对称，同时由于创意产品的原创性，很多仅此一件的产品在市场中流通时对于其价值往往是仁者见仁、智者见智，没有参考和对比，买卖双方按照自己的意愿报价，经过讨价还价过程最终达到彼此满意的价格的情况很多，这一现实问题无法用传统的价格理论解释，而信息经济学和博弈论的理论发展恰好弥补了这一缺憾，使得这一经济问题可以得到解答。现有研究中已有一些学者讨论此类问题，王艺（2010）探讨了艺术品市场中合谋的博弈问题，常栓怀、宋元梁（2010）分析了古玩市场的均衡博弈过程，郑文文、陈柳钦（2012）进行了版权博弈分析，讨论了文化创意主体为了占有市场选择对创意产品采取竞争或激励的博弈问题，这些研究人员都将创意市场中的博弈问题抽象出来进行了一定的解读，但是主要以静态博弈分析为主，对于创意产品市场这样一个变幻莫测的市场来说，能够进行动态博弈分析无疑是更好的。

（三）创意产品市场价值实现影响因素维度确定

通过对国内外文化经济学相关文献的研究，基于对创意产品市场特殊性的深入分析，结合前文创意产品自身的价值构成及特征可以发现，由于创意产品包括范围广大的领域，不同类型的创意产品价值赖以形成的基础以及市场价值实现方式均有所不同。创意产品市场价值的决定是一个非常复杂的过程，受到了许多因素的影响和制约，这些影响因素主要可以归纳为两个方面：市场性因素以及产品自身因素。其中创意产品自身因素又可以依据其核心价值构成分解为：文化价值影响因素以及知识产权价值影响因素两个方面。确定影响因素的维度对于进一步探讨具体影响因素指标有重要的意义。

1. 创意产品市场角度

创意产品作为一种特殊的产品在市场价值实现也与其他产品一样需要经过市场交易的过程，在这一过程中必然也会受到宏观经济环境、市场环境与结构、供给与需求状况、市场性质等诸多市场要素的影响，这一角度的确立体现了市场对于创意产品市场价值实现的制约作用，但是在讨论中会更加突出创意市场的特殊性。

2. 创意产品自身角度

对于创意产品市场价值实现来说，除了市场性因素有重要影响之外，产品自身特质决定了其市场价值的实现方式，更加值得深入探讨，这对于构建创意产品市场价值评估体系有重要的意义。

第二节
基于产品角度的创意产品市场价值实现影响因素分析

（一）文化价值的影响因素分析

文化价值可以看做是反映创意产品的意义，因此在创意产品的价值体系中处于首要地位。文化价值的概念涉及了许多个学科领域，从哲学、社会学到经济学都对其有所研究和界定。文化经济学中运用的文化价值概念更多地从哲学和艺术理论而来。客观事物所具有的能够满足一定文化需要的特殊性或者能够反映一定文化形态的属性就是指文化价值。对于文化价值的理解可以看做是多元价值的统一。Mazzanti（2002）认为文化是有多维特质的。Hofstede 和 McCrae（2004）也认为文化是跨学科的，包含 5 个维度要素。Throsby（2003）以艺术品为例将文化价值分解成六方面的属性。Nozick 认为文化价值是一种内在价值，是多样性的统一。Klamer（1997）以风车为例说明了文化有象征意义。Greffe（1999）和 Throsby（2001）等描述了文化价值的不同组成部分如审美和艺术价值、原创性、真实性、稀有性、象征性和历史价值都是有区别的。实证分析如 Ginsburgh 和 Weyers（1999）比较了美学品质的不同方面，认为美是作品本身的特征，也是经过时间考验的沉淀。De Marchi 和 Van Miegroet（1996）评估了质量的一个方面——原创性，通过比较经典版画以及复制品，试图解释为什么它们有所不同。Benhamou 和 Ginsburgh（2002）从真实价值角度分析了艺术品的复制品与假货的区别，认识到它们可以在艺术市场中发挥的积极作用（扩散、教育、保存等）。根据这些研究可以看出，学者们将文化价值分解成许多方面，从而探讨各个方面对文化价值的影响。

基于创意产品的分类和特征，可以将文化价值界定为基于创意产品这一特殊对象所建构的一种主客体关系，那么有多少类的主体就会衍生出多少种独特的价值关系。这些关系经过理论结合实践的分析归纳后可以发现，关于文化价值这一多维的、不确定的集合，影响它的因素可能包括审美属性、精神意义、象征意义、历史重要性、真实性、完整性、创意的独特性等。

1. 原创性（Originality）

文化创造价值，创意产品中凝结的文化价值是基于文化资本的一次再创造，而在创意产品的文化价值中，原创性是一个突出的影响因素，甚至某种程度上决定了创意产品在其整个产品体系内的地位。无论是第一位在瓦窑里烧制瓷器的工匠，还是第一位在铜版上刻画的画师，都无声地开创了一个崭新的时代，这些领先于时代潮流的创意产品其文化价值与地位是不言而喻的。同样，艺术大师的原创作品也要比复制和仿制品高出很多。以版画作品为例，原版与复制品的价格差距甚远。这是因为原创版画是画家构图绘制唯一的原版或仅有的几版，而复制版画是数量相对多的原版委托印制品。从价值投资的角度来看，原版版画也比复制品增值度高出许多。伦勃朗的版画原版和第二版、第三版都相差许多，印数越多的版画其市场价值也就越低廉，因为欣赏者更关注文化的原创性，这才是创意产品的意义与价值所在。与版画相似，在每一个创意产品的创作过程中都有着天时地利的独一无二，哪怕是同一幅画的构思，两幅油画也不尽相同。因此，原创的价值甚至超越了审美的、艺术的价值并影响着其历史价值而成为创意产品文化价值中影响最为重要的一个。原创性包含了新颖的创意以及具有开创性的创新的能力。原创力是创意产品生产者的创造力和艺术生命力的表现，许多创意产业的研究者都将原创力作为评价竞争优势的一个重要指标，无论是著名的佛罗里达 3TS 评价体系，还是香港创意产业评价中的 5CS 体系，均将其视为重要的指标。对于特定的创意产品来说，原创性的表现方面有所不同。以文学作品来说，原创性表现在创作构思立意的新颖性、艺术形象的穿透力与表现手法的创新，人物的塑造与情节设计的出其不意，而音乐作品则在于其独特的旋律传递出来的意境以及扣人心弦的歌词，这些打动人心的力量都是原创的力量。在当今社会这样一个信息泛滥、山寨不断的时代，真正的原创作品如同一股清流，尽管技法并不纯熟，但是仍然让人为之惊叹。因此对于创意产品来说，原创性是个重要的影响因子，具体衡量的指标有很多，需要根据创意产品的种类进行细分。

2. 审美性（Aesthetic）

创意产品的文化价值与其美学属性息息相关。从审美价值论的视角来看，审美活动是与价值活动具有同形同构关系的，美学价值形态也是价值形态的一种表现，具有明显的精神性。美学理论由来已久影响深远，特别是在创意产品的价值体系中影响较大。在历史研究中与文化艺术产品关系最为密切，是艺术品研究者认为最为重要的文化价值之一。古典美学理论认为美是一种内在价值，是事物本身固有的属性，而现代美学倾向于美是一种主观的评价，取决于审美的趣味。我国美学大师朱光潜在《论美是客观与主观的统一》一文中也指出美是客观方面某些事物性质和形状适合主观方面意识形态而交融在一起成为一个完整形象的那种特质。蔡元培与朱光潜二人均主张，审美价值属性是事物客观方面和人的主观方面的结合。总体来看，审美价值主要由两方面决定，一方面是物理属性，另一方面是情感属性。创意产品文化价值的重要载体是其审美价值。创意产品的物理属性呈现在于满足消费者本身的审美需求。创意产品具象的美和质感带来美好的感官体验，而精神层面的情感属性，则是这种审美的愉悦引发的精神共鸣，带来的身心焕然一新的体验。对于创意产品来说，审美属性的重要性来自于创意产品已经超出了人们基本的生存需要而到达了更高层面的追求，在这个层面上，美也和其他价值形态一样，是抽象的概念。但或许以某种物质实体或形式作为价值载体。而对于美学价值来说形式尤其重要，没有形式就没有美。而且美学价值也和其他价值形态一样，总是与人的品位、追求相关，并随社会实践的发展变化而变化。不同的创意产品形式不同，但是却能传递出心灵相通的美学价值，高山流水之音一遇阳春白雪之意，自有相见恨晚的感觉。苹果公司的精神领袖乔布斯先生也是一位伟大的创意家，在他的产品中不仅仅能看见科技简洁的美，还能看见文字艺术线条的美，这也是其产品文化价值的重要构成。

3. 艺术性（Artistic）

艺术与审美价值的概念很相近，往往在评价艺术价值时也会考虑其审美价值，但是为了覆盖更多的创意产品类型，在此处将其分解出来，主要依据的是波兰美学家英伽登的现象学美学概念。他对艺术价值与审美价值加以严格区分，认为艺术价值指的是存在于作品中的精神内涵，而审美价值则是消费者面对创意产品进行审美活动中呈现出来的。因此，艺术价值在创意产品创作之初就存在着，是透过本质彰显出来的，而审美价值则是在欣赏中体味到的。从这个角度来看，艺术价值高于审美价值，标志着这个产品的艺术造诣地位。英伽登还严格区分了艺术价值和审美愉悦。他认为艺术价值是艺术作品本质属性，存在于作品自身的特征要素。审美愉悦则是独立于作品外部的主观感受，取决于欣赏者的心理状态。他不支持价值主观论的观点，认为审美愉悦绝不等于艺术价值本身，这种主观论抹杀了创意产品本身的价值。从这个角度来看，许多创意产品从审美价值来说很高，但是不一定就具备艺术价值，比如一些场面华丽的现场表演，其文化艺术价值并不一定很高，但其审美价值还是很可取的。

4. 精神象征性（Symbolic）

创意产品通常传递出一定的精神象征意义，影响了文化价值的感知。关于象征意义理论的论述最早可追溯到凡勃伦（1899）的《有闲阶级论》。他提出了"炫耀性消费"的观点，指出消费者进行消费的目的不仅是为了获取产品的功能效应，也为了彰显自己的社会地位。这一观点并未在当时引起学术界的重视，直到 Levy 在 1959 年明确指出所有的产品都具有一定的象征意义后，学术界才逐渐开始关注这一问题。Barthes（1968）认为象征意义是指消费者基于自己的价值取向对产品或服务产生的一种主观感受。法国哲学家、社会学家布迪厄在他的《语言与符号权力》一书中将符号消费的概念从物质消费拓展到了精神领域的文化消费。近年来出现了一批对产品象征意义研究做出了重大贡献的学者，如 Sirgy、Belk、Solomon、Park、McCracken 等。他们将象征价值定义为消费者对周围社会心理环境的认同，通过购买产品找寻隶属的群体特征，获得积极的感受体验。

Kleine、Kleine III 和 Allen（1995）则认为产品的象征意义充分显示了消费者的个人特征，消费者选择这一产品是为了获得与别人的差异性。Elliott（1998）认为产品的象征意义在于对外构建社会识别，对内构建自我识别，包含了社会象征和自我象征两个方面。Subodh Bhat 和 Srinivas K. Reddy（1998）运用因子分析的方法将象征价值区分为两个独立的维度。一个被命名为声望，另外一个被命名为表达个性，它包括的题项有：表达个性、象征地位、出众、身份宣言等。对于创意产品来说，精神象征性代表着产品的个性，宣示着主人的品位，这种意义也是消费者购买的一个重要影响要素。

5. 历史性（Historical）

一件创意产品文化价值的重要组成部分可能是其与历史的联系以及存在的时间，因此创意产品的历史性也是其文化价值的一个影响因素。前面探讨的原创性、审美性和艺术性都会影响一个产品在整个创意发展史上的地位，因此历史性反过来也是文化价值的一个佐证。从最浅显的例子来看，古玩艺术品市场中，年代越久远的艺术品往往越受追捧，尽管许多商周时期的青铜器较后期粗糙简陋，但是其独特的历史文化地位是不容置疑的。这是由于许多创意产品的存世时间本身就代表了艺术品的价值，例如，某些瓷器当年可能仅仅是一个存放物品的器皿，并不具备多大的艺术价值，但是，随着时间的远去，这一日常用品慢慢失去了它原本作为器皿的工具价值，成为人类认识自身社会发展历史长河的物证，一方面显现出其历史价值，另一方面其历史性表现在其发展历史上的地位和在今天的作用，体现着一个时代的特有价值，在不同的时代有不一样的解读与不同的影响。创意产品的历史价值不是作品本身所固有的，而是时代赋予作品的，随着时代变迁和欣赏人群的不同而发生巨大变化，从而呈现出不同的价值。创意产品的历史性是宝贵而稀缺的，大浪淘沙之后才能有一些留存下来，其中的稀世珍品更值得人们收藏保护。

6. 文化品牌影响力（Brand Power）

对于创意产品的文化价值来说，文化品牌影响力的作用显而易见。无论是张艺谋的"印象"系列大型实景演出在全国各地的火爆，郎朗、李云迪等艺术家音乐作品追随者众多，还是卡梅隆导演监制的影片都得以大卖，这些无不说明了创意产品的品牌就是文化价值质量的保证。画家的签名、古玩字画上的题字、电影明星的影响力都在实证研究中证明，消费者们在购买创意产品时既盲目又挑剔。盲目的是只要是文化影响力大的创意生产者的产品都能受到追捧，粉丝们往往并不急于辨识产品品质的优劣；挑剔的是对于默默无闻的新人则往往需要经历漫长的等待与试炼，在多少次被冷眼旁观后才能等来一次绽放的机会。

7. 文化认知度（Cultural Familiarity）

文化认知度，是指产品包含的文化内涵是否与消费者所处的环境相匹配，或者是否有过相关的认知经验，接受度如何。简单来说，中国国产的电影在国外很少能卖出好票房，这也跟文化的相似度有很大关系，消费者在并不了解中国文化的前提下，很难购买产品。中草药刚刚进入国外市场时也简直被人视为魔法。如果不了解中国漫长的封建王朝历史，很难想象热播剧《甄嬛传》如何在美国流行。这就是所谓的文化相似度的问题，就像我们很难理解非洲食人部落的习俗和传统，更别提买他们的头骨玩具了。同样，由于缺乏对希腊神话、基督教义的理解，中国消费者在观看诸如《雷神》《普罗米修斯》这类神话电影时，主要是欣赏其审美价值，但是对其传递出的象征意义了解甚少，这都是因为文化背景不同导致的。同样，在看"吸血鬼"类型的小说、漫画时，中国消费者对于这种传说并不熟悉，我们从小熟悉的是道教中的太上老君、王母娘娘之类，估计这类题材的作品让不同文化背景的美国消费者看了也会晕头转向。因此，很多创意产品在推广到海外市场时，其文化价值是否能够顺利充分地体现出来，也取决于其文化认知度如何。因此，一些影视作品如果在拍摄之前的小说版本就有很多支持者，其票房一定会大卖。哈利波特就是一个成功的例子，小说热卖之后使得哈利波特的魔法世界深入人心，再欣赏电影就会更加了解和接受其传递的象征意义。

（二）知识产权价值的影响因素分析

袁晓东（2006）指出：知识产权的价值存在于知识产权商品化和市场化的过程中，只有市场化才能把知识产权的价值通过企业的盈利实现。知识产权实际上包含了财产权和人身权两个范畴的含义，在探讨创意产品市场价值中我们提及的知识产权仅仅指知识产权的财产权利。对知识产权价值评估影响因素的相关研究大都是以资产价值理论和无形资产价值理论为基础，重点考察知识产权的法律特征、技术应用和市场交易方式等因素对价值评估的影响。魏衍亮（2006）、范晓波（2006）、郑成思（2007）、来小鹏（2008）等从不同角度对知识产权价值评估的影响因素做了分析。

1. 创意产品特征对知识产权价值的影响

（1）以著作权（版权）[①]为主。

知识产权的涵盖范围比较广泛，包括著作权、专利、商标、商业秘密四大类，在工业及高新技术产业中，专利技术占主要位置，然而在创意产业中，最普遍的知识产权体现在著作权中，美国法系称为版权。美国更是将创意产业直接称为版权产业，并按产品核心价值中著作权的含量分为：核心版权产业、部分版权产业、交叉版权产业以及边缘版权产业。这是由于在创意产品的价值体系中，知识产权价值特别是著作权价值与文化价值一样是非常重要的组成部分，也是创意产业与其他产业区分的显著特征。无论是对市场价值的贡献，还是对创意成果的保护与激励，都尤为重要。创意产品中包含的著作权是一项特殊的人身权和财产权的混合权利，在前文的分析中可以知道，与产品的物权分离，知识产权的权利是相对独立的，在市场价值的实现过程中，产品的知识产权可以单独以各种形式实现其价值，直接到达消费者手中只是其中一种方式，它还可以根据著作权衍生的财产权利单独进行交易，因此需要单独进行评估和考量。自主开发知识产权是创意持有者获得知识产权的主要渠道，也可以委托或者购买知识产权，这又包括很多形式，例如，转让、获得使用许可，以及收购并购企业获得等多种途径，因此知识产权市场价值的评估是非常复杂的。在本书中，我们主要探讨著作权的市场价值，其他价值暂时不做讨论。

[①] 目前学界与立法界将版权与著作权两个概念视作同义，版权用法源于英美法系；著作权属于大陆法系的称谓，但是在立法及社会应用上基本相同。

(2) 高风险性与强衍生性。

知识产权主要来自于文化创意要素的个性化表达，其文化属性、审美属性赋予了其独有的新颖性，然而，正是由于这种独特在市场上的反应无法被准确预测，可能会受到来自需求的各种影响，因此在进行投资和转让时都有很高的风险。因为知识产权的价值评估很难在市场上找到参照物，没有任何一个知识产权价值是完全相同的，有许多因素需要考量，因此评估知识产权价值无法用市场途径去统计比较测量，而且，由于创意产品种类与价值实现方式的多样性，知识产权每一个价值增值阶段以及每一种价值实现方式预期得到的收益计算方式也有所不同，因此在进行知识产权价值评估时必须全面考虑。同时，由于创意产品以创意源为中心采用"一意多用"的方式进行知识产权的开发，因此这一核心创意源的知识产权可以进行多个角度的开发和衍生，以各种形式存在，从而达到知识产权价值的全面实现，而且需要具体的分析与考量，这些特点都影响了创意产品中知识产权市场价值的实现程度与方式。

2. 法律因素对知识产权市场价值实现的影响

关于知识产权概念的讨论是跨学科的，许多学科包括会计、价值评估与司法等都在进行知识产权的相应研究。知识产权的法律属性决定了其特有的价值构成与影响因素。

(1) 作品类型与著作权归属人。

知识产权这一概念的法律属性决定了不同类型的作品其法律影响因素有所区别，因为不同类型作品的相关权利义务的限定各有不同，这些都会影响知识产权价值的实现。依据我国《中华人民共和国著作权法实施条例》、《计算机软件保护条例》，受到法律保护的知识产权产品主要包括文字作品、口述作品、音乐作品、戏剧作品、曲艺作品、舞蹈作品、杂技艺术作品、美术作品、建筑作品、摄影作品、电影作品和以类似摄制电影的方法创作的作品、图形作品、模型作品、计算机程序、文档 15 类，以及与邻接权对应的图书和期刊的版式设计、表演、录音录像制品、广播电视节目 4 种作品，共 19 类。这些作品类型包含的权利内容各不相同，在转让、许可过程中权利范围也有不同的限制。不仅不同类型的作品有差别，原创作品与相关演绎作品的价值也存在差异。尽管演绎作品的作者凭借在演绎原作品过程中的创造性劳动对演绎作品享有独立的著作权并获取报酬，但是，法律也规定演绎作品不得损害原创作者的权利。因此著作权归属人也对知识产权市场价值的实现有所影响，在著作权领域，作者身份对版权价值评估的结果影响非常重大，比如一些名家如张大千的画作价值连城，而赝品则几乎分文不值了。

（2）权利约束。

著作权权利约束是指著作权人对某项作品所享有的权利的总和。著作权权利约束中的各项权利是可以分别转让或给予使用许可的。因此，部分权利的著作权的价值与所有权利的著作权价值，自然应该是不相同的。著作权内容丰富，包含了复制权、发行权、出租权、展览权、表演权、放映权、广播权、信息网络传播权、摄制权、改编权、翻译权、汇编权、其他著作财产权等。在实际的创意产品知识产权交易中，涉及每一种权利内容的交易形式其价值都有所不同，这也是不同的权力约束决定的，因此在知识产权市场价值实现与评估中都要考虑到相关权利内容收益方式、收益能力与市场接受度。针对不同的权利约束进行交易时，往往可以将内涵的权利分别进行交易。典型的例子就是对于作家的原创作品，其权利约束内包含的复制权、发行权、翻译权可以转让给出版机构，而相关的改编权、摄制权等可以转让给电影制片机构，同时还可以将信息网络传播权转让给门户网站。这些权利类型都影响着交易方式，进而影响其最终的市场价值的实现程度，评估方法的选择受到这些权力约束的影响各有不同。

（3）收益方式。

由于法律对不同著作权的收益方式有所规定，包括转让、特许经营等，法学学者来小鹏认为著作权的收益方式主要包括直接收益型和间接收益型两种。前者是通过销售其作品直接获得收益，比如软件、书籍、音乐就是通过直接销售而获得收益的典型。间接受益型的著作权收益是通过使用其作品的方式获得的，比如一幅珠宝产品外观设计的草图，它的价值实现方式主要不在于直接转让，而是体现在根据该设计制造出的珠宝的价值收益中。销售型著作权的评估价值一般采用市场上或法律规定的一定比例的版税或提成费用得出，而使用型著作权评估价值的确定比较复杂，可能需要综合考虑作品的社会影响力、整个产品市场中技术发展的水平等较难量化的因素，并且结合专家的意见等多方考虑。

3. 知识产权使用年限

（1）法律寿命。

在法律意义上著作权是有保护期的。著作权的保护期限，是指著作权受法律保护的时间界限或者说是著作权的有效期限。著作权的法律保护时间一般都比较长，但不能因保护期较长而忽视其对著作权价值的影响。超出了知识产权的保护期限，相关的权利将自动进入公共领域不能收取报酬。在我国对于一般作品著作权的保护期限是作者有生之年加上去世后 50 年。对于特殊产品是自发表之日起 50 年的保护期。知识产权的法律寿命从根本上决定了创意产品知识产权市场价值实现的时间长度，这对于准确评估其价值有重要意义，法律规定的寿命影响着知识产权本身的价值。特别是对于著作权来说，根据著作权权利主体与作品类型不同，保护期限也有不同。下面列示主要的保护期限。

①作者为公民的期限。著作财产权的保护期为作者有生之年及死亡后 50 年。如果是合作作品，截至最后死亡的作者死亡后第 50 年的 12 月 31 日。

②作者为法人、非法人单位的期限。著作权（署名权除外）由法人或者非法人单位享有的职务作品，其发表权、使用权和获得报酬权的保护期为 50 年，但作品自创作完成后 50 年内未发表的，著作权法不再予以保护。

③电影、电视、录像作品的发表权、使用权和获得报酬权以及摄影作品著作权的保护期为 50 年，截至作品首次发表后第 50 年的 12 月 31 日，但作品自创作完成后 50 年内未发表的，其著作权不再受保护。

（2）经济寿命。

知识产权的经济寿命主要与其所在的产业以及附加在创意产品的生命周期有关，一些走在时尚流行前端的产品，如智能手机的一些技术、设计有关的知识产权，引领了一个时代的变革，苹果、三星、HTC 都纷纷抢先注册登记，并时有侵权纠纷的产生，这都是由于这些知识产权处在生命周期的繁荣期，有非常大的市场价值，因此各个企业才争先恐后想要实现垄断获得超额利润。同样在一些网络文学上，穿越作品一度蔚然成风，这也与这个新颖的题材备受读者追捧有关，在阅读市场上有一席之地，这才引起了作者们的关注，另外知识产权的经济寿命还体现在是否有很好的衍生价值，比如喜羊羊系列的动漫产品，可以很好地推出游戏、玩偶等周边产品，这也提升了其知识产权的价值。Hello Kitty 的动漫形象已经有 39 年的历史，并且一直保持着很高的市场价值，其可爱的形象深入人心，相关的文具、服饰产品层出不穷，无不体现其旺盛的生命力，因此，在把握创意产品的知识产权市场价值时，必须要考虑其经济寿命。

4. 知识产权先进度与应用性

知识产权市场价值也受到其技术、理念先进度的影响。如果是技术领先且独创性强的知识产权，国家相关政策保护力度更大，且垄断性更高，知识产权所有者能够获得超额利润的概率越大，既能避免竞争对手的跟进和模仿，也抬高了进入的技术门槛,使得对手进入该市场的成本提高。但是知识产权的市场价值容易受到其应用范围的限制,如果一个优秀的创意、先进的技术不能带来很高的收益也不能说其具备了较高的市场价值。

第三节
基于市场角度的创意产品市场价值实现影响因素分析

(一) 创意产品市场结构

创意产品市场的结构是指创意产品和服务交换关系的组成构造,包括构成文化市场各要素的组合方式。创意产品市场是一个极其复杂的综合体,其结构主要决定于社会的经济结构,受社会文化艺术消费结构的制约并适应文化艺术消费结构及其变化,同时也反作用于社会经济结构和文化艺术消费结构。创意产品市场的结构状态决定文化创意市场的功能。创意产品的交易均在市场中进行,创意市场是以创意商品、创意生产要素为经营对象的市场,创意产品市场是沟通创意生产与消费的中介,是创意生产者与创意消费者之间相互联系、相互交换劳动的纽带和桥梁。综观创意产业的市场实践,根据不同创意产品生产过程与消费形式的不同,其市场交易的场所和方式均有所不同。一般来说,市场交易是指独立的、平等的市场主体之间就其所有的财产和利益进行的交换。交易的基础形态是有形物(物质产品)或无形物(精神产品)从一个市场主体移转到另一个市场主体,它们的本质都在于"物"权(起码是外在形式上的)在市场主体之间发生移转,买卖的本质是标的物所有权的移转,依赖于市场主体之间合同(契约)的达成而实现[1]。根据前文对于创意产品物权与知识产权的讨论可以了解到,对于创意产品这种特殊的精神产品来说,其市场交易遵循一般的市场交易规律,但是也有其自身的特征。

---

[1] 参阅屈茂辉:《市场交易的内在需求与物权行为立法》,载《中国法学》2000 年第 2 期。物权法通常把关注的焦点首先集中在有形的物质财产(不动产和动产)等方面。事实上在创意产业的市场交易中,除存在具体创意的物质化有形成果交易外,也存在无形的非物质财产交易。这可以参考郑成思教授《知识产权法》一书。后者在物权法里大多是以注册商标专用权、专利权、著作权等知识产权中的财产权形式来出示的,因之发生的交易也是一种"物"权方面的主体间关系的变更。

1. 市场现状与规模

依据发达国家经验，人均 GDP 达到 3000 美元是一个重要的分界线，此阶段社会消费结构开始出现较为明显的变化，人们的精神文化需求日益迫切、文化消费支付能力显著增强。全球创意产品的市场规模目前正以两倍于全球 GDP 增长率的速度迅速成长，创意产业和创意产品贸易在整体经济中的地位迅速提升，并有超过传统产业的趋势。从全球范围来看创意产品市场总体发展情况主要体现在进出口贸易以及主要创意产品市场的活跃度。

（1）国际贸易概况。

联合国在北京发布的《2010 创意经济报告》中显示，2008 年中国成为创意产品主要出口国，市场份额占全球创意产品的 20%。尽管金融危机导致全球需求急剧缩减，国际贸易额减少 12%，但创意产品与服务的世界出口额仍保持增长态势。2008 年全世界出口额达 5920 亿美元，连续 6 年来年平均增长率达到 14.4%。其中创意产品出口达到 4070 亿美元，年均增长率达到 11.5%；创意服务出口达到 1850 亿美元，年均增长 17.1%。如表 5-1 所示。

表 5-1　创意产品 2002~2008 年世界出口情况对比表

分类	2002 年			2008 年			增长率(%)
	价值（百万美元）	占创意产品总价值的百分比（%）	占世界出口总价值的百分比（%）	价值（百万美元）	占创意产品总价值的百分比（%）	占世界出口总价值的百分比（%）	
全部创意产品	267175	100		592079	100		14.4
创意产品	204948	76.71	3.52	406992	68.74	2.73	11.5
创意服务	62227	23.29	3.79	185087	31.26	4.80	17.1
艺术品	17503	6.55	0.3	32323	5.46	0.22	8.7
视觉艺术	15421	5.77	0.27	29730	5.02	0.20	12.8
表演艺术	9689	3.63	0.17	26136	4.41	0.18	17.8
出版物	29817	11.16	0.51	48266	8.15	0.32	7.3
视听产品	14143	5.29	0.84	27237	4.60	0.01	7.2
设计产品	114692	42.93	1.97	241972	40.87	1.62	12.5
新媒体产品	17365	6.50	0.30	27754	4.69	0.19	18.9
其他服务	62227	23.29	3.79	185087	31.26	4.80	17.1

资料来源：根据《2008 创意经济报告》整理。

(2) 文化消费现状。

一般来讲，文化消费是指人们为了满足精神文化生活需要而以各种方式消费精神文化用品和服务的行为。居民文化消费多数会伴随货币支付，有时则没有货币支出，如听广播、到公共图书馆读书看报、到文化馆参加各种文体活动等。衡量居民文化消费既可用消费支出反映，也可用消费时间反映。表 5-2 反映的是我国城乡居民文化消费情况的变迁。与欧美发达国家的文化消费水平相比，我国居民在此方面相对落后。在我国人均 GDP 达到 3000 美元之时，文化消费没有相应地出现显著增加，在 2011 年才有了小幅提升，而可悲的是，广大农村居民的文化消费处于非常低的水平。不过总体来说，我国文化消费呈现着上升的趋势，这也与我们的社会文化需求增长有很大的关系，这些都为创意经济的发展提供了空间和机会。

表 5-2　2002~2011 年中国城乡居民文化消费及相关数据

单位：元/人

年份	城镇居民			农村居民		
	可支配收入	消费支出	文化消费	纯收入	消费支出	文化消费
2002	7703	6030	407	2476	1834	47
2003	8472	6511	420	2622	1943	53
2004	9422	7182	474	2936	2185	59
2005	10493	7943	526	3255	2555	68
2006	11759	8697	591	3587	2829	74
2007	13786	9997	691	4140	3224	84
2008	15781	11243	736	4761	3661	93
2009	17175	12265	827	5153	3993	108
2010	19109	13471	966	5919	4382	126
2011	21810	15161	1102	6977	5221	165

资料来源：根据历年《中国统计年鉴》数据和城乡住户调查资料整理。

表 5-2 反映了我国居民对于文化产品的消费能力，也可以看出，尽管消费能力有了一定的提高，但是总体水平仍比较低，城乡差距很大，但是这也表明了创意产品市场规模有提升的空间。随着我国人民生活质量的提高，城市居民文化消费能力与品味有了一定的提升，对于创意产品的需求层次有所提高，且呈现出了多元化的特征。现在城市居民在业余时间看电影已是日常活动，听演唱会、观看表演也已经成了文化生活广泛的组成部分，随着文化创意市场的繁荣，民营艺术剧团也表现出了蓬勃的发展势头，无论是茶馆相声还是小剧场话剧，只要内容新

颖都能受到观众的热捧。文化消费能力的提高也呼唤着更多原创价值高、文化艺术价值高的创意产品的出现。我国有着悠久的历史、无数动人的传说以及各具地方特色的表演艺术形式，这些都是丰富的文化资源，如此深厚的文化资本为创意工作提供了不竭的源泉和动力，许多优秀的创意人融合自己的创意，借助历史文化，繁荣了文化消费市场。比如印象系列的实景演出，无论是断桥残雪，还是平遥古城，漓江倒影，刘三姐的歌声，都是将民族文化精髓融入其中，而获得了市场的认可。由此可见，我国创意产品市场已然呈现出百花竞放、多元共荣的态势，然而这其中也有一些糟粕，有人恶搞历史，低俗创意，受到了消费者的抵制，综合来说，目前的创意产品市场良莠不齐，但是随着总体市场容量的扩大，也逐渐向好的方向发展。

2. 市场交易形式

（1）文化艺术创意产品的交易。

绘画、书法、雕塑、文物、古玩等艺术品往往以其稀有性、历史性和独有的美学价值闻名于世，因此，这些产品往往都是孤品，其交易往往以拍卖的形式一次性交易，或者时隔一段时间重复交易。因此，这类产品的价值的确可以参考重复销售的记录。

（2）核心创意产品的产业化重复性交易。

在图书、音乐电影、表演艺术、电视节目及广播节目等作品中，往往通过大量复制来扩大交易规模。这些产品的物质载体价值相对很低，在复制过程中边际成本很低，且复制不会改变其内容故而对核心价值没有影响，如音乐CD、电影DVD这些通过复制大规模推向市场的常见且主要的交易形式，这些产品也构成了创意产品市场的主体，在整个市场中占有较大的份额，属于核心创意产品。

（3）投资性创意产品的文化产权交易形式。

创意产品具有显著的知识产权特征，某些创意产品是概念性的和处于研发过程中的，这类创意产品的市场交易属于具有战略投资价值的前置交易，而且往往在文化产权交易所进行。由买家投标集合竞价确定产品的最终投资价值。投资性创意产品的交易形式包括以下几种：

①合同约定式。这类交易是受到买主定向意愿委托，双方按照合同约定进行交易的形式。主要包含了以招标、委托进行的创意产品交易项目，买卖双方事先约定主题、成果形式、费用，签订相关合同，并按照约定完成即可，这种在创意市场中比较普遍，基于双方信任了解的基础上，也可能有过相关的合作经历比较

容易达成共识，更能收获理想的创意产品。

②周期孵化式。这类交易适用于处在创意构想阶段的创意产品，这种交易形式风险相对较大，因为仅处于创意阶段并未成型，但是投资者看到其具备的原创价值，适用于文化价值含量高的创意产品，投资人愿意帮助这一创意构想转化成产品。这种形式相对投入比较大，一旦实现其市场价值也会有丰厚的回报，比较适合非常有前瞻性、原创性和文化性的创意项目。

③创意源转化交易。这类交易适用于创意扩散能力强、文化价值与商业价值并举的创意源，包括畅销书、电影、游戏相关衍生品的开发等，都属于将一个创意源进行转化，使其市场价值最大化。目前这种交易形式也是非常普遍的，促进了不同产业的融合，比如畅销书《步步惊心》被改编成了电视剧，又推出了相关的游戏。也有的电影走红之后，其剧本也被搬上了出版市场，促进了不同媒介的互动共荣。

近几年来，中国文化产业总体增长速度在17%以上，比同期GDP增速高6~8个百分点，文化产业对国民经济增长速度的贡献不断增长。目前中国基本形成了由娱乐市场、演出市场、音像市场、电影市场、网络文化市场、艺术品市场等组成的文化市场体系，并已逐步形成了书展、博览会、影视节等短期场所交易方式。2009年4月举办的第五届中国国际动漫节累计成交金额超过65.3亿元，2010年第六届国际文化产业博览会总成交额高达1084.34亿元，其中关键合同成交额达348.72亿元，这些方式在推动交易方面已经有了可喜的跨越和突破，但这些既有交易方式在交易地点、交易时间等很多方面显示出了一定的局限性，专业文化产权交易平台因此应运而生。2009年6月15日，国内首个综合性文化产权交易平台——上海文化产权交易所正式揭牌。首批有500多个国内外项目进入平台交易，其中来自日本、韩国等国家和地区的境外项目有50个左右。目前，在上海文交所挂牌的国内外文化产权项目已有上千个。继上海之后，深圳、广州、成都相继成立文化产权交易所，其中深圳文化产权交易所自2009年11月至今的合同交易额为59.29亿元。这表明文化产权交易所作为文化产权交易新生力量正在发挥积极作用，对我国文化产权交易拥有巨大影响力。这些专业机构通过专业的评估、定价、挂牌、公开竞价的流程，使文化产权与风险资金、创业资本和社会资金等实现有效对接。文化产权交易所的出现是对现有交易方式的有益补充，也标志着我国文化产权交易市场初步形成。

3. 市场参与者构成

创意生产者、创意销售者、创意消费者共同构成了创意产品市场参与主体，在创意产品市场中，他们所处的地位如图 5-1 所示。创意人负责生产创意产品并将其出售给创意销售者，有的也能直接接触消费者；销售者作为主要的交易中介将其收购的创意产品出售给创意消费者，其中包括各种形式的创意产品，也包括知识产权；销售中介不仅从创意人处收购，一些资深消费者的个人收藏也能够成为销售中介创意产品的来源。艺术品市场上的参与者，包括作为生产者的艺术家、作为消费者的收藏家和投资者以及艺术评论家和鉴定专家，都为市场的运行发挥着不同的作用（图 5-1）。但由于人类行为的有限理性和市场环境的不确定性，他们的行为有时会表现出明显的机会主义和道德风险倾向。

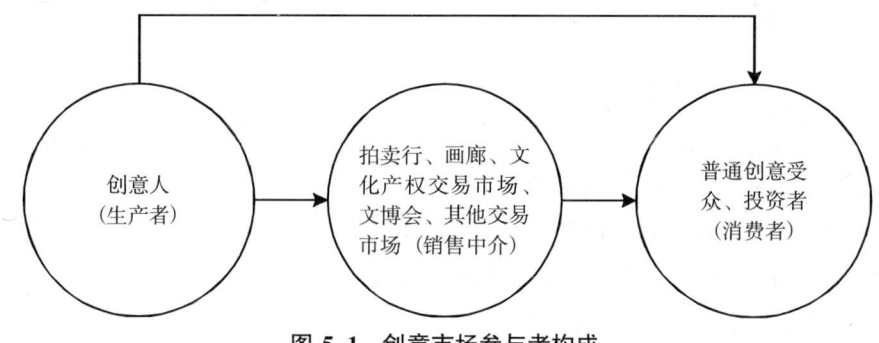

图 5-1　创意市场参与者构成

资料来源：笔者整理。

（1）创意产品生产者。

创作供给创意产品的人称为创意者，Florida（2002）从职业角度提出了"创意阶层"（Creative Class）这一概念。他认为创意阶层包括"超级创意核心"和"创新专家"两部分。其中创意阶层的核心创意人与其他产品生产者有本质的差别，他们不仅关注利益，更关注产品的原创性、卓越的艺术表现以及艺术的和谐统一。创意人的生产源自他们自我实现的需要，创意生产者可能不会迎合消费者的口味去做出创作的改变。文化创意强调创造力与文化艺术价值，这是区分创意大师与普通工匠的标准。而今，创意人既要注重创作的水平，也要考虑创意的市场价值，这样才能让更多的消费者接触到他的创意作品。

（2）创意产品销售中介。

信息不对称问题一直困扰着创意市场。创意市场中的供给信息对于消费者而言几乎是个空白概念,如何确定创意产品的质量对消费者来说有很大的难度,如果没有第三方的参与,仅仅是消费过程的搜寻成本就让人难以负荷。创意产品市场因而有其自发的创新,这就是固定交易场所。通过文化产权交易市场、拍卖行等固定交易场所,创意产品的供给方和消费者得以顺利交易。例如,在古玩市场交易古玩字画,在剧院欣赏演出、戏剧,在电影院观看电影等。创意产品信息不对称性很高,因此往往通过销售中介进行交易,其交易成本与普通产品比起来也相对较高。然而中介在买卖双方交易中不仅是沟通的桥梁,也在一定程度上主宰了创意产品市场的价格动态和发展趋势。目前,我国创意产品市场交易尚不规范,许多中介机构存在着一定的诚信问题,中介诱导消费者承担巨大的风险,中介与卖家合谋抬高价格欺骗消费者的行为屡见不鲜,因此,如何规范中介机构也是创意市场扩大必须面对的问题。

(3) 创意产品消费者。

Markusen (2006) 认为创意产品的消费是消费者个人的心理感受,不同类型消费者由于个人属性不同,表现出的消费行为差异会更大。创意消费者的特点是依据自己的品位做出判断,但是创意产品的品位培养需要一个过程,创意消费者在无法判断创意产品质量的时候有典型的从众心理,并愿意相信品牌和声誉的力量。每一种创意产品对于不同创意消费者的吸引程度都不一样,有的消费者可能积累了大量这类创意产品消费的知识,受过相关的教育培训有更深刻的理解,他们的观点与专业人士非常接近,关注产品内涵的文化艺术价值,重视自我反省与观照。而那些热心观众则对创意者本身感兴趣,因此创意生产者个人的魅力也会促进创意消费。另外,创意消费者非常注重评论家的态度,由于创意产品的特点,许多产品在欣赏之前从来都是不确定的,因此消费者愿意收集有助于他们做出更好选择的信息,一些评分、奖项的获得、排名等信息充当了评论家的角色,受到创意消费者的广泛关注和信赖。

(二) 创意产品的需求影响因素分析

1. 审美趣味

创意产品的消费需要消费者有一定的审美趣味已是不争的事实,Caves (2000) 在分析创意产品中指出审美趣味对于创意消费者是不可或缺的,在创意产品的营销中应该逐渐使得消费者形成"理性上瘾"。创意消费者的审美趣味研究在文化经济学、美学价值论和哲学中都有涉及,最为著名的莫过于休谟对于审美趣味评判的论说。休谟认为审美趣味就是指鉴赏力、审美力。其中，休谟明确肯定了趣味的多样性和差异性。对于创意产品来说，有人喜爱古典音乐，有人喜欢流行歌曲，更有人对所谓"神曲"念念不忘；去看芭蕾舞的观众不少，而刘老根大舞台也是座无虚席，不同创意消费者的审美趣味的差异决定了创意产品市场的丰富和繁荣。因此，创意消费者的审美趣味影响了创意产品的需求量。21世纪，随着科技发展，新媒体逐渐取代传统媒体，其审核的尺度也较传统媒体宽泛，一些较为低俗的内容在网络上随处可见，一些文化价值含量低的网络文学产品的销量也远远超越了经典名著。而在一些文化底蕴深厚的国家，书店、博物馆和艺术馆仍然有许多顾客，审美趣味虽然不能分清孰高孰低，但是不同审美趣味确实影响了人们对创意产品消费的选择。

2. 收入与教育

美国在20世纪90年代对现场表演的观众参与率进行了调查，研究表明，拥有较高的收入水平、职业地位和教育程度的人，对表演艺术的参与率比其他人更高，这些研究结果对不同时期的各种艺术形式都表现出了适用性。研究还得出了另一项具有普遍性的成果，即受教育程度也是影响参与率的决定因素。创意产品是一种超出基本生存需要之外的精神性、体验性的产品，因此其消费主要是收入水平较高的人群，同时有一定的文化品位，受过一定的教育，懂得欣赏创意产品的文化价值。这对于创意产品的需求把握有显著的影响，对于市场定位与受众选择也有所助益。

3. 从众心理

创意产品的消费者还有一个显著的特征就是比较喜欢根据专家的判断以及其他消费者的选择来判断创意产品的价值。虽然创意消费者是一群崇尚生活品质、喜欢标新立异的人群，但是他们也有社会从众心理，这是因为创意产品的独特性往往令消费者的信息非常不完全，他们判断创意产品的方法除了体验之外，就是追踪相关购买者和某些权威人士的选择和评价。如看电影之前，大家喜欢去专门的电影网站看看影评以及打分情况再决定是否观看，购买艺术品的收藏家更是信任鉴宝专家的点评，因此大众追捧的创意产品很容易引发需求。

（三）创意产品的供给影响因素分析

（1）文化遗产与艺术品类。这类创意产品的供给数量有限，存世数量不再增加，一般来说都是孤品绝品，供给不可能随着价格提高而增多，如珍稀古玩、名人字画等。就如莫奈的《睡莲》仅此一幅,又如圆明园兽首价格尽管在一次次拍卖中价格不断飙升,但是不可能再提供出同样的兽首,因此,其供给曲线是一条垂直于横轴的直线。见图 5-2 中 S_1。

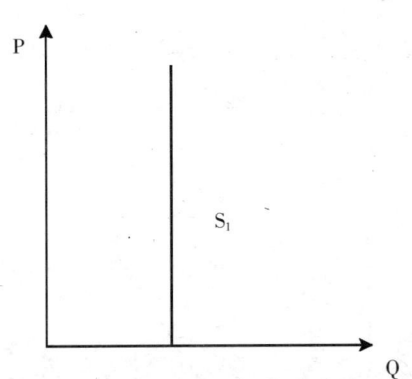

图 5-2　文化遗产与孤品艺术品类供给曲线

资料来源:笔者绘制。

(2)可以大规模复制的创意产品。这些包含了可以大规模复制的工艺品、CD、书籍、网络游戏产品等。其市场价值与市场规模相关,产品的边际成本近乎为 0,尽管研发创作成本很高,但是随着产量的增加,平均成本逐渐下降,而且随着供给量的增加,其售价趋向越来越低。如图 5-3 所示。

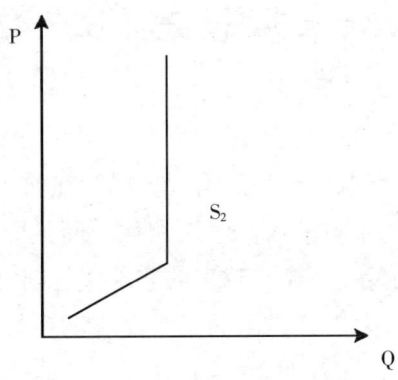

图 5-3　大规模创意产品供给曲线

资料来源:笔者绘制。

（3）电影、表演艺术等创意产品。这些产品的供给不能随需求随意变化，也不能无限地扩大规模，但是受需求旺盛的影响，也可以适当地增加表演、放映的场次、档期，这类产品受到其他替代产品影响很大，图5-4描绘了这类创意产品的供给曲线。创意产业有其文化根植性，市场需求水平低的时候其供给也比较有限，缺乏弹性，随着创意产品市场消费需求的扩张，创意活动不断活跃，在创意产品市场消费积累到一定阶段之后，创意产品可能会收获规模效益，供给价格弹性相应变大，供给量也会提升。

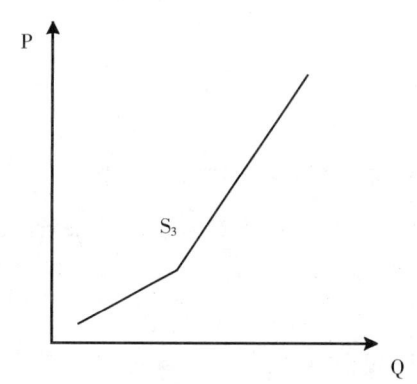

图 5-4 电影、表演艺术类创意产品供给曲线

资料来源：笔者绘制。

第四节
创意产品市场价值实现中的不完全动态博弈分析

创意产品市场价值的实现主要通过市场交易进行，而且不仅仅是以实物产品交换，更存在着广泛的文化产权交易的情况。尽管在前文讨论中我们发现，创意产品供给方不仅仅考虑产品的市场价值最大化，而且同样注重文化价值的最大化，因为随着市场经济的发展，越来越多的艺术家、创意工作者往往希望通过自己作品市场价值的提升，来提升自己的个人品牌和声誉，达到在业界地位的提升。但是在实际的交易中，随着创意市场的扩大，越来越多的创意者也要求自己的产品在市场中实现其最大的价值。基于前文的讨论创意产品的供给有"名利双收"的特征，创意产品的持有者希望自己的作品受到市场的认可，希望自己优秀的作品能够卖出好价格，也希望更多的人知道自己的作品，因此不存在创意持有

者在对自身的创意水平非常有信心，认为自己创意作品价值良好的情况下低价出售创意产品产权的可能。这意味着卖方创作状态良好时必然会做出高价卖出的选择。反之，如果创意持有人感觉自己的创意水平偏低，创作状态不佳，为了继续进行创意活动就有进行高价卖出和低价卖出两种可能。创意产品市场是一个利益相关者博弈的场所，本节将结合创意产品市场交易特征，抽象出一个博弈模型来分析转让方式下的创意产品市场交易机制。在分析之前必须说明的是，博弈过程中分析的买卖双方行为都是以市场为主导的，不存在其他干预的情况，在此基础上，根据市场运行规律，按照理性经济人假设对双方进行合理估计。

（一）交易分析与假设

由前文讨论可知，创意产品交易市场是一个信息严重不对称的市场，创意持有人在出售自己的产品时与潜在的创意消费者了解的信息状况差异很大，在创意产品的市场交易过程中，交易方式的选择往往是以协议转让的方式为主。这与交易标的的复杂性以及交易双方信息结构的不对称性有直接的关系。有关创意产品的物权、知识产权等交易往往通过这一方式进行，主要的交易场所在文化产权交易市场中进行。这种协议转让，是指由交易双方通过洽谈、协商，并最终签订双方交易协议来完成的，因为在创意产品市场交易中有普遍性和代表性，所以在文化产权交易中广泛采用这一形式。由于创意产品原创的垄断性，往往一个创意产品持有者掌握了很大的信息优势，如果是整个市场上声誉名望实力俱佳的大师出售创意产品，那么有限的创意产品购买者尽管在谈判中信息处于劣势还是愿意积极争取宝贵的交易机会，然而如果是籍籍无名的新人或企业，那么即使是好的作品可能也不能达成谈判交易的目的。为了分析创意产品买卖双方决策选择的动机和方式，研究如何使得创意产品的市场价值能够最接近实际价值，首先要对这一市场交易提出以下假设，为后面的模型构建奠定基础。

1. 基本假设

基本假设1：对创意产品持有者即卖方来说交易势在必行。这是由于卖方迫切想要实现自己产品的市场价值，这也许是因为卖方经营不善无法继续自己的创作生涯，也可能是由于想要扩大规模投入研发实现自己更多的创意构想，继续持有这个产品可能面临一个比较大的机会成本。这里需要强调的是，创意产品的持有者不仅仅想实现市场价值，更想通过市场让更多的受众认识到他的产品的文化价值，因此有非常明确的转让动机。

基本假设2：创意产品持有者对自身产品足够了解，并对创意购买者情况有明确把握，知悉买方对不同状况下创意产品的价值估计。

基本假设3：创意购买者对创意持有者的情况知之甚少，对于卖方转让创意产品的动机并不非常了解，无法判断是由于创意产品本身的创意价值存在问题还是为了实现创意价值而进行正常出售。

基本假设4：为了简化，假设创意持有者仅有出高价或者出低价两种选择。由于创意持有人出高价的理由有许多种，在此主要从创意购买者的主观感受出发，认为高于其心理预期为高价，低于其心理预期为低价。这主要是源于买卖双方信息不对称的地位，创意持有者相对更了解买方的情况，因此在出价时会考虑买方的价值判断。

基本假设5：创意买卖双方各决策一次。创意持有人开价一次，创意购买者决定是否接受，如果接受交易成功，不接受则交易失败。

在上述5个假设里，第2个假设非常重要，这是因为在创意产品市场中，创意持有者对产品价值有深刻了解，并对潜在的购买者也有一定的认识，对他们的支付意愿已有一定了解，形成这种信息的不对称局面。之所以有假设5，也是因为创意购买者对于创意产品品质相对不是非常了解，对于其价值增值能力不确定，所以假设创意购买者没有还价的行为，仅对一次博弈进行分析。

2. 博弈的基本要素确定及支付情况分析

根据市场实际状况结合博弈论理论分析，首先对这一特殊博弈的基本构成要素进行严格的界定，具体包括参与人、行动、战略、信息、支付五个方面，后续研究将以此为前提。基于前面的市场交易机制的分析，我们采用不完全信息下动态博弈中的信号博弈问题对创意产品市场交易机制进行分析。

（1）参与人。

本书中的博弈参与人包括：创意产品交易双方，即创意持有人和创意购买者，分别以 $i=1,2$ 表示。按照基本假设可知两个参与人都是理性的，以追求效应最大化为目标，且双方交易属于自愿行为，不存在外因（如销售中介）的干涉。

（2）行动。

市场决定了卖方的类型（这里指的是市场判断创意持有者创作水平以及经营能力的高低），我们以 β（$\beta \in \phi$）表示市场决定的创意卖方的类型。$\phi = \{\beta^1, \beta^2\}$ 表示参与人1的类型空间，β^1, β^2 表示参与人1创作水平的高低以及创意产品品质的坏与好，与创意持有人转让交易的动机相对应。

参与人 1 的行动是发出信号（发布出售价格），参与人 2 的行动是选择接受或拒绝参与人 1 的价格信号。我们以 $\omega(\omega \in W)$ 表示参与人 1 进行自我价值判断后所发出的信号，$W = \{\omega^1, \omega^2\}$ 表示信号空间，ω^1，ω^2 分别表示创意持有人选择的卖出价格信号：低价或者高价。用 $\alpha(\alpha \in A)$ 表示参与人 2 在观测到参与人 1 发出的信号后选择的行动，$A = \{\alpha^1, \alpha^2\}$ 表示行动空间，α^1，α^2 分别表示创意购买者决定买还是不买。

（3）信息。

市场决定了参与人 1 的类型，参与人 1 处于信息相对完全的地位，他能够准确观察到自己在市场中的位置再进行行动，发出信号，决定出一个高价或是出一个低价；参与人 2 在参与人 1 之后行动，选择接受价格购买或者拒绝价格不买。参与人 1 知晓自己的实际情况，但是参与人 2 作为买方处于信息劣势不知晓卖家的实际水平，只是知晓参与人 1 处于 $\beta(\beta \in \phi)$ 的先验概率是 $\gamma = \gamma(\beta)$。设 $\gamma(\beta^1) = p$，则有 $\gamma(\beta^2) = 1 - p$。创意购买者在观测到了创意持有人发出的价格信号 ω 后，使用贝叶斯法则[①]能够从先验概率 $\gamma = \gamma(\beta)$ 计算出后验概率 $\delta = \delta(\beta|\omega)$。

（4）战略。

战略指的是参与人相机而动的方案。即参与人 2 根据参与人 1 的行动而行动，参与人 1 则根据自己对实际情况的掌握来行动。以 S_i 表示参与人 i 的特定战略，S_i 表示其战略空间，参与人 1 有两个信息集，分别代表创意产品质量的好与坏。同时，在每个信息集下均有两种价格信号可以进行选择，因此，参与人 1 的纯战略包括四种选择：

$S_1 = \{(\omega^1, \omega^1), (\omega^1, \omega^2), (\omega^2, \omega^1), (\omega^2, \omega^2)\}$

这个式子代表的含义就是参与人 1 在根据自己实际情况进行判断之后，选择出低价信号还是高价信号的全部组合。这个纯战略给出了每个参与人在每个信息集下的行动安排，从形式上来看是一个行动的组合，其中第一个元素表示在第一个信息集下的行动，而第二个元素表示的则是在第二个信息集下的行动。例如 (ω^1, ω^1) 表示的是在创意产品质量差的情况下，选择出低价 ω^1，以及在创意产品

---

① 注释：事件 A 在事件 B（发生）的条件下的概率，与事件 B 在事件 A 的条件下的概率是不一样的；然而，这两者是有确定的关系，贝叶斯法则就是这种关系的陈述。Pr (A) 是 A 的先验概率或边缘概率。之所以称为"先验"是因为它不考虑任何 B 方面的因素。Pr (A|B) 是已知 B 发生后 A 的条件概率，也由于得自 B 的取值而被称作 A 的后验概率。

质量好的情况下也选择出低价 ω^1。

同上，参与人2创意购买者对应的信息集也有2个，在此基础上选择的行动也有2种，因此参与人2的纯战略同样包含四种选择：

$S_2 = \{(\alpha^1, \alpha^1), (\alpha^1, \alpha^2), (\alpha^2, \alpha^1), (\alpha^2, \alpha^2)\}$

这个式子代表了参与人2在参与人1出价条件下的选择，如（α^1, α^2）表示的是如果创意持有人出低价，创意购买者选择接受为 α^1，如果创意持有人出高价，创意购买者选择拒绝为 α^2。

（5）支付。

支付指的是博弈参与双方期望得到的效用水平，在本模型中，假设创意持有人经过创意成果价值评估的价值为 V。买方估计创意成果不好和好的时候价值分别为 V_1 和 V_2。卖方根据自身情况结合买方的支付意愿判断的出价分为两种，一种较低价 P_1 和一种较高价 P_2。创意持有人在经营状况良好但不进行交易的机会成本为 C_1，创意持有人在经营状况很差且不进行相应的交易时的总成本为 C_2，假设 $C_1 = C_2 = C$。考虑到实际交易情况，V_2 应大于 P_2，V_1 也应该大于 P_1，买方才会乐于接受这个价格，因为他判断这个创意成果的价值在卖家出价之上。而如果买方的价格评判 V_1 没有达到 P_1，则应该不会发生交易。为保证交易发生合理，我们假设：

$V_2 > P_2 > V_1 > P_1$

由此可见，如果创意持有人在市场中处于 β^1 的情况，博弈双方的支付表为表5-3，如果创意持有人在市场中处于 β^2 的状况，则博弈对应的支付为表5-4。

表5-3 创意价值低水平的情况下的博弈双方支付

	(α^1, α^1)	(α^1, α^2)	(α^2, α^1)	(α^2, α^2)
(ω^1, ω^1)	($P_1 - V$, $V_1 - P_1$)	($P_1 - V$, $V_1 - P_1$)	(-C, 0)	(-C, 0)
(ω^1, ω^2)	($P_1 - V$, $V_1 - P_1$)	($P_1 - V$, $V_1 - P_1$)	(-C, 0)	(-C, 0)
(ω^2, ω^1)	($P_2 - V$, $V_1 - P_2$)	(-C, 0)	($P_2 - V$, $V_1 - P_2$)	(-C, 0)
(ω^2, ω^2)	($P_2 - V$, $V_1 - P_2$)	(-C, 0)	($P_2 - V$, $V_1 - P_2$)	(-C, 0)

表5-4 创意价值高水平的情况下的博弈双方支付

	(α^1, α^1)	(α^1, α^2)	(α^2, α^1)	(α^2, α^2)
(ω^1, ω^1)	($P_1 - V$, $V_2 - P_1$)	($P_1 - V$, $V_2 - P_1$)	(-C, 0)	(-C, 0)
(ω^1, ω^2)	($P_2 - V$, $V_2 - P_1$)	(-C, 0)	($P_2 - V$, $V_2 - P_2$)	(-C, 0)
(ω^2, ω^1)	($P_1 - V$, $V_1 - P_1$)	($P_1 - V$, $V_1 - P_1$)	(-C, 0)	(-C, 0)
(ω^2, ω^2)	($P_2 - V$, $V_1 - P_2$)	((-C, 0))	($P_2 - V$, $V_2 - P_2$)	(-C, 0)

表 5-3 和表 5-4 表明了参与人 1 与参与人 2 全部的支付组合，比如在创意价值低水平的情况下，参与人 1 如果选择出高价，参与人 2 选择接受，则两人的支付情况为：$(P_1 - V, V_2 - P_1)$。如果创意价值水平高的情况下，参与人 1 选择高价，参与人 2 拒绝，则交易失败，但是参与人 1 仍要承担机会成本的损失 C。

根据前面的分析，可以给出创意产品市场交易这个博弈的扩展式表述，有助于更好地理解这一交易过程。其中市场决定了创意产品实际价值的高低，选择创意持有人的类型，β^1 创意水平高或者 β^2 创意水平低。参与人 1 在发现市场的选择后，再选择行动，发出信号 ω^1（出低价）或者 ω^2（出高价），参与人 2 在接收到参与人 1 的信号后再选择行动，α^1（接受出价）或者 α^2（拒绝出价）。由于创意持有人参与人 1 的信息是完全的，能够分辨创意产品价值高低，因此他的信息集包含了两个单决策集合，代表了两种不同的决策前提。创意产品购买者参与人 2 信息是不完全的，不了解参与人 1 所处的类型，也就是不了解创意产品的价值到底如何，在观测到参与人 1 的低价 ω^1 或者高价 ω^2 信号后，参与人 2 也不能确定该信号发出时参与人 1 所处的到底是在 β^1 创意水平高的情况下所发出的，还是参与人 1 在 β^2 创意水平低的情况下发出的。参与人 2 的决策涵盖了虚线连接的部分（图 5-5）。

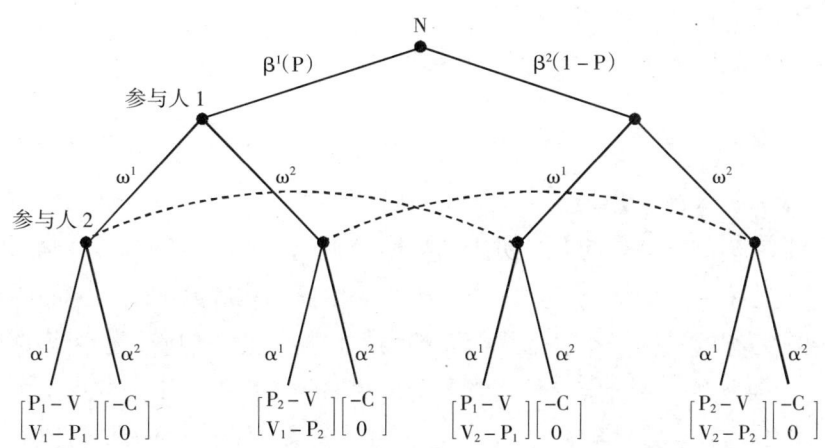

图 5-5 创意产品市场交易参与人信号博弈扩展式

（二）交易双方期望支付函数分析

由于信息的不完全性，参与人 2 不能确定自己的支付函数，因此该参与人的效用函数采用期望效用函数形式，在信号博弈中，信号接收者无法确认自己的支

付函数,因此采用期望支付函数,依据前文的论述能够得到创意产品购买者参与人 2 的如下期望支付函数,包含四种:

(1) 参与人 1 选择 ω^1 低价时,参与人 2 选择 α^1(接受出价)给自己带来的期望支付函数表达为:

$$EU_2(\omega^1, \alpha^1) = \delta(\beta^1|\omega^1)(V_1 - P_1) + \delta(\beta^2|\omega^2)(V_2 - P_1) \tag{5-1}$$

该式表达的含义为参与人 2 不能确定参与人 1 的类型究竟是 β^1 还是 β^2,因此不能确定 ω^1 的信号是在哪一类型发出的,因此这时候的支付期望应该是运用买方观测卖方信号之后的后验概率计算,显然,$\delta(\beta^1|\omega^1) + \delta(\beta^2|\omega^1) = 1$。

(2) 参与人 1 选择 ω^2 高价时,参与人 2 选择 α^1(接受出价)给自己带来的期望支付函数表达为:

$$EU_2(\omega^2, \alpha^1) = \delta(\beta^1|\omega^2)(V^2 - P_2) + \delta(\beta^2|\omega^2)(V_2 - P_2) \tag{5-2}$$

同样的:$\delta(\beta^1|\omega^1) + \delta(\beta^2|\omega^1) = 1$

(3) 参与人 1 选择 ω^2 低价时,参与人 2 选择 α^1(拒绝出价)给自己带来的期望支付函数表达为:

$$EU_2(\omega^1, \alpha^2) = \delta(\beta^1|\omega^1) \times 0 + \delta(\beta^2|\omega^2) \times 0 = 0 \tag{5-3}$$

(4) 参与人 1 选择 ω^2 高价时,参与人 2 选择 α^2(拒绝出价)给自己带来的期望支付函数表达为:

$$EU_2(\omega^2, \alpha^2) = \delta(\beta^1|\omega^1) \times 0 + \delta(\beta^2|\omega^2) \times 0 = 0 = EU_2(\omega^2, \alpha^2) \tag{5-4}$$

(三) 创意产品市场交易不完全动态博弈的精炼贝叶斯均衡分析

关于信号博弈的大规模深入研究始于斯彭斯(1973),信号博弈是两个参与人之间的非完全信息动态博弈,对于信号博弈来说,解决不完全信息动态博弈的均衡概念是精炼贝叶斯均衡,这又取决于与先验概率相联系的均衡战略组合以及与均衡战略匹配的后验概率。信号博弈的均衡包括了混合均衡、分离均衡以及准分离均衡三种类型,在给定信号接收者均衡战略的条件下,不同的均衡中信号发布者发出的信号不一定能够确定信号发出者的类型。因此,求解信号博弈有两种截然不同的思路:一种是分别根据三种类型均衡所需满足的条件,判断该博弈是否存在该种均衡;另一种则是从后续博弈采用逆向归纳法入手,逐步确定各参与人的最优战略及相应的概率分布,这种方法有普遍的适用性,本章也选取这一方法进行求解。

采用逆向归纳法,就需要优先考虑最后行动人参与人 2 的最优策略,并在此基础上逆向推理参与人 1 的选择，判断参与人 1 会如何发送其最佳信号使交易成功且达到创意购买者支付最大化。

（1）参与人 2 处于第一个信息集，即创意持有人的创意水平是比较低的，参与人 2 收到参与人 1 发出的低价信号 ω^1，由于参与人 2 选择 α^1 或者 α^2 的期望支付分别是：$EU_2(\omega^1, \alpha^1)$ 或 0，因此：

参与人 2 选择 $\begin{cases} \alpha^1, & \text{若 } EU_2(\omega^1, \alpha^1) > 0 \\ \alpha^2, & \text{若 } EU_2(\omega^1, \alpha^1) < 0 \end{cases}$

根据前文假设 $V_2 > P_2$，$V_1 > P_1$，以及（5-1）式，$EU_2(\omega^1, \alpha^1) > 0$ 可知参与人 2 会选择购买该创意产品。

（2）参与人 2 处于第二个信息集，即创意持有人的创意产品水平高，参与人 2 收到参与人 1 发出的高价信号 ω^2，同样无法确定参与人 1 的类型，类似的可以得到参与人 2 的期望支付函数为：

参与人 2 选择 $\begin{cases} \alpha^1, & \text{若 } EU_2(\omega^2, \alpha^1) > 0 \\ \alpha^2, & \text{若 } EU_2(\omega^2, \alpha^1) < 0 \end{cases}$

根据假设条件 $V_2 > P_2$，$V_1 > P_2$，以及（5-2）式，若 $EU_2(\omega^1, \alpha^1) > 0$，当有 $\delta(\beta^2|\omega^2) > 0$，而且：

$$\frac{\delta(\beta^1|\omega^2)}{\delta(\beta^2|\omega^2)} < \frac{V_2 - P_2}{P_2 - V_1} \tag{5-5}$$

同理，若 $EU_2(\omega^2, \alpha^1) < 0$，必有 $\delta(\beta^1|\omega^2) > 0$，而且：

$$\frac{\delta(\beta^1|\omega^2)}{\delta(\beta^2|\omega^2)} < \frac{V_2 - P_2}{P_2 - V_1} \tag{5-6}$$

因此，当（5-5）式成立时，创意购买者选择购买创意产品；当（5-6）式成立时，创意购买者会选择不购买创意产品。而当：

$$\frac{\delta(\beta^1|\omega^2)}{\delta(\beta^2|\omega^2)} < \frac{V_2 - P_2}{P_2 - V_1} \tag{5-7}$$

创意购买者将会处于不置可否的态度。

参与人 1 在参与人 2 的理性假设下，预测到参与人 2 的行为，在此基础上选择发出何种最优信号，即在不同的经营状况下选择最优出价行为。由于后验概率满足 $\delta(\beta^1|\omega^2) + \delta(\beta^2|\omega^2) = 1$，因此，（5-5）式可以改写成如下形式：

$$\delta(\beta^1|\omega^2) < \frac{V_2 - P_2}{V_2 - V_1} \tag{5-8}$$

因此，如果创意购买者决定购买该创意产品，则前提是他判断创意持有人出价高时处在创意水平差的类型的概率小于 $\frac{V_2 - P_2}{V_2 - V_1}$。

（3）若（5-8）式成立，则不论创意产品的创意价值水平高还是低，参与人2都同意参与人1的任何出价，这时创意持有人必然会选择较高价格信号：ω^2。而贝叶斯均衡解如下：

$$\{(\omega^2, \omega^2)(\alpha^1, \alpha^1); \delta(\beta^1|\omega^2) < \frac{V_2 - P_2}{V_2 - V_1}\}$$

即创意持有者参与人1在任何类型下均会选择出较高的价格，而参与人2在任何情况下都选择接受，这里面的共同信念是后验概率满足 $\delta(\beta^1|\omega^2) < \frac{V_2 - P_2}{V_2 - V_1}$。在这一条件下双方交易成功表明，给定该后验概率，参与人2的均衡策略为 (α^1, α^1)，参与人1的均衡策略是 (ω^2, ω^2)；另外，对应于均衡策略组合 $((\omega^2, \omega^2), (\alpha^1, \alpha^1))$，参与人2的后验概率必须满足给定条件 $\delta(\beta^1|\omega^2) < \frac{V_2 - P_2}{V_2 - V_1}$。

（4）若（5-8）式不成立，即 $\delta(\beta^1|\omega^2) > \frac{V_2 - P_2}{V_2 - V_1}$，则卖方出低价时，买方选择购买，而卖方出高价时，卖方选择不购买，于是得到如下的贝叶斯均衡：

$$\{(\omega^2, \omega^2), (\alpha^1, \alpha^1); \delta(\beta^1|\omega^2) > \frac{V_2 - P_2}{V_2 - V_1}\}$$

即创意持有者卖方在任何情况下即无论是创意水平高还是低都选择出低价，而创意购买者有选择地接受出价：如果出低价则接受，如果出了低价但仍高于他的心理预期则认为价高拒绝，这时共同信念是后验概率满足 $\delta(\beta^1|\omega^2) > \frac{V_2 - P_2}{V_2 - V_1}$。

综上，两个不同的贝叶斯后验概率决定了创意持有人和购买者的交易博弈有两个不同的贝叶斯均衡。在不同的均衡状态下，处于不同类型的参与人1都发出相同的信号，一种是都选择出高价，另一种是都选择出低价，这属于前文所述的典型混合均衡，也就是说买方不能根据卖方的信号修正自己的先验概率。即：$\delta(\beta^1|\omega^1) = \delta(\beta^1|\omega^2) = P$，$\delta(\beta^1|\omega^2) = \delta(\beta^2|\omega^2) = 1 - p$。

这也就说明，在创意产品市场交易中，处于信息劣势的买方无法根据创意持有人给出的价格信号来判断创意产品价值的高低，运用博弈分析证明了必须存在一个专业的评估机构，给创意产品进行客观真实的市场价值评估，为创意购买者提供技术指导。否则仅从创意持有人给出的价格很难判断真实情况。

(四) 创意产品市场价值实现不完全动态博弈结果分析

通过前文的推演可以看出，创意产品交易的市场价值确定依赖于交易双方不完全信息下动态博弈的精炼贝叶斯均衡，这一均衡受到均衡策略和后验概率两个因素的影响。其中，均衡策略不仅约束于后验概率，也受双方支付情况影响。

事实上，上述的推演定义了一种特殊的创意产品交易市场机制，不完全信息则是市场的特征。同时我们假设市场某一个产品买者和卖者各有一个简化了的模型。决定博弈均衡的关键之处在于创意持有人所处类型的概率分布，如果创意购买者估计创意持有人创意水平高、创意产品质量好的概率大于 $\frac{V_2 - P_2}{V_2 - V_1}$，创意购买者总会接收创意持有人的任意出价，相应地，创意持有人也总会选择较高价格信号。反之，如果创意购买者估计创意持有人的创意水平偏低、创意产品质量差的概率大于 $\frac{V_2 - P_2}{V_2 - V_1}$，那么会拒绝创意持有者较高的出价，创意持有人为了实现交易，只能选择低价转让该产品，否则就要承担一定的机会成本。因此，双方的博弈结果包含了三种可能：$(\beta^2, \omega^2, \alpha^1)$ 与 $(\beta^1, \omega^1, \alpha^1)$ 的共赢交易，$(\beta^1, \omega^2, \alpha^1)$ 与 $(\beta^2, \omega^1, \alpha^1)$ 造成的低效率资源配置的交易；以及 $(\beta^1, \omega^1, \alpha^2)$ 与 $(\beta^2, \omega^2, \alpha^1)$ 的对双方都不利的结果。

从结果可以看出，在一次独立的创意产品交易中，当创意持有人处于创意水平低下的情况，以低价或高价出售的可能性都是存在的，这也与事实中所谓的艺术品价格虚高现象极为吻合。一些文化艺术价值低的作品，经过包装被卖出天价，实际上却被发现是赝品的可能性也有。但是随着创意产品交易市场的不断完善，创意产品市场参与者之间的博弈会连续不断发生，在这种情况下，如果有的创意购买者出高价却买到了创意价值低、质量差的产品就会在市场上形成一定的反馈，使得更多的市场参与者认识到创意持有人出高价信号实际却有创意产品质量差的可能，从而使后续的创意购买者无形中降低了 $\delta(\beta^1|\omega^2)$ 这一后验概率。在不断的市场交易过程中，最终使得买方的后验概率不再满足 $\delta(\beta^1|\omega^2) < \frac{V_2 - P_2}{V_2 - V_1}$，这时创意持有人就被迫减少在创意价值低的情况下选择出高价的行为。创意持有人的这一举动又可以再客观地提升 $\delta(\beta^1|\omega^2)$。当然这是建立在市场有效的基础上，然而对于大多数创意产品购买者来说，还是需要客观的价值评估体系帮助进行创意产品的市场价值评估，下一章就来讨论如何进行创意产品价值评估。

本章小结

  本章通过结合创意产品的市场特殊性与现有价值理论的局限性，采用跨学科视角对创意产品市场价值实现的影响因素进行了具体分析，构建了创意产品市场价值实现影响因素框架，识别了影响创意产品文化价值、知识产权价值的要素，和市场交易中参与者的构成以及供求关系对创意产品市场价值实现的影响，得出了创意产品的市场价值主要由产品自身的复杂性与创意产品市场特殊性决定的结论，最后通过创意产品市场交易机制中的动态博弈分析，发现创意产品的市场价值判断与其后验概率有关，而与卖方出价的信息无关，买方应该寻求专业的市场评估手段。并得出了创意产品在反复的交易过程中其市场价值趋于真实价值这一结论。

第六章
动态化视角下的创意产品市场价值评估体系构建

本书在以创意价值链理论为基础构建了创意产品价值实现机制概念模型后，得出了创意产品的市场价值实现是产品价值与知识产权价值的双重实现这一结论，并在分析创意产品市场价值构成中发现创意产品的市场价值主要由文化价值和知识产权决定，由于信息的不完全性，创意产品购买者如果没有专业的价值评估方法进行指导很难判断创意产品的实际市场价值，因此，构建创意产品市场价值评估体系显得尤为重要，对于创意产品价值的顺利实现有重要的实践意义。目前理论研究中对于创意产品市场价值评估的研究非常有限且并没有形成系统性的研究框架，本章将探索性地构建一个全面的、可以动态调整的指标体系与评估模型。

第一节
创意产品市场价值评估相关理论基础

（一）创意产品市场价值评估理论的源起与发展

1. 创意产品市场价值评估的消费理论基础

关于创意产品市场价值评估的研究最早始于对创意产品消费的研究，这也是在长期的消费过程中积累起来的对于消费技能的一种认知。关于创意产品的消费已经有很长时间的研究历史，其中的先驱者非凡勃伦与齐美尔莫属。凡勃伦和齐美尔之后，足足迈过了一个甲子，才出现了两位消费研究的继往开来者——布希亚和西托夫斯基。凡勃伦在《有闲阶级论》中提出了一个重要的思想即艺术是一种"炫耀性消费"。这些有闲阶级逐渐将消费转移到能够显示其经济、社会地位与品位的消费类别中。齐美尔的《论时尚》问世后指出本性驱使人们既追求个性，又追求共性。个性过度则压力太大，而没有个性又觉无聊，时尚正好满足这种心理需求，它是一小群人的狂欢。布希亚最令人钦佩的是他关于古董消费的论述，"古物有一个独树一帜的心理学地位。在古物的神话学中有两个面向：一是对起源的怀念，二是对真确性的执迷。所有的古物都是美的，只因为它们逃过时间之劫，因此成为前世的记号"。这些论断都指向了一种文化创意消费中特有的现象——心理与品位。对于创意产品的消费是一种心理需求，要求这个产品是可以彰显消费者自身品位的，因此需要消费者有一定的鉴别能力即消费技能。而对文化产品的这种消费技能就构成了对其价值评估最初的判断。西托夫斯基在《无快乐的经济》一书中考察了"消费技能"的价值。西托夫斯基是我们时代的思想家，是快乐经济学的发起者。他从一个概念谈起，认为主观价值是一种纯精神价值。消费技能是一种方法，将刺激转化为愉悦，成为主观价值的来源。消费技能依赖于个人实践以及接受的品位和评价，在文化消费中，这个技能必须通过练习并达到对艺术项目的价值评估。他运用了音乐和绘画的例子来解释这个技能需要结合一定的熟悉度和一定的新奇性，我们常常对于那些熟悉的人或事才抱有兴趣，对于创意产品也是同样的，对于某种创意产品熟悉后，就开始了对它的评价和判断，并对其市场价值开始评估与分析。

2. 创意产品市场价值评估的内在逻辑体系

在模糊不清的创意产品的价值中，多种价值概念嵌入其中。区分它们有助于帮助我们更为精确地认识到我们评估的具体内容。对于创意产品的价值评估的逻辑，哲学家们给出了相关评价判断的逻辑起点、评估的原因、评估的基本结构。由于创意产品特殊的文化价值属性，跨学科的研究对于创意产品的市场价值评估有非常重要的借鉴作用。

（1）创意产品价值评估的视角选择。

研究者们对创意产品的价值进行评估判断的视角有所不同，可以分为描述主义者（Descriptivist）、规范主义者（Prescriptivist）、表现主义者（Performativist）

三类评估理论体系。其中，描述主义认为价值评估就是对于特定的创意产品进行评估，规范主义者认为价值评估是对某一类创意产品进行价值评估，表述主义者认为只能根据自己的判断建立一个评估模型。

描述主义理论可以进一步细分为主观主义、相对主义，以及绝对主义理论，根据所谓的描述性真实价值涉及的是特定艺术品，还是相对于特殊的评估标准，或者有绝对的或普遍的参照来分类。主观主义者的代表是文学大师 D. H. Lawrence 以及 Walter Pater，这一观点的持有者认为艺术品有价值意味着该艺术品对个人来说有价值。Lawrence（1936）也认为"文艺评论仅仅是批判家对于他所评论的这本书的感受的一个合乎逻辑的解释"，与之相反地，绝对主义者也称之为"客观主义者"，如著名评论家 Matthew Arnold 认为评估是关于艺术品自身，是它的本质。相对主义者选择了中庸的评估视角。他们承认一些评估方法比另一些好，有些则是非常的错误。但是他们认识到对于艺术品的价值评估中有争议是理所应当的，因此他们拒绝绝对主义的假设，也就是拒绝唯有一种评估方法是合适的。相对主义者因此分析对于创意产品的价值评估是相对于某些适当的标准真实而客观的。

对于一个规范主义者来说，A. J. Ayer（1971）认为对于创意产品的价值评估是"一个纯粹的感受表达不能归类到真假范畴"。但是取而代之的是我们分享在评估中表达的感受和态度。缺乏事实并不意味着缺少对于一个作品的感受价值以及令人信服的沟通的有效性，可以归纳出一些用于评估产品价值的要素。

与之相反地，表现主义者由 J.L. Austin 提出，这种观点认为对创意产品的价值评估不能描述一个作品的价值，但是创造了这个作品的价值。Margaret Mac-Donald（1954）认为"肯定一个作品的好更像是授予一枚勋章，裁决和奖项无关真假，也许黑白颠倒但是不容置疑"。比如一个重要的书评家对一本书推崇备至，极度给予它价值，这与某些艺术奖项的含义一样。这种观点认为对于创意产品的价值评估创造、赋予了其价值。

关于这些不同的价值评估理论至今尚无定论，因为这些观点都各有所长，评估判断在形式和功能上多样化，描述主义者、规范主义者以及表现主义者都能找到一些评估判断来支持他们的不同分析，在本书的分析中借鉴了这种辩证的思想，认为对创意产品价值进行评估是相对的，但是也是有章可循的。

（2）创意产品价值评估标准。

不同的学者对创意产品价值评估的标准有其各自的看法，尽管他们各持己见，但是对于一些共同的评价要素，包含审美性、历史性、原创性、艺术性等方面保持了一致。

Monroe Beardsley 认为创意产品价值评估标准是该产品提供的一种审美体验，包括其复杂性、统一性等各种具体质量的集合。还有的认为创意产品的价值评估标准在于经历了时间的考验。相应地，当评论家表现出一个经典作品经过了时间的考验或者一个作品有一定的历史价值一定是以其过去积极的价值评估为证据的。就像 Samuel Johnson（1709~1784）提出的实证研究总结的"历史证明经典"这一观点现在仍然应用于当代艺术评估中，Trilling（1950）在支持《了不起的盖茨比》一书的价值中说，这本书获得了超越时间的重要性，果然，2013 年好莱坞重磅推出这部小说的改编电影，由当红影星出演。

与这些有逻辑性的评估标准相反，Charles Stevenson 提出了一种随意理论，认为某些理由或动机决定了一个评论家在公众面前的态度。这种推理能够在 T. S. Eliot 一篇著名的论文中找到，他在其中野蛮地批判了米尔顿的诗歌，认为尽管有伟大之处，但是对于现代诗人是一个灰色的危险以及不好的影响，因为他强调了具体性的评价要素。

还有一类观点来自于知觉主义者。如 Wittgenstein（1970）以及他的追随者提出了价值评估知觉感受的观点，他们认为艺术评估的标准就像是直接接受的价值。这标准不像是种逻辑证明而是一种感知说明，使得评论家的读者和观众接受他们对于作品的判断，分享他们的价值论断。比如对一幅画作的积极评估，一个评论家往往指出这幅画其独有的线条和特征，追随者自然也就看到这些闪光点。

许多例子可以证明，关于文化价值评估中的标准也确实没有对错之分，每种观点都有可取之处。

（3）创意产品价值评估参数的选择与评估方法的形式。

创意产品价值评估的形式究竟是归纳的、演绎的还是与之完全不同的方法也是学者们探究的主题。归纳法与演绎法根本的区别在于从特殊到一般还是从一般到特殊。Beardsley（1958）探究了评估参数是"归纳的"，因为他否认有普遍的、绝对的评估标准使我们能够演绎推导出一个真实的价值评估结果。然而，他也坚持还是有一些标准如统一性、复杂性，以及艺术饱和度等标准能够为归纳推理提供证据，如果一个艺术品有这些特征就可以表明它是好的艺术品。Savile（1984）注意到这个参数与时间和历史影响力有关也同样是归纳的。这些参数本身也是经过了时间的考验，拥有从古代的美学专家到现代的支持者。

相比之下有的学者主张创意产品价值评估参数的选择应该是由演绎推理来决定。Johnson 和 Coleridge 支持用演绎法评价莎士比亚戏剧的价值。价值参数基于某一个流派的准则，包含一个总体一般的演绎结构，用这个标准去判断该作品是不是符合经典流派的必要标准。以《失乐园》为例，这首诗歌如果满足亚里士多德对于诗歌的评价要求，那么就是一首好的作品。哈罗德认为一个艺术品价值评估应该是一个有机整体。某些艺术品的评估参数没有严格的归纳与演绎形式之分，但是由一系列复杂的因素决定。Frank Raymond Leavis 是这一派的典型代表，他认为评估参数是一系列特征的集合，与感知到的价值有很大的关系。因此，在对创意产品进行价值评估时没有一个通用的参数选择的逻辑形式。对艺术品价值评估的逻辑显然是多元化的。

分析哲学对创意产品的价值评估进行了丰富的阐述，从有说服力的归纳到严格的演绎，从简单的类比到复杂的范式，哲学家们对于创意产品价值多样化的分析为经济学研究提供了参考和借鉴，特别是在文化经济学领域。经济学理论对于价值评估的问题有另一种观点看法。经济学中对于创意产品的市场价值评估往往都在实际交易中体现，购买者付出一定的货币取得创意产品，因此创意产品的市场价值从价格中得以体现，但是文化经济学家们认为市场价格只是其价值的某种体现，不能代表它的成功。创意产品是一种"信息产品"，有很大的不确定性和外部性，从新制度经济学的角度来看，契约能够减少一定的不确定性，并且大量的创意产品市场价值评估正在发生，一些专业人士，如文化产权交易中介、艺术评论家、鉴定家建立了自己的评估方法。知识产权法保护了创意产品持有人的权利和经济收益。这些市场价值评估往往以创意产品的未来价值为基础。

3. 现代价值评估理论对创意产品市场价值评估的借鉴意义

现代评估理论正是在价值理论逐步形成的基础上发展而来的，其评估基本理论与基础方法也受到了西方经济学的影响和启发，目前国内外广泛应用的三类评估方法都能在其中找到赖以存在的理论依据。马歇尔等的著作在 21 世纪初为学者和专业从业人员广泛阅读，对不动产评估领域有了一定触动，促使不动产评估方法开始形成，1927 年 Nlert 在其影响下出版了《不动产评估》一书，将价值理论与评估理论联系起来，初步建立了三种评估方法的理论框架。Klee、Hyder 等进一步深入了对基本评估方法的研究，构建了三大评估方法的系统化分析框架。

Schmuat 在此基础上构建了一个价值评估模型，受到了美国不动产评估师学会的认可，在 1951 年将其成果收录进了《不动产的评估》一书中，也为后续研究提供了有益借鉴，在学者和社会实践家们的不断努力之下现代评估理论逐渐形成了理论系统。国外价值评估理论发展比国内领先，通常采取三种方法综合使用比较，但是随着知识经济的发展，成本法的应用弱化了，而在实践中收益法应用非常的广泛。现代评估理论的发展促进了无形资产评估，以及知识产权评估的发展。在创意产品的价值构成中文化价值和知识产权价值都是非常重要的组成部分，因此考虑对其分别进行评估，对知识产权价值评估的部分可以借鉴现代价值评估理论中的研究成果，并加以改进。实际上在创意产品市场价值评估的现有研究中，基本也是以未来收益为基础进行价值评估研究的。

（二）现有相关评估方法的比较

1. 条件价值评估法（Contingent Valuation Methodology，CVM）

条件价值评估法是目前文化经济学领域应用最为广泛的价值评估方法，实证研究中主要应用于探索文化资源等非市场性交易产品的价值估算。所谓条件价值评估法指的是假设有某种市场情况，在此背景下，通过直接向参与人询问对于某种产品、服务的最大支付意愿（Willingness to Pay，WTP）或者是一旦损失这件产品、服务的最低偿付意愿（Willingness to Accept，WTA），在个人的 WTP 或 WTA 基础上计算出总体的 WTP 或 WTA，以此作为该项产品、服务的价值评估依据。CVM 理论起源于美国，由 Ciriary-Wantrup（1947）首次提出，但这一概念未得到具体实施。1986 年，美国内务部推荐应用 CVM 价值评估法对自然资源、遗产等价值进行评估，这彰显了该方法的权威性，1984 年，Hanemann 教授将 CVM 法与等价剩余、补偿剩余及支付意愿等概念有机联系起来，使得 CVM 具备了经济学依据，在此之后，该方法的相关研究进入了蓬勃的发展时期，最有代表性的是 Carson 等（1992）关于美国 1989 年发生的 Exxon Valdez 油轮海上溢油事故对于当地自然环境构成的危害的价值评估研究。美国 NOAA（国家海洋和大气治理署）曾邀请 1993 年诺贝尔奖得主 Kenneth Arrow 和 Robert Solow 组成专家委员会为 CVM 应用制定准则。CVM 的现有研究可以分为 WTP 与 WTA 两类，在实证中发现 WTA 所测得的价值往往是高于 WTP 的，这可能是因为 WTP 受到所得的限制。然而 CVM 在进行价值评估中的偏差主要源于它是以询问被访者对假设性问题的支付意愿为基础的，但是 WTP 也是有误差的，这主要源于受访者对实际支付估计的偏差。CVM 在文化经济领域的应用也是层出不穷，Schwerand Daneshvary（1995）讨论了拉斯维加斯公营广播的价值问题，Kling 等（2001）讨论了最有历史的旅馆的价值，Maddison 和 Mourato（2001）分析了文化遗产巨石阵的价值，CVM 在多样化的应用中适应了多种质量研究。也有很多研究根本不考虑 NOAA 所给出的使用该方法的注意事项。Portney（1994），Carson（1989，2001），Frey（2000）等都探讨了该方法是否适用于文化经济学领域。其中 Frey（2000）发现有的创意产品并不适用于 CVM 法，因为对于许多创意产品来说，去建立一个假设的市场时有些问题难以解决。这是因为许多的创意产品涉及"文化品位"，研究人员可以解决存在的消极 WTP 值，再调查设计阶段和计量经济学分析结果数据。然而对于估算值涉及"培养品味"特有的许多创意产品如古董之类的，向上倾斜的需求曲线的存在对某些文化用品使解释调查结果更加困难。因此 CVM 比较适用于文化遗产类的公共设施，且带有主观性，对于广泛的创意产品价值评估并不具有普适性。

2. 艺术品价格指数法

在创意产品市场价值评估方面，发展最为全面的当属艺术品市场。不仅仅由于其丰富的历史更是由于艺术品市场交易数据的可获得性较好，受到了市场研究人员与学者们的青睐。关于艺术品市场价值的研究系统体现在艺术品价格指数上，这公允地反映出了艺术品的市场价值及平均收益率，在我国随着艺术品市场的繁荣也开始有了自己的艺术品价格指数编制方法。这些编制方法都体现出了对艺术品价值的不同衡量标准与方法，因此综合这些评估方法将会对构建创意产品价值评估体系有所助益。目前国际公认的艺术品价格指数有 ASI 以及梅摩指数，国内受到广泛认可的是雅昌艺术指数以及中艺艺术指数。总体来看，它们是通过追踪一个作者一个时期或全部的作品的成交价格来分析其市场价值的。常用的艺术品价格指数编制方法包括重复销售价格法以及平均价格法。当然，艺术品只是创意产品的一种，但其反映出的评估方法也可以参考和借鉴。

（1）梅摩艺术品指数（Mei/Moses Fine Art Index）。

梅摩艺术品指数是由时任纽约大学金融副教授的梅建平先生与其同事迈克尔·摩西共同创立的，在艺术与金融领域都引起了广泛的关注，该指数采用重复拍卖计算法对苏富比和佳士得两大拍卖行的艺术品重复交易记录进行测算，直观地反映该件艺术品历史交易情况与价格走势，受到了学术界与实践家们的认可。该指数首先通过对 2000 名画家的 7500 件重复销售作品的销售价格采用 Case 和

Shiller（1987）提出的三阶段最小方差法计算出来，并每年补充 200~300 个左右增加的数据，有一定的参考价值和指示意义。

（2）ASI 指数（the Art Sales Index）。

ASI 指数类似股票指数，但不是投资指数，不具有可比性，它以源于拍卖、画廊、艺术博览会等多方渠道的历史行情数据及最新行情数据为依托，在数据库的基础上充分考虑了通货膨胀、银行利率等因素对于艺术品拍卖的影响，以个人作品为单位计算其市场价格指标，在个人行情数据的基础上综合计算出整个艺术品市场的相关指标数据，ASI 指数主要给人整体的市场判断。

（3）雅昌艺术指数（AMMA）。

雅昌艺术指数是目前国内艺术品界最受认可的艺术品评估指数之一，它的优势在于依托雅昌文化集团长期对于艺术市场的关注与分析，更有雅昌艺术网这一艺术品第一门户网站为基础，以庞大的中国艺术品拍卖市场数据库为参考，将 1993 年至今所有重要拍卖行的艺术品成交数据按国画、油画等分类计算指数，是国内目前种类划分最详细的艺术品价格指数，从艺术家个人到艺术品类应有尽有，比较全面地反映了艺术拍卖市场不同层面的发展趋势。

（4）AMI 中艺指数。

AMI 中艺指数以西方 ASI 指数为参照，由 AMI 中艺指数监测调查中心依据地级市以上主要艺术品市场交易数据，运用经济学和统计学的方法，重点参考了股票证券市场的计算方法，描绘出艺术品的基本走势图表与运行规律，中艺指数最大的优势在于对于不同艺术家的特质有所区分，根据艺术品的表现形式的差异以及影响成交的不同因素进行具体考虑，在此基础上进行赋权再计算出指数。

与其他三种主要为艺术投资者展现艺术品价格趋势不同，梅摩艺术品指数是从投资角度和资产配置角度来展开分析，表 6-1 对这几类不同的艺术品评价指数进行了对比分析。

表 6-1 艺术品价格指数对比表

指数类型	计算方法	数据来源	优点	缺点
梅摩指数	重复销售法	苏富比和佳士得的重复拍卖交易数据	计算了投资回报率，独立于拍卖市场，不受其价格影响而是预测其走势	只能判断有过交易价格的艺术品，无法表现差异化
ASI 指数	平均价格法	每场拍卖的平均价格	综合了通货膨胀的各种因素	追踪的时间比较短

续表

指数类型	计算方法	数据来源	优点	缺点
雅昌指数	加权平均价格法	中国艺术品拍卖市场数据库	分类较多，适合国情	采用平均价格法计算，对于油画显然不合适，同时艺术家作品的价格受制于多重因素
AMI中艺指数	以成交艺术品尺寸作为权数的加权平均价格	拍卖行情、画廊销售、艺术博览会平均交易价格	对于不同艺术家的特质有所区分	数据来源不辨真伪

资料来源：笔者整理。

3. 艺术品代表作法

艺术品代表作法指的是对于市场上的艺术品来说，找到能够体现某类型作品基本价值的代表作品来进行评估，以此为基础计算指数，这种方法从本质上来讲也是一种平均价格法。该方法假设艺术品的价格与时间无关，在整个市场找出代表作的平均价格描绘出价格曲线。这种方法相对比较直观，计算也相对简便，适用于不同类型的艺术品市场。Candela 和 Sourcu（1997）曾采用代表作法以意大利 1983~1994 年现代及当代的绘画作品数据为例建立了相关的价格指数。该方法能反映市场价格的变化，但由于选择艺术品代表作存在随意性和主观性，该方法的稳定性和可靠性值得怀疑。

4. 特征价格法（Hedonic Price Model）

特征价格法是国外处理异质性产品各种特征与价格之间关系时广泛使用的一种方法，将一种商品看做是一系列特征属性的集合，其核心思想认为消费者愿意为一件商品支付的价格取决于他从商品的各种特征属性中获得的效用水平，商品的价格由商品的各种特征所提供的效用决定。国外对特征价格法的研究早在 20 世纪 30 年代就已开始，而国内对此的研究主要是在 2000 年以后。特征价格模型英文为 Hedonic Price Model，而 Hedonic 的原意表示愉快、享乐，这充分说明了这个方法的本意是认为商品的价值主要取决于这些特征属性给消费者带来的愉快和满足。

特征价格法以往主要应用于房地产、汽车等异质性产品的价格研究，很快，文化经济学研究者们发现它也适用于艺术品的价格研究，最初的研究着眼于整个艺术品市场，Anderson（1984）首先对古典绘画市场、印象派等类别的艺术品市场运用特征价格模型进行了整体研究，在此之后，Frey 和 Pommerehene（1989），Goetzmann（1993），de la Barre 等（1994），Chanel 等（1996）不断进行实证研究，不断改进该模型在艺术领域的应用。Buelens 和 Ginsburgh（1993）以英国、荷兰和意大利绘画作品数据为基础应用特征价格法构建价格指数，Czujack C.（1997）为意大利艺术品创造了价格指数。21 世纪开始，学者们对于特征价格法的研究更为深入细致，他们开始考虑多种特征因素对于价格的影响，也得出了许多有益的结论。其中，Randw Ressler 和 John Keithwatson（2000）重点讨论了画家死亡这一因素对绘画艺术品价格的影响，研究结论表明绘画艺术品的价格会因画家的死亡先大幅提升再下降，是否死亡也成为了影响画家作品价格的重要因素之一。Calin Valsan（2002）以美国和加拿大画家拍卖数据为参考应用特征价格模型发现了国籍会对绘画题材、风格造成影响，继而影响绘画艺术品价格。Marilena Locatelli-Biey（2002）进一步将特征价格指数法升级，加入了时间要素作为虚拟变量分析意大利雕塑价格。Michael Beckmann（2004）应用二元选择模型分析了艺术品投标人合谋因素对艺术品价格的影响。Finn R. Forsund 和 Roberto Zanola（2006）的研究指出了拍卖场所这一因素对艺术品价格的影响。Andrew C. Worthington 和 Helen Higgs（2006）将此方法应用到了澳大利亚艺术家拍卖作品的研究中，发现特征价格模型系数的不稳定与样本选择偏差相关。Susanne Schonfeld 和 Andreas Reinstaller（2007）分析画廊和艺术家的声誉两大因素对绘画艺术品价格的影响。Alan Collins，Antonello Scorcu，Roberto Zanola（2009）综合了前人的研究成果通过两阶段法对应用特征价格模型的样本选择偏差和时间系数不稳定问题进行了改进，使得该方法能够更准确地反映艺术品价格。

可以发现，大多数研究都是在创意产品的绘画作品领域，也在雕塑、漫画有所涉及，主要原因是绘画作品的市场数据较易获得，创意产品的其他领域很少有采用这一方法的研究，不过在文献研究中笔者发现电影领域采用的许多多元回归的手段也与特征价格模型不谋而合，这一研究方法对本书研究有很大的启发与借鉴意义。对于创意产品这种典型的差异化产品来说，发现影响产品市场价值的个性与差异要素非常重要，更为重要的是，在分析出相应的权重之后，可以通过这一系列特殊的属性建立模型来评估创意产品的价值。

（三）评估方法的确定

根据对现有评估方法的比较可以看出，CVM 比较适合于文化遗产类型的创意产品，但文化遗产过于特殊，无法扩展到其他创意产品中，其他常用的艺术品价格指数评价方法过于简单，无法很好地拟合现实状况，另外由于创意产品都是各具特色的，无法互相参照比对找出平均的价值，基于前文的分析可以发现，Hedonic 特征价格模型非常适合于创意产品这种异质性产品的市场价值评估，但也由于创意产品的价值构成非常复杂，仅仅考虑其文化价值并不足以涵盖所有的创意产品类型，而且艺术品作为创意产品的一个特殊代表并没有反映其独有的知识产权特征，考虑到这一问题，结合特征价值法的本质，本书拟设计一个基于广泛的创意产品类型的，可以动态调整的广义 Hedonic 评估模型，这个模型将创意产品的各个价值构成模块都纳入评价体系，并根据具体创意产品进行不断的调整。

第二节 创意产品市场价值评估体系总体设计框架

（一）Hedonic 模型的基本原理及应用

1. Hedonic 模型理论基础

关于 Hedonic 特征价格模型的研究始于 20 世纪二三十年代，Court（1939）首次将特征价格概念及分析技术引入价值评估，但是当时未能引起人们的注意，直到 Griliches（1971）明确提出了特征价格模型是基于异质性商品并由一系列属性因素构成的研究思路，特征价格理论才有了进一步的发展。20 世纪六七十年代是特征价格理论的形成时期，70 年代之后特征价格理论的发展侧重于具体模型估计方法的完善，集中在房地产领域的实证研究，进入 21 世纪，特征价格理论应用领域更加广泛，模型技术也已基本完善，在一些艺术品领域以及其他典型异质性商品领域也有了相关的研究。特征价格理论基础的奠定主要基于 Lancaster（1966）提出的新消费者理论以及 Rosen（1974）对于特征市场供需均衡的分析框架的确定。

（1）新消费者理论。

Lancaster 作为新消费者理论的创始人，提出了与传统消费者理论相区别的更符合消费者行为，对经济现象更富解释力的新消费理论。他的主要观点认为消费者购买、消费产品的过程是一个从产品中获得某种特征的过程，著名经济学家汪林海在其观点基础上，提出新消费者理论的系统性观点，标志着新消费者理论的诞生，也推动了现代经济学的发展。新消费者理论认为商品品质的高低决定了价格高低，这些特殊属性决定了产品价格，传统的价格模型很难对这类产品进行价格评价，这就引出了从产品差异性出发，利用相应的产品特征价格解释总价格的研究思路。他也曾假设商品的特征与价格是线性关系，利用特征价格模型对房地产价格进行了分析，通过对房价的讨论发现，房屋的有用性与房屋价格成正相关。新消费者理论的提出与系统化发展为特征价格模型在经济问题上的应用推广奠定了理论基础。

（2）产品特征市场供需均衡模型。

美国经济学家 Rosen（1974）发表了对特征价格和隐含市场的系统论述，他提出了基于特征价格理论的产品差异化模型，并从供给者决策和购买者决策两个角度讨论了在完全竞争市场假设下异质性产品市场短期和长期均衡问题，从方法论的角度阐明了估计特征价格的意义。这篇文章对特征价格模型的构建有很大的理论意义，为后续研究奠定了坚实的基础，他在研究中也应用多元回归分析产品的特征价格，他承认在实际中预算约束往往是非线性的，使得研究变得非常的复杂，特征价格往往并非常数。也有一些学者提出反对意见，Bartik（1987）不同意 Rosen 的均衡价格理论，认为单个消费者并不足以影响供给市场，特征价格理论并非供给与需求相互作用能够解释，他提出要估计内生特征的数量和价格要建立在消费者非线性预算约束之下。这些不同意见也推动特征价格理论不断完善，最终能够应用到更广泛的范围，用于其他市场类型，许多新的对特征模型的改进和应用也有了更广阔的空间。

2. Hedonic 模型基本假设

（1）经济学假设。

①异质性的商品。

特征价格理论评估分析的对象是具有明显异质性的商品。依据 Lancaster 的新消费者理论，消费者购买某种产品是为了购买其特征要素的集合，供给者也根据产品特征的不同设定不同的价格。

②隐含性的市场。

特征价格理论分析的对象是隐含市场，主要是指在产品交易过程中，每一单位的总价格是能够观测到的，但是产品某种特征价格是无法观测的，产品的每个特性都与一部分隐含价格相联系，相对应地也就能抽象地理解为一个隐含市场，而产品市场正是由多个隐含市场组成的。

③统一的市场。

大多数异质性产品可以进行进一步的细分,以艺术品为例,有油画、国画、版画等,购买者对于不同种类的艺术品有其不同的消费偏好,如果不对整体市场进行划分,可能会导致构建特征价格模型的前提假设不充分,导致模型拟合的效果不明显,与实际有较大的差异,因此要对不同的市场进行细分,这不能说明特征价格模型技术的不合理,只是要在统一的子市场建立各自的特征价格模型,这样有助于准确反映实际情况,在对创意产品市场的分析中,同样要考虑不同种类的创意产品特征的差异。

④均衡的市场。

依据 Rosen 对于异质性产品市场均衡的分析,异质性产品的交易是在完全竞争市场条件下供给者利润最大化与消费者效用最大化之间的均衡,实际市场中完全竞争且完全信息的情况基本没有,但是在理论分析中只能作此假设,不过依据实证研究中艺术品市场特征价格模型的应用情况来看,模型分析的结果还是比较理想的。

(2)特征价格模型的统计学假设。

关于特征价格模型的基础理论没有确定该模型究竟应该采取何种函数形式,但是在长期的实证研究中,学者们与实践者们的摸索为后续研究提供了有益的参考,国际上通用的三种经典函数形式能够较好地拟合,包括线性、半对数、双对数三种类型。在运用模型进行统计分析的时候,需要满足或近似地满足以下统计学假定:

①特征价格模型中的产品价格及具有零均值和同方差特性的随机误差项需要服从正态分布;

②特征变量与随机误差项不相关;

③特征变量之间不存在共线性。

3. Hedonic 模型经典形式

实际操作中产品交易数据相对比较容易获取,但是类似收入、年龄这类消费数据获得难度较高,尽管不同消费者类型对于产品的偏好有差别,忽视消费者类型可能会使分析结果存在一定的误差,但是商品价格实际上是商品通过市场的相互作用决定的,一般认为交易价格是均衡价格,即双方都接受的,运用商品交易数据构建特征价格模型也是被认可的,并广泛应用于定价和价值评估领域。

商品价格的线性模型如下:

$$P_k^t = \beta_0 + \sum_{i=1}^{n} (\beta_{ik}^t X_{ik}^t) + \varepsilon_t (t = 1, 2, \cdots, T; k = 1, 2, \cdots, K^t) \quad (6-1)$$

这里，P_k^t 表示时期 t 第 k 种商品价格，X_{ik}^t 表示该时期该类商品的第 i 个特征，β_0 表示截距常数项，ε_t 表示随机误差，其均值为 0，独立于其他的特征变量。β_{ik}^t 表示特征的隐含价格，其含义是反映 X_{ik}^t 每变化一个单位对商品价格影响程度的变化，代表了产品特征变量增加会导致产品价格增加，产品特征变量的减少会导致产品价格下降。线性模型比较简单，但是也是其他模型变形的基础，该模型暗含的意义是在回归系数不变的情况下，某项特征变量增加一单位则会导致商品价格变化相应的单位，这暗含了边际效用不变的意义，与边际效益递减的规律不合，因此应用范围比较狭窄，但是对于创意产品这种边际效用递增的产品可以说是适用的。

（1）半对数模型。

$$\ln P_k^t = \beta_0 + \sum_{i=1}^{n} (\beta_{ik}^t X_{ik}^t) + \varepsilon_t (t = 1, 2, \cdots, T; k = 1, 2, \cdots, K^t) \quad (6-2)$$

（2）双对数模型。

$$\ln P_k^t = \beta_0 + \sum_{i=1}^{n} (\ln \beta_{ik}^t X_{ik}^t) + \varepsilon_t (t = 1, 2, \cdots, T; k = 1, 2, \cdots, K^t) \quad (6-3)$$

依次对（6-1）式到（6-3）式两边对第 t 期 k 产品的 i 特征 X_{ik}^t 求导数，可得隐含特征价格 β_{ik}^t 分别为：

$$\beta_{ik}^t = \frac{\partial p}{\partial X_{ik}^t} \quad (6-4)$$

$$\beta_{ik}^t = \frac{1}{p} \frac{\partial p}{\partial X_{ik}^t} \quad (6-5)$$

$$\beta_{ik}^t = \frac{X_{ik}^t}{p} \frac{\partial p}{\partial X_{ik}^t} \quad (6-6)$$

其中，（6-4）式可以解释为 X_{ik}^t 变化时价格的边际变化，（6-5）式可解释为 X_{ik}^t 的特征价格与商品价格之比或该特征在一定价格水平上的价格增长率，（6-6）式可解释为 X_{ik}^t 的价格弹性或者 X_{ik}^t 每变化百分之一，价格 P 的变化百分率。现有对特征价格模型函数形式的变化实际目的是为了满足正态或者近似正态，目前在学术界广泛采用的特征价格模型是经过 Box-Cox 变换的形式：

$$P^\gamma = \beta_0 + \sum_{i=1}^{n}(\beta_i X_i) + \varepsilon$$

其中，$P^\gamma = \begin{cases} \dfrac{P^\gamma - 1}{\gamma}, & \gamma \neq 0 \\ \ln P, & \gamma = 0 \end{cases}$，当 $\gamma = 0$ 时，即为半对数模型，当 $\gamma \neq 0$ 时，说明数据需要更为复杂的函数形式。现实生活中，大量特征变量属于虚拟型变量，其值往往非 0 即 1，如是否有该特征，是否真迹等，通常在这时，$\gamma = 0$ 在实际应用中有的加入一些交互效应消除特征变量的共线性。

（二）总体设计思路

从亚里士多德开始，学者们就尝试将一个作品分解为几种属性（哲学家称其为性质，经济学家称其为特征、品质）进行评价。在文化经济领域，对于创意产品的评价有一些专家评判的典型例子，如电影艺术与科学学院评定的奥斯卡奖项，对于伦勃朗的画作评级以及 Robert Parker 对红酒的评级。一个典型的方式来评价美学质量是将其分解为各种特征，以及分别考察各种特征级别，再根据特征的聚合度综合评价。法国艺术评论家 Roger de Piles（1635~1709）将绘画分解为四个基本特征：构图、色彩、技法和表现力，但是他没有将这些评分汇总起来对一个画家的作品进行综合评定。Dickie（1997，1988）也认为将其分解是一个很好的概念，并且可以用一些附加价值来解读美的概念。这一方法能够被认为是最接近当代经济理论方面产品差异化理论的观点。这恰与特征价格模型反映的经济意义不谋而合。这一分解的思想非常适用于创意产品市场价值的研究与分析。

现有创意产业研究中应用 Hedonic 模型都是针对具体的某一类产品的特殊性进行分析，而且多数是对创意产品小类中艺术品的文化价值的市场价值进行评估。然而通过对前文创意产品价值的解构以及基于文化经济学、哲学理论中对其文化产品价值评估的逻辑思路，可以发现运用价值分解法进行价值评估已是惯用的评价方式，如果将这一逻辑思路延续，可以发现通过分解创意产品的价值，将其看做是创意产品的特征价值属性，这样就可以覆盖多样化的价值构成的创意产品，特别是文化产品之外的、具备知识产权特征的广泛的创意产品类别。基于这一思想，本书设计出了创意产品市场价值评估的整体评估思路，如图 6-1 所示。

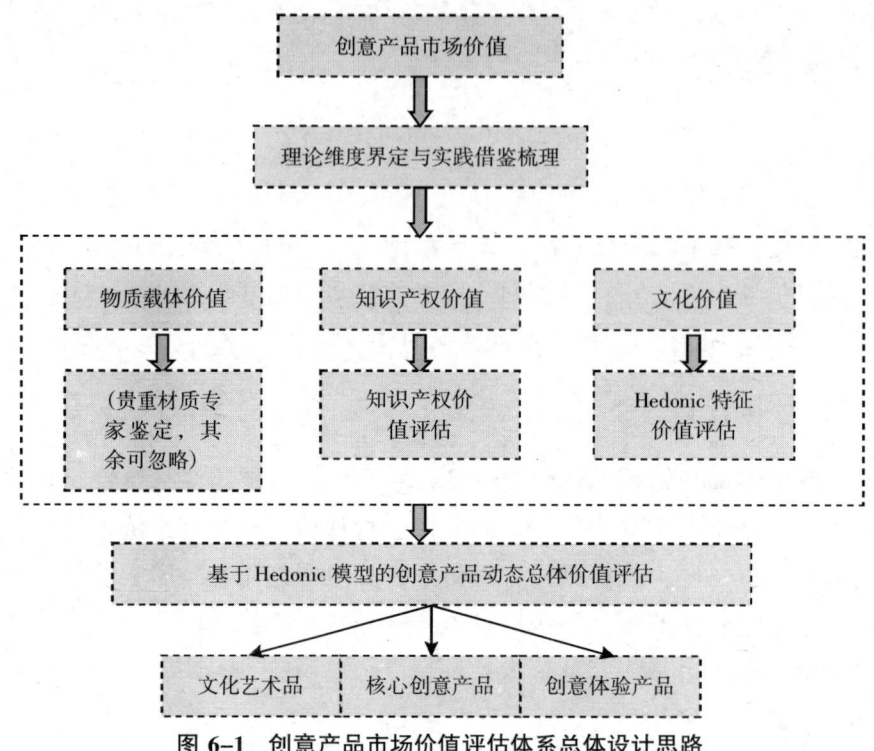

图 6-1　创意产品市场价值评估体系总体设计思路

笔者根据前面的理论分析界定了创意产品市场价值构成的基本维度，结合 Hedonic 模型的意义，将创意产品的市场价值看成是每部分特征价值的集合，并根据每部分特征应用相应的评估方法，再将其总体应用特征价格模型评估。同时可以看到，由于每一类型的创意产品的核心价值并不相同，对于某些产品，可能仅仅具备其中一种价值，那么对其评估时，仅仅应用相应方法对其进行评估即可，对于包含几种相应价值的创意产品，应用多种方法的结合，这样，一种动态的、可调整的模型就应运而生了，这既符合创意产品的特征，又实现了可操作性。简而言之，首先对创意产品市场价值构成进行分析，将其分解为几类核心价值，并对这些核心价值分别进行评估，再总体用特征价值法评估得出一个综合性的结论，在不同类型的创意产品价值评估分析中，可以发现不同创意产品的市场价值构成不尽相同，如图 6-2 所示。

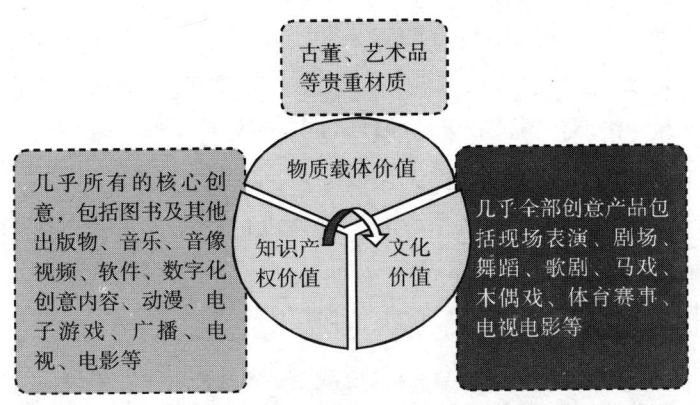

图 6–2　不同类型创意产品核心价值构成

资料来源：笔者整理。

在这一个价值构成图中，每个扇形都是可以自由替换的部分，不同类型的创意产品的核心价值可能有所区别，在具体的评价过程中都可以进行动态的调整。尽管在实际的操作中可能需要许多专家鉴定、行业内人士的参与评估，但是这个构想提供了一种探索性的尝试。

（三）总体模型建构

依据大多数国外文化经济学家的观点，创意产品的价值是市场价值与非市场价值的和，但创意产品的市场价值和非市场价值应该分别进行评估。认识到创意产品是具备一个多维度价值体系的产品对于进一步研究有重要的意义，这说明创意产品是一个多种特征价值的集合体，且每一部分价值对总价值贡献的分权重不同。这一特性恰恰适合于用针对异质性产品价值判断的 Hedonic 模型进行计量分析。Hedonic 方法应用的前提假设即是商品可以看成是各种商品特征的集合，而其内在价格（价值）与其性能有直接联系。所谓的特征或属性是指消费者对产品或服务的消费而得到的效用或者满足。而商品价值则是由商品的各方面属性所提供给消费者的效用或满足所决定的。由于非市场价值的影响因素非常复杂，难以衡量，本书仅依据 Hedonic 线性模型结合创意产品的价值特征设计出计量创意产品市场价值总量的线性基本模型：

$$F(mv_t) = \beta_0 + \sum_{i=1}^{3}(x_i \cdot v_i) + \varepsilon_t$$

其中，mv 是市场价值。v_1 是物质载体价值，v_2 是知识产权价值，v_3 是文化价值，$x_1 \sim x_3$ 是各类属性价值对应的权重。ε_t 是残差，其均值为 0，独立于其他的特征变量。β_0 是常数项，t 代表不同的创意产品类别。这一模型表达的含义就是创意产品的市场价值由其不同的价值属性共同决定，每部分价值贡献的权重不同。然而，不同的文化产品有着价值构成的异同之处，不能一概而论。要深入研究创意产品的价值构成，应对创意产品的分类进行界定，并逐一讨论。创意产品分类别动态总体市场价值评估如表 6-2 所示。由于文化遗产类产品带有公共性质，不能用来交易，因此本部分讨论不包含在内。

表 6-2 创意产品分类别动态总体市场价值评估表

产品类别	核心价值	市场价值构成	交易形式	具体种类	市场价值计算公式
核心创意产品	文化价值与知识产权	知识产权+文化价值+物质载体价值	可复制、衍生多次交易	图书及其他出版物、音乐、音像视频、软件、数字化创意内容、动漫、电子游戏、软件、广播、电视、电影、设计	$F(mv_1) = [\beta_0 + \sum_{i=1}^{3}(X_i \cdot V_i) + \varepsilon_1] \cdot$ 交易次数
创意体验产品	文化价值	文化价值+知识产权价值	一次性交易	现场音乐表演、剧场、舞蹈、歌剧、马戏、木偶戏、体育赛事	$F(mv_2) = \beta_0 + x_2 \cdot v_2 + x_3 \cdot v_3 + \varepsilon_2$
文化艺术产品	文化价值	物质载体价值+文化价值	单品重复交易	古董、艺术品	$F(mv_3) = \beta_0 + x_1 \cdot v_1 + x_3 \cdot v_3 + \varepsilon_3$

依据经典模型构建的创意产品市场价值评估模型只是第一步，重点是分析创意产品文化价值特征这一大类的特征价格模型。

第三节
创意产品市场价值评估指标体系构建

在创意产品指标体系的构建过程中主要针对前文中相关对文化价值、知识产权价值的内涵分析以及对创意产品市场价值影响因素的总结，运用文化经济学的方法论与认识论，及其他一些科学的推理方法，来确定相关的指标，同时，把这些指标设计量表，咨询专家学者，进行指标遴选。

（一）文化市场价值评估维度的指标设计

1. 理论推证为主的设计路径

消费者通过购买创意产品主要享受其文化价值带来的精神体验，因此文化价值是创意产品市场价值中最为重要的组成部分，具有多样化、历史性、价值递增的特征，由于文化的概念如此广博，仅能采用现有理论中涉及文化创意产业的文化价值理论来进行解读，并结合文化经济学领域权威人士的阐述加以佐证，在设计文化价值指标的维度中，结合哲学，特别是美学理论中价值分解的认识论，采用前文逻辑体系中讨论的在哲学视野下对文化价值评估中的描述主义视角来进行推证，得出一个相对客观的文化价值评价体系。

由于目前尚无权威的文化价值评估体系可用来参考，仅在文化遗产研究领域有权威的评估指标，尽管文化遗产存在特殊性，可供借鉴的指标并不完全适用于广泛的创意产品，但是也可作为一种理论参考。因为文化遗产属于一类特殊的创意产品，可以用从特殊到一般的归纳法分析其文化价值的评价指标。现有关于国外文化遗产价值评估的相关论述主要存在于相关遗产保护法律法规之中，由于文化遗产是一种结合了建筑、艺术、历史、文化在内的综合产物，对其进行评价的因素十分的全面，也可供其他创意产品充分借鉴，而且古今中外有许多建筑、艺术、历史学者都对该领域进行了相关的评价研究。通过对相关文献的梳理发现，在文化遗产研究领域内的"文化"概念是相对"自然"而言的，包含人类智慧创造的事物，涵盖了艺术、审美、历史、科学、象征等价值内涵，纵观文化遗产研究与历史，对文化遗产价值的认识始于艺术历史价值并逐渐扩展到其他价值范畴。

雅典宪章认为广义文化价值涵盖了艺术、历史、科学三种价值类型，确立了文化遗产研究中文化价值的范畴，在此之后伴随多样化的文化遗产保护文件的出现，对于遗产文化价值的阐述更加深入细致，形成了以学科领域划分的价值类型，同时也超越了人类文化而将关注的点转移到自然环境中，但是这些价值类型没有超越广义文化价值的领域，在精神与社会价值上的讨论也被视为在文化遗产价值认识上的深化。在对文化遗产价值评价方面，逐步形成了从强调文化面向价值到注重其经济性质的转变，根据这些论述，笔者总结了现有可考的文化遗产文化价值评价的类型。

表 6-3 文化遗产文化价值类型综述表

学者/法案及年代	文化价值类型
里格尔（1902）	历史价值、年岁价值、艺术价值、纪念价值、稀有价值
雅典宪章（1931）	艺术价值、历史价值、科学价值
保护世界遗产公约	艺术价值、历史价值、科学价值、审美价值、人类学价值
费尔顿（1982）	文化价值、情感价值
莱普（1984）	信息价值、美学价值、象征价值
普鲁金（1993）	历史价值、建筑价值、美学价值、艺术价值、情绪价值
弗雷（1997）	选择价值、存在价值、遗赠价值、声望价值、教育价值
英格兰遗产（1997）	教育与学术价值、资源价值、休闲娱乐、美学价值
巴拉宪章（1998）	美学价值、历史价值、科学价值、社会价值（包含精神、政治、国家和其他文化价值）
索罗斯比（2003）	历史价值、美学价值、精神价值、社会价值、象征价值、真实价值

资料来源：笔者依据复旦大学黄明玉博士论文《文化遗产的价值评估及记录建档》中相关内容整合。

依据表 6-3 中关于文化价值包含指标体系的讨论，综合考虑前文详细论述的文化价值的概念内涵和影响因素，以及文化经济学、哲学美学理论中的相关论述，本书遵循从理论到实践，从特殊到一般的理论推证，按照不同层级设计出了创意产品市场价值评估中文化价值评价的指标体系（表 6-4）。

表 6-4 文化价值评价指标体系

指标维度	二级指标	三级指标
文化价值	原创价值	主题创意原创性
		技法原创性
		形式原创性
	审美价值	审美意象
		视听效果
		表现形式
	艺术价值	艺术视野
		艺术技巧
		深层表达
	文化品牌影响力	创意者知名度与影响力
		产品品牌知名度与影响力
	历史价值	创作年代
		真实性
		存世稀缺性
		历史意义

续表

指标维度	二级指标	三级指标
文化价值	文化认知度	文化源头
		改编演绎
		文化传播力

2. 相关指标的解释说明

文化价值是如此多元，创意产品又是包罗万象，因此文化价值的评估主要是衡量创意产品对社会的各个文化方面所具有的意义。在理论推证之余，笔者在平日走访文化创意企业时也与有关的专家学者、创意人、企业家有所交流，对创意产品文化价值评价的指标始终没有一个统一的答案，但是关于文化价值有一些共性的认识，也与文献中找到的研究人员的评价标准不谋而合。当然涉及不同种类的文化产品，具体的衡量指标有所差异，但是总体来说需要评价的文化价值方面是基本相同的，在具体实施过程中有所增减即可。下面对具体的指标选取进行简要的解释和说明。

（1）原创价值。

原创价值主要指创意产品从主题创意、运用的方法技巧到表现形式等各个方面体现出的独特与创新的价值。这是创意产品文化价值创新性的表现，从内涵到外延体现创意对于文化价值的贡献。无论是一个独特的创意视角，运用了开创性的技巧方法，还是采取了新颖的表现手法，都是对现有文化的一种补充，同时这一价值非常容易受到创意受众的瞩目，甚至对所处产业产生革命性的影响，消费者也更偏爱原创产品。在学术界也早有学者对原创产品与复制品进行过讨论，Spear R. E.（1989），De Marchi N.和 Van Miegroet H. J.（1996）等一系列研究者都探讨了艺术品的原创和复制品的差异，得出了人们愿意支付更多给原创作品的结论。尤其是创意产业领域，原创价值显得更为珍贵和重要。在衡量原创价值时本书选取三个代表性的指标。

①主题创意原创性。

主题创意是创作构思一件创意产品的灵魂，表达了创意人的创意构想，是内在的创新，无论是开启一个全新的文化视角，还是在原有文化基础上的创作升华，都是非常具有社会价值的，也必然有其市场价值，从长远角度来看，立意之新颖巧妙才是成为传世之作的内核。主题创意原创性是指创意产品承载的是与众不同的想法和创意可以吸收和利用前人的成果，但是应该是独具特色不能雷同的想法和创意。

②技法原创性。

同样主题下，运用技巧的创新对于一个创意产品的价值有所贡献。无论是绘画、雕塑、音乐、电影还是动漫、游戏，技巧的原创更能为其增值。这体现了创意人的能力，且带给消费者独特的体验，因此技巧的原创也是原创价值的有机组成部分。

③形式原创性。

原创价值不仅体现在内核，外在的表现形式的创新也同样吸引眼球。类似的内容，用新颖的手法表现出来就会收获不同的效果，提升产品的附加价值。如普通电影和3D电影，同样是视觉的享受，3D电影在原有的内容上运用技术将其立体化地表达，其市场价值就大幅提升了。当然形式的原创与技术密不可分，是互补的两个方面。

（2）审美价值。

对于美的价值属性，许多哲学家都予以肯定，桑塔耶纳·盖格尔在其《美感》一书中开门见山地提出，"美的哲学是一种价值学说"，并明确地表示"美是一种价值"。审美价值是创意产品文化价值的直观体现，审美价值更强调一种情感性。对于审美价值衡量的标准有很多，本书概括了三项指标，不同类型的创意产品具体体现在不同方面可以自行设计，从内在精神情感体会的美，到外在直观感受的美。

①审美意象。

审美意象主要是指精神层面的审美感受，这种意象以外在物质层面的美为基础，在消费者心中形成一种现实而生动的体会，侧重于情感属性的审美，即指创意产品是否让人精神产生愉悦感和共鸣。

②视听效果。

创意产品的审美价值还体现在是否能带来视觉或听觉上美的享受。评价一个创意产品的审美价值，它外在展现的直观感受也是一个重要的评价标准，一幅画作的色彩、线条是否优美，乐曲是否动听都是审美价值也是其文化价值的体现。

③表现形式。

在符号论美学家看来，符号之所以能够成为审美价值客体，就在于符号能够将人的生命、情感客观化，并使之成为美的形式。创意产品往往有其独特的表现形式，这些形式的美也是评价的一个方面。

（3）艺术价值。

艺术价值与审美价值的区别就在于艺术价值更有其社会性，是一种社会公认的对艺术造诣的一种肯定。艺术价值是创意产品所表现的各种美、伦理道德，反映社会现实交织起来的一种精神价值。对于艺术价值的衡量更为困难，包含了许多深层次的价值来源。在此采用文化经济学家 M. Hutter 和 R. Shusterman 对于艺术价值的界定作为艺术价值的衡量指标。

①艺术视野。

艺术视野展现的是作品立意的艺术视角对于精神能量的提升作用，也是其艺术价值的重要组成部分，许多涉及伦理道德或是宗教的艺术视野形成的创意作品的内容与普通创意作品有所区别，对于心灵的震撼程度也有很大不同。有许多传统的文化产品与宗教有关，梵音佛唱、壁画雕塑，这种艺术性中往往带有别具一格的庄严肃穆之感，传递出的不仅仅是美的享受，更是一种对信仰的虔诚和尊重，更体现了某种文化对心灵的洗礼与震撼。艺术视野体现了创意产品的艺术高度和文化意义，因此是衡量艺术价值的重要标准。

②艺术技巧。

技巧的精细与完美也是衡量创意产品艺术价值的标准之一，如果创意产品的生产难度大，工艺复杂精美，也会对其艺术价值评价有所助益。特别是在生产条件比较简陋的年代，能够制作出精美的创意产品就更加值得认可，因此，创意产品的艺术技术价值高低直接影响其艺术价值的大小。

③深层表达。

创意产品的艺术价值还体现在其重视艺术的深层思想表达上，是否能够跟人产生共鸣和交流。艺术的表现力的大小、影响力的强弱可以看做是衡量艺术价值大小的标准。

④文化品牌影响力。

文化品牌的影响力主要包含了创意者知名度与影响力、产品品牌知名度与影响力。

⑤ 历史价值。

是指创意产品在人类社会文化发展史中的价值，以及它提供的历史创新的影响，甚至可以作为一个重要的历史物证。具体可以用指标创作年代、真实性、历史意义、存世稀缺性来衡量，这些指标参考了艺术品与文化遗址的评价标准，比较易于理解，不再赘述。

⑥文化认知度。

文化认知度主要是指影响文化接受程度的因素，因此也对文化价值有一定的影响。具体表现为其文化源头来自何方，是否易于接受，比如典型的东西方文化差异，还有是不是演绎改编自某个典故传说，是否耳熟能详，同时还包含了所处的文化背景是不是主流的、强势的文化，是否具有较强的传播能力，这都会影响文化价值的市场影响能力，也就影响了文化价值的市场价值。因此选取以下三个指标来衡量：文化源头、改编演绎、文化传播力。

（二）知识产权市场价值评估维度的指标设计

1. 专家咨询为主的设计路径

知识产权价值是一个兼有法律意义与无形资产意义的大多数创意产品特有的价值，对于这一可以独立交易运作的财产权的评估是一项理论与实践并重的课题，从某种程度上来说，市场实践要远远领先于理论上的发展。因此，对于知识产权价值评估的指标体系设计采取了以专家咨询为主、理论研究支撑的设计路径。笔者通过实地调研访谈的形式对国内最权威的资产评估公司的3位资深资产评估师、资产评估项目经理进行了深度访谈，并与10余位评估师进行了集体座谈，总结出了知识产权评估实践中采用的具体指标，并依据前文文献研究中的结论进行补充，设计了知识产权市场价值评估指标体系（表6-5）。但是在访谈中笔者发现，实际操作中许多关键性的指标必须依靠评估师多年的经验判断，而不仅仅是理论推导，尤其是在知识产权使用年限的计算、贴现率计算等方面，需要丰富的实践经验，不过不同类型知识产权市场价值评估的基本标准相差无几，主要都是从这几个方面进行评估。另外需要注意的是，由于本书研究的是知识产权的市场价值，对于市场价值的界定有必要清楚列示。《国际评估准则》将市场价值定义为："自愿买方与自愿卖方在评估基准日进行正常的市场营销之后所达成的公平交易中，某项资产应当进行交易的价值估计数额，当事人双方应各自理性、谨慎行事，不受任何强迫压制。"因此本指标体系不就其他在用价值、投资价值、清算价值等非市场价值评估指标再做分析。

2. 相关指标的解释说明

（1）盈利能力。

创意产品知识产权最重要的市场价值应该是对该项知识产权现在及未来盈利能力的期望。依据知识产权价值实现方式的不同，包括了以知识产权转让、许可

表 6–5　知识产权市场价值评价指标体系

指标维度	二级指标	三级指标
知识产权市场价值	盈利能力	权属的类型
		权利内容
		收益方式
		权属完整性
		使用年限
		知识产权先进性
		市场应用性
	长期战略价值	开拓新市场能力
		开发衍生品的机会
		提高进入成本的能力
	市场因素	市场前景、竞争度、整体经济情况等多种因素

等带来的直接盈利以及通过投资知识产权生产相关产品产生的间接盈利两个部分。依据盈利时间的长短，包括了对创意企业当前短期盈利的贡献以及对创意企业未来战略收入给予的机会。盈利能力主要的衡量指标包含了法律保护层面的一些制度性规定，还包括了知识产权权利的类型、完整性、所处状态、法律规定的收益方式等，以及结合法律规定与市场来判断的知识产权使用期限，这一指标对于创意产品的知识产权来说是尤为重要的，这涉及在评估中计算其未来收益的一个重要指标。具体包括以下几项：

①权属的类型。

知识产权权属的类型包括专利、商标、著作权、商业秘密四类，不同权属类型有其不同的市场价值。创意产品中知识产权类型以著作权为主，但是著作权仍有许多特殊的权属规定，与作品类型和归属人有关，前文影响因素中已有理论分析。

②权利内容。

具体指包含的权利束的内容，是指著作权人对某项作品所享有的权利的总和。

③收益方式。

收益方式指的是法律规定的，以及创意产品实际市场运作中可能的收益方式的集合。

④权属完整性。

指的是是否拥有独立的权利,如果是合作关系的话,知识产权评估价值可能相对低一些。

⑤使用年限。

主要包括法律规定的保护期限以及产品生命周期,法律规定的保护期限越长价值越高,而且产品所处生命周期也非常重要,有的产品本身处于衰落期,尽管知识产权保护时间长,实际市场价值也会比较低,这两个因素要综合评判,不能仅仅依据企业提供的资料,更要多方考察市场。

⑥知识产权先进性。

主要体现了知识产权的技术、构思的先进性和独创性,一般来说,比较创新且处于技术领先和创意领先的知识产权价值增值会比较大,市场评价比较高。

⑦市场应用性。

知识产权转化为经济效益的能力非常关键,如果仅仅纸上谈兵对于长期可能会有助益,但是短期盈利能力相对评价会比较低,知识产权是否符合市场的需求、其转化能力是不是强都决定了知识产权的市场价值。

(2)长期战略价值。

创意产品知识产权市场价值在长期表现为一种对企业的战略性价值。可能现有的知识产权暂时未能有良好的盈利能力,但是基于对技术前沿的把控以及创意构思的独占性能在未来奠定创意企业在行业中的地位,或者长期来看能够实现其市场价值最大化。因此衡量知识产权长期战略价值主要是从其对新市场的开拓能力、新产品衍生能力以及提高竞争对手进入成本的角度来评估。

①开拓新市场能力。

具体指的是该项知识产权是否能够打开一个全新的市场,通过知识产权的运用能够颠覆现有的商业模式,开辟新的市场领域,那么这项知识产权的市场价值无疑是非常高的。

②开发衍生品的机会。

知识产权能否衍生出其他新类型产品也是考察其市场价值的重要方面,这与它的转化能力有关,也体现了未来潜在的战略意义,如果能够衍生出多种新产品,对于创意企业来说其市场价值评价就会比较高。

③提高进入成本的能力。

对于一项知识产权来说,其战略价值还在于是否能够提高竞争对手的进入成本,比如苹果公司开发的智能手机,引领了手机行业的转型,对于其他竞争对手而言,进入难度很大,需要一定的研发周期才能赶上这一创新步伐,因此获得了一定时期内的超额利润,并且淘汰了一些反应迟缓、技术陈旧的企业,也成就了其在手机产业的战略地位。

第四节
创意产品市场价值评估指标体系设计

总体来说,创意产品的市场价值评估是比较复杂的,涉及了许多维度的指标,包含了产品自身的因素以及市场影响因素,前文中重点探讨了创意产品文化价值与知识产权价值在其市场价值实现中的重要作用,但是创意产品的物质载体价值以及体验价值也是需要探讨的,之所以前文没有单独列出,主要原因是对于大部分创意产品来说物质载体价值是可以忽略不计的,但是对于一些古玩玉器等本身价值不菲的创意产品来说,其自身材质的珍贵是不容忽视的。体验价值其实是创意产品一个非常重要的价值,然而在实际评估中,体验价值往往都渗透在消费者感知中,且与文化价值密不可分,可以说文化价值中就包含了某些体验价值。我国学者汤晖、钟洁(2011)关于文化产品消费者感知价值的论断更能表达笔者的观点,即不管创意产品的价值要素包含多少,但创意产品的体验价值必须是消费者实际感知到的。因此,可以说对于体验价值的评估应该是消费者购买后的一种满意度、感知度的评价,而本章讨论的主要是市场交易之前对创意产品价值的评估,因此,本书研究中体验价值的评估主要与文化价值评估结合,对于消费者感知价值评估方法不在此特别讨论。下面构建总体的创意产品市场价值评估体系(表6-6)。

表 6-6　创意产品市场价值评估指标体系构建

	一级指标	二级指标	三级指标
创意产品市场价值评估体系	文化价值	原创价值	主题创意原创性
			技法原创性
			形式原创性
		审美价值	审美意象
			视听效果
			表现力

续表

一级指标	二级指标	三级指标
创意产品市场价值评估体系	文化价值	
	艺术价值	艺术视野
		艺术技巧
		深层表达
	文化品牌影响力	创意者知名度与影响力
		产品品牌知名度与影响力
	历史价值	创作年代
		真实性
		存世稀缺性
		历史意义
	文化认知度	文化源头
		改编演绎
		文化传播力
知识产权价值	盈利能力	权属的类型
		权利内容
		收益方式
		权属完整性
		使用年限
		知识产权先进性
		市场应用性
	长期战略价值	开拓新市场能力
		开发衍生品的机会
		提高进入成本的能力
物质载体价值	材质	产品介质、主体生产材料的成色、档次
	装裱	装裱材质的质量

本章小结

本章为了构建适用于不同类型创意产品市场价值总体评估模型，进一步对比分析并借鉴了现有的相关评估思路和方法，并从理论推证、专家咨询两种路径设计了评估的指标体系。然后结合 Hedonic 特征价值模型进行了总体思路的梳理及确认，提出了按照创意产品的市场价值类型将其看做不同的特征价值进行动态化的评估，结合创意产品市场价值影响因素分析，从文化价值、知识产权价值和物质载体价值三方面进行综合考虑，建立了创意产品市场价值总体评价指标体系，并对构成要素进行了详细的分析和阐述。然而由于评估的复杂性与动态性，后文将主要针对两部分最为主要的价值类型进行评估。

第七章
创意产品知识产权价值实现与评估

本章重点讨论创意产品知识产权市场价值的实现路径,以及动态化的创意产品知识产权评估模型设计,基于知识产权价值类型的多样性与创意产品的特征,本章在传统的价值评估方法基础上重点研究用于转让的创意产品著作权价值评估模型设计,结合前面一章中对知识产权评估专家咨询设计的知识产权价值评估体系,分析比较传统价值评估方法与实物期权法的优劣,并通过实际算例进行推演证明收益法与实物期权法相结合的模型更适宜评估创意产品知识产权的动态价值。

第一节 创意产品知识产权市场价值实现的动态选择

(一) 创意产品知识产权价值构成

1. 创意产品知识产权的获利价值

创意产品知识产权的短期获利价值来源于知识产权的本质是一种私有权。这种以智力成果为表现形式,又由法律保护赋予了它一定时间范围内权利人独享的垄断特权能够为企业直接带来收益,这就是获利价值。获利价值具体表现为创意产品知识产权的销售收益、许可使用费等直接收入，是知识产权的直接价值。在这一点上，创意产品知识产权获利价值与普通知识产权没有太大的差异，也比较容易认定和计量，其市场价值实现的周期也比较短，仅考虑创意产品知识产权的短期回报，总的来说，知识产权获利价值的基础是未来可预期的、稳定的现金流。

2. 创意产品知识产权的战略选择价值

创意产品知识产权的战略选择价值是指知识产权为创意企业长期战略发展所带来的价值，包含了对于知识产权再开发的选择权价值，这也是由创意产业特征决定的，由于一个创意源可以反复开发使用，因此相关的知识产权能够衍生出更多的商业化开发，从而从更广泛的领域以及更长的期限内实现创意产品的知识产权价值，对于创意产品的知识产权价值来说，最为重要的是长期战略选择价值。因为这种战略选择价值尽管短期没有为企业价值做出贡献，但是在未来可能带来更大的盈利选择。因此在考虑创意产品知识产权价值时，应该充分考虑这种动态化的、未来盈利选择权的价值。因为许多创意知识产权开发的意义不在于马上实现其市场价值，而在于保持一种战略优势，在未来某一阶段进行市场化，得到更大的市场价值。例如，盛大文学已经购买了多部网络小说的版权作为电视剧及电影的版权储备，尽管短期盈利还比较低，但是从长期来看是有巨大投资价值的。

综上，创意产品的知识产权价值应该是短期获利价值和长期战略选择价值之和，其价值实现是一个动态化的组合。

（二）创意产品知识产权市场价值实现方式

1. 创意产品知识产权获利价值的静态实现

知识产权市场价值实现主要是通过商品化和市场化，创意产品知识产权也是如此。具体的实现方式包括了知识产权作为商品直接进行市场交易所获得的收入，即创意企业直接行使知识产权占有、使用、处分、受益的特许权而获得的经济收入，目前比较主要的形式是转让创意产品知识产权的使用权。对于创意企业来说，知识产权获利价值的实现是显而易见的，也是相对静态的，仅仅实现了知识产权的部分价值，而忽略了创意产品的特性，没有考虑未来潜在的知识产权的使用价值的延伸，因此，这一类型的知识产权获利价值的实现可以看做是创意产品知识产权市场价值的静态实现。

2. 创意产品知识产权战略选择价值的动态实现

创意产品的知识产权有高辐射性和高衍生性,其市场价值的实现不仅仅包括直接的获利机会,更包含了潜在的战略性的盈利能力。创意产品知识产权的价值不是一成不变的,而是随着市场的变化动态发展的,时机成熟时潜在的、封存的知识产权也会有机会实现其价值。这一动态化的视角有助于我们关注那些暂时看不到获利能力的,但是富于创新和技术前瞻性的创意产品知识产权。随着创意产品知识产权载体市场化的深入,自身文化品牌影响力的扩大,能够促进潜在知识产权收益途径的开发,从而实现潜在价值向现实价值的转变,因此在考虑创意产品知识产权价值的时候,创意企业应该保有一些创意潜力大的知识产权储备,并对扩散效应强的创意源知识产权进行进一步开发,深入挖掘其市场价值,促进创意产品知识产权价值动态化、全面化的实现。

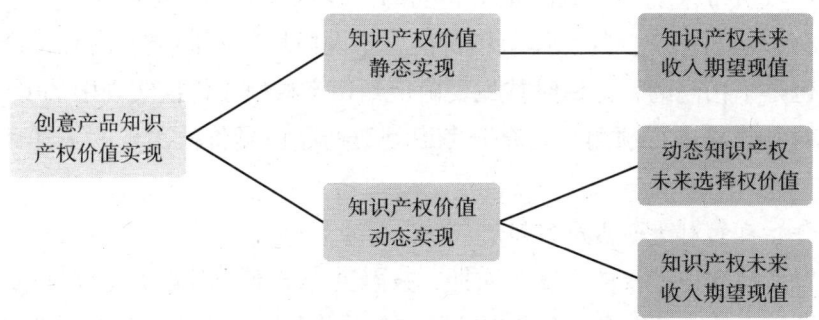

图 7-1　创意产品知识产权市场价值实现路径分析

图 7-1 展示了创意产品知识产权价值实现的路径与价值构成,动态化的视角有助于对创意产品知识产权市场价值构成的把握,从静态的角度来看,创意产品知识产权的市场价值就是知识产权未来收入期望的现值,而从动态的角度来看,不仅包含了未来收入的期望现值,还有运用创意产品知识产权实施未来战略行动的选择权价值,这是创意产品知识产权交易中必须考虑的要素,也是创意产品知识产权价值评估的重点。

(三) 创意产品知识产权价值评估的特殊性

1. 创意产品自身属性对评估价值的影响

在创意产品市场交易中,创意产品的知识产权交易占有相当大的比重。尤其是近期国内文化产权交易这一创新交易模式开始运行,文化产权交易市场逐步形成,更是突出了对创意产品知识产权价值评估的重要意义。对创意产品知识产权进行评估时,创意产品是否受到消费者的欢迎,是否有广阔的市场,都会直接影响到该项知识产权的价值。与普通产品不同,对于创意产品的知识产权价值评估必须与产品自身的特点相结合,根据创意产品文化价值属性、其他特征属性、市场接受度等多方面进行预计收益方式、收益期限的准确判断,比如动漫作品的播放权,有的仅播放一次,也有的多次播放,有的可以改编成游戏、电影,不同方式带来的收益肯定是不相同的,其知识产权的价值也不一样,要依据创意产品本身的质量与市场广阔性判断未来可能的知识产权选择权的价值。

2. 创意产品市场价值实现的途径

创意产品在创意萌发,创意作品投资选择,创意源扩散再创作,创意产品产业化和市场消费的几个阶段都会涉及知识产权的交易与价值评估,但因每一个阶段知识产权所带来的预期收益是不相同的,并且不同的创意产品市场价值实现方式也会影响知识产权的总体市场价值,不同阶段、不同类型的知识产权的评估价值也是不相同的。评估时首先要确定知识产权处于价值实现中的哪个阶段,然后再对其收益进行预测。要充分考虑创意产品市场价值实现的多样性与可实现性。

3. 评估目的对于创意产品知识产权价值的影响

创意产品知识产权的交易、质押、投融资都离不开对知识产权价值的评估,都需要评估人员能够提供一个合理的公允市场价值。而不同的评估目的是影响评估标的物价值的重要因素。对于创意产品的知识产权价值评估来说,有必要针对不同评估目的采用相应的评估程序与方法,而不能一以贯之,由于评估目的的多样性与复杂性,在本书的分析中,仅针对用于转让的创意产品知识产权市场价值进行具体分析并进行评估方法设计。

第二节
创意产品知识产权价值评估类型与现有评估方法比较

创意产品知识产权价值根据评估目的与市场条件的差异能够划分成不同的价值类型,对不同的价值类型进行评估产生的评估结果也不尽相同,在评估中根据评估目的和市场条件确定不同的价值类型不仅能够准确反映评估结果的用途与价值内涵，也影响着评估过程中相关指标参数的确定。评估目的与价值类型对应关系如表7-1所示。本书主要研究的是知识产权的市场价值，评估目的是用于创意产品知识产权转让，特此说明。

表7-1 评估目的与价值类型对应关系

评估目的	价值类型
转让	市场价值
企业经营决策、转让、收购、兼并	在用价值
投资入股或其他特定目的投资	投资价值
企业破产清算	清算价值
质押贷款	质押价值
成本摊销及账面价值确定	会计价值

资料来源：依据《国际评估准则》整理。

目前关于知识产权评估方法的研究有两种趋势：一种是以传统的资产评估方法为基础进行研究，如范晓（2006），贺武、刘平（2005），张涛、杨晨（2007），他们认为知识产权的价值来源于其对企业价值的贡献，而这种贡献分别是对企业盈利的贡献和对企业战略发展的贡献，这两种不同的贡献形成了不同特点的知识产权价值，需采取不同的评价方法。另一种趋势是一些学者对现有知识产权评估方法的局限性进行了总结并探索出了一些新方法。Ra Zgaitis在分析了知识与确定性之间的关系的基础上，完整地阐述了知识产权估价所使用的六种方法，分析了每种方法的优缺点，并指出这六种方法之间不是孤立的，而是可以结合使用的。他通过分析，指出卖方的成本与知识产权价值不相关，因此特别在知识产权估价方法体系中先行排除了成本法这项成果，对指导各国制定和完善知识产权评估准则具有重要的意义。他对知识产权的估价进行更为成熟的论述，从技术商业化的三个核心阶段出发，更多地关注风险与报酬、技术分类许可、估价方法与工具的原理、蒙特卡罗法与实物期权。Ted Hagelin（2003）详尽地阐述了竞争优势估值法，亚历山大·I.波尔托拉克和保罗·J.勒纳（2004）评价了运用重置成本法、收入现金流折现法、市场价值法、剩余价值估价模型以及TRRU Metrics计量模型对专利或专利组合的价值进行评估时的局限性。韦斯顿（2008）指出因知识产权的价值类型不同可以选取市场法、成本和收益法，另外可以运用价值的资产使用返还法、成本节省法、品牌价值平等法等进行知识产权的价值评估。根据选取方法的不同，选取的评估参数也各有差别。于冬（2005）以索洛经济增长模型为基础结合常用的折现现金流方法构建了一种新的知识产权评估方法。李红娟和孙济庆（2007）提出了一种知识产权的综合加权法价值评估模型。汪海粟（2009）提出基于模糊数学方法的无形资产评估方法，基于因素分析的无形资产评估期权法以及基于整体无形资产分割的单项无形资产评估方法。目前对于创意产品知识产权评估的研究相对较少，张静静（2011）结合了创意产品的文化属性特征对知识产权评估进行了传统方法的分析。通过对专业资产评估公司的访谈可知，在实际评估中会考虑创意产业的特殊情况，但是基本的分析方法无太大差异。

通过对现有文献资料、相关资产评估机构的评估技术方法的系统分析，可知目前常用的知识产权评估方法总体有三类：成本法、市场法、收益法，以及理论研究中比较新颖的实物期权法。

（一）成本法

知识产权评估中的成本法包含两种类型的评估方法，一种采用历史成本法，另一种采用重置成本法。成本法的理论基础是劳动价值论中的"成本—价值"关系模型，主要观点是任何投资者在购买资产时的支付意愿不高于重新建造一项替代性资产的成本。因此，根据成本法评估企业知识产权价值，首先需要确定该项知识产权的成本，再扣减各种损耗和贬值。两种成本法都是评估开发知识产权时耗费的成本，其中历史成本法是评估企业开发中实际支出的成本，并把这些历史成本换成现值，然后得出现时开发这项知识产权的总成本，这种换算要考虑通货膨胀因素。重置成本法是在现时条件下被评估资产全新状态的重置成本减去该项资产的实体性贬值（自然损耗）、功能性贬值（新技术出现造成的无形损耗）和经济性贬值（由于外部环境变化造成的贬值）来估算价值的方法。

这种评估方法的局限性是开发知识产权耗费的成本与它日后的市场价值并没有直接的关系，同时应用历史成本法时有一些实际困难，而重置成本法避免了将历史成本转为现价的问题，但是仍然存在固定的成本无法代替知识产权市场价值这一根本性的问题，这一方法对知识产权相关的未来利益不予评估，而且僵化静止不太能够运用于创意产品市场价值评估中。

（二）市场法

市场法指的是参照相同或者类似资产的市场价格来评估知识产权价格的方法。应用现行市价法是根据一个或几个与评估对象相同或类似的资产作为比较对象，分析比较对象的成交价格和交易条件，进行对比并做适当的调整来估算知识产权的价格。市场评估法的理论依据来自供求价值论的观点，主张资产的价值决定于市场供需状况，利用供给方和需求方的相互作用来解释市场交易运行的规律，这种方法的原理是搜寻市场上现有的同样的或是类似项目近期交易价格，运用直接比较或类比分析法来确定待评估资产的价值。随着知识产权交易市场的繁荣，目前知识产权交易数据越来越透明化，找寻同类参照物有一定的可行性和可比性。运用市场法进行评估相对比较简单易行，但是前提条件是必须有充分的数据资料以及同类可比的资产作为参照，参照物的合理选择也非常关键。但是创意产品的知识产权以创新性为特征，且以著作权价值为主，因此在找寻合适参照对象的时候也有一定的困难，不过可以作为参考补充。

（三）收益法

收益法是目前应用最为广泛的价值评估方法，其原理是通过估计相关资产未来预期收益的现值来确定其价值。具体来说就是将评估对象剩余寿命期间每年（或每月）的预期收益用适当的折现率进行折现并通过累加得出评估基准日的现值。收益法不考虑建造或取得一项新资产的成本，而是注重于考虑资产产生收益的能力。收益法的理论参考源于边际效用价值论以及时差论，在认为效用和稀缺性决定了产品价值的同时又赞同现有资产的边际效用大于将来资产的边际效用，现有资产与将来资产在价值上有正差额。正因如此，收益法认为知识产权评估价值的大小决定于未来知识产权的获利能力，在未来收益确定之后，选取合适的折现率将未来收益折现加总就可以得到知识产权市场价值。

其计算公式如下：

$$P = \sum_{t=1}^{n} R_t/(1+r)^t \tag{7-1}$$

式中，P 表示知识产权评估市场价值；R_t 表示未来第 t 收益期的净收益额；r 表示折现率，折现率通常由两部分构成，无风险利率或平均收益率以及投资风险报酬率；t 表示收益可以持续的年限；n 表示知识产权使用年限。

收益法和其他两种方法一样，只是一种评估思路，基本公式有许多种变化，但无论如何变化，都要涉及以下三个最基本的参数。

（1）收益额。

收益额 R，是指资产能为所有者带来的预期收益。预期收益不是已实现的收益，也不是未来收益，收益额的确定要根据已知的市场环境合理地推断。不同的资产收益额所选取的指标也是不同的，比如企业价值评估中，收益额是净利润，而房地产评估中表现为纯收益，在农业知识产权评估中表现为净现金流量。

（2）折现率。

折现率 r，是期望投资报酬率。包括两个部分：无风险报酬率和风险报酬率。无风险报酬率一般参照同期国库券利率或是银行定期存款利率。风险报酬率是对风险投资的一种补偿，风险越大，未来的不确定性越大，r 取值一般也越大。r 也称做折现率或是资本化率，体现货币时间价值的一个参数，也即同样数额的收益，时间越远，现值越小。

（3）收益期限。

收益期限 n，是资产预期能够获得收益持续的时间，通常用年作为单位。收益期限的确定要考虑资产的物理年限和经济使用年限以及法律年限，取其中较短者。

通过对上文分析的三类评估方法产生的理论基础与相应的计算方法进行比较可以发现，这三类评估方法进行价值判断的视角不同，成本法主要从成本构成的角度对知识产权价值进行评估，市场法主要从目前市场同类型项目及市场供求对知识产权价值进行评估，而收益法主要从未来获利能力角度进行评估。收益法是目前在知识产权评估中应用最广泛的传统评估方法，其优势在于针对确定的知识产权充分考虑其未来收益情况和货币时间价值的影响，通过折现得到当前的价值，理论上具有较强的科学性和合理性，但这同时也带来了实际评估过程的主观性问题。同时，收益法的应用需要对未来收益、风险报酬率和使用年限进行准确预测，对评估人员的工作能力要求很高。

（四）实物期权法

目前还有一种方法在知识产权价值评估理论中占据越来越重要的位置，这就是实物期权法。实物期权由金融期权演变而来，是以期权概念定义的实物资产（非金融资产）的选择权，即企业在不确定环境中进行决策时拥有的、能根据在决策时尚不确定的因素改变行为的选择权利。Myers（1977）最早认识到期权理论可以用来指导企业的投资决策以及在非金融投资领域具有重要的应用前景，正式提出了实物期权的概念。目前广泛应用的实物期权评估方法包括 Black-Scholes 模型法和二叉树期权定价模型，主要原因在于这两种方法在国际上有了比较成熟的应用，并且结构也比较简洁，方便评估使用。然而这两类方法也存在着不足之处，就是均需要对标的资产的波动率这一参数进行估计。在发达国家，由于其金融期权市场相对发达，有适用于标的资产的完全对冲资产，理论上可以估计出标的资产的波动率，但是在国内许多待估项目无法找到同类市场可获得的数据参照，金融期权市场也没有相应的对冲品，因此对于波动率的估计有一定的主观性。在实际操作中，待估标的资产的价值损漏也是必须考虑的因素，然而它的估计也有一定的主观因素，因此，在评估实践中，应用实物期权法进行评估的相对较少，但在理论层面上有了一定的发展，学术界强调以实物期权法思路进行评估思考更具实际意义与经济价值。Kester（1984）认为即使是 NPV 为负的项目也可能具有战略价值，他将战略价值定义为一种增长期权。Luehrman（1998）将战略价值看做一组实物期权。创意产品知识产权有其高风险性，未来不确定性也很高，从创意、生产到市场都存在许多可能，在这种情况下，创意企业其实拥有着更多的选择权，也能够从文化消费市场的变化中灵活选择自己的战略，创意产品的知识产权更看重其战略层面的价值，而究其本质在于知识产权中隐含的选择权的价值，正好可以适用于实物期权评估理论的思想。通过对版权潜在的价值走向及其数值进行衡量，其主导思想是将版权价值链的两个主要因素概率与收益进行分解，综合加权其价值链上的所有可能收益，以最终确定版权潜在价值。这种思想主要运用于动漫、影视、游戏等创意产业。

表 7-2 实物期权与金融期权对比表

参数	金融期权	实物期权
现值	股票现值	现金流收益现值
成本	执行价格	知识产权投资成本或费用
权利期间	约定的期间	知识产权投资机会持续期间
风险	股价波动性	知识产权价值不确定性，常用预期现金流收入波动性代替
折现率	无风险利率	无风险利率

期权法有许多模型，比较基本的也是应用比较广泛的是 B-S 模型，通过对比可以发现，实物期权模型与金融期权模型结构相似，参数的经济解释有所不同（表 7-2），以金融期权为基础的知识产权实物期权评估模型是：

$$C = Se^{-(r-m+\lambda\sigma)(T-t)}N(d_1) - Xe^{-r(T-t)}N(d_2)$$

$$d_1 = \frac{\ln S - \ln X + (m - \lambda\sigma + \frac{\sigma^2}{2})(T-t)}{\sigma\sqrt{T-t}} \tag{7-2}$$

$$d_2 = d_1 - \sigma\sqrt{T-t}$$

式中，C 表示知识产权评估的期权价值；S 表示知识产权预期收益的现值；X 表示生产投资成本的现值；T 表示知识产权的实际使用期限；r 表示无风险利率，一般根据国债复利化计算确定；m 表示知识产权的期望投资回报率；σ^2 表示波动率；$N(d) = \dfrac{1}{\sqrt{2\pi}} \int_{-\infty}^{d} e^{\frac{x^2}{2}} dx$ 为累积概率分布的正态密度函数。

这是基础的 B–S 实物期权模型，在后续分析中，将结合创意产品主要的知识产权类型——著作权评估进行模型的调整改进。

第三节
创意产品知识产权价值评估

（一）创意产品著作权市场价值评估模型设计

目前对于创意产品的知识产权评估尚无权威的评估方法，一般沿用传统的无形资产评估方法结合创意产品的属性对折现率、使用年限的特殊性加以判断，人大版权评估中心报告中也提出通常使用收益法与市场法进行评估结果比较，使结果更加科学可靠。收益法主要关注三个参数：使用期限、折现率和预期收益，根据不同版权的实际情况及特点，三个因素的确定方式也不同，同时也考虑企业的经营风险、财务风险和技术风险等指标。预期收益是根据以往收入来预计未来收益的。这种方法未能考虑未来收益的波动，只考虑了知识产权短期的盈利能力，对于战略价值的评估比较欠缺。杨涛、张晨（2007）提出了知识产权价值定量评价模型，此模型将收益法和实物期权法结合起来，受到了学术界的认可。后续有一些学者采用了这种方法进行知识产权评估的研究。陈劲、斯亚奇、谢芳（2011）通过对企业内知识产权状态的分类，探讨了知识产权价值的实现途径，构建了"基于知识产权状态和实现途径"的动态选择模型：企业知识产权价值=静态知识产权未来收入期望的现值+动态知识产权未来收入期望的现值+动态知识产权收入。这一方法为创意产品知识产权市场价值评估模型提供了有益的借鉴参考，因为对于创意产品来说，更为重要的是未来知识产权开发的战略价值。

如前所述，知识产权价值包括了盈利价值与战略价值两部分，对这两部分的定量评价应采用不同的方法进行，在评估盈利价值时可以选取收益现值法，通过预测该项知识产权使用期限内的收益情况判断其短期盈利价值，而从长期来看，知识产权战略价值应该采用实物期权理论来估计。对于创意产品来说，首先主要是以著作权为主的知识产权价值类型，不能用成本法去衡量，同时由于著作权的特殊性很难在市场上找到参照物，因此市场法也并不适用，唯有收益法是普遍认同的评估方法，然而创意产品巨大的不确定性使得其市场价值实现过程中收益的波动也是比较大的，单纯应用收益法对于折现率的一些考量相对比较静止，从动态评价的角度考虑，应该采用收益法与实物期权法相结合的技术手段来进行评估。但是，在专门针对无形资产评估机构的访谈中得知，这种方法在实际应用中并不广泛，理论意义大于实践意义。结合理论分析，并基于创意产品知识产权市场价值实现的途径将总体评估模型设计为：

创意产品知识产权市场价值=知识产权盈利能力+知识产权战略价值=知识产权现金流量的现值（NPV）+不确定环境下的知识产权潜在价值实物期权价（OP）。

（二）创意产品著作权市场价值评估模型构建

由于创意产品有不同的生命周期，在评估其知识产权市场价值时，本书仅以转让为评估目的，评估创意产品。文化创意产品在完成前期筹备、设计工作准备进入产品项目实施阶段后，投资者可以通过不断收集有关产品的市场反馈信息，并通过信息分析调整实施行动，也就是说项目购买方是有选择权的。根据学者们的研究基础，将创意产业的不确定性加以考虑，结合实物期权经典模型 B-S 模型，可以构建出关于实物期权的无风险套期组合，代入相关的参数就可以应用 B-S 模型进行创意产品知识产权资产定价。由前文的分析可知，创意产品知识产权以著作权为主，因此在本书中仅以著作权为例进行评估，所以根据著作权的特征设计相关知识产权价值评估模型。

结合传统收益法与期权定价的方法，根据（7-1）式与（7-2）式，创意产品著作权的市场价值评估公式为：

$$P = \sum_{t=1}^{n} R_t/(1+i)^t + Se^{-(r-m+\lambda\sigma)(T-t)}N(d_1) - Xe^{-r(T-t)}N(d_2) \qquad (7-3)$$

$$OP = Se^{-(r-m+\lambda\sigma)(T-t)}N(d_1) - Xe^{-r(T-t)}N(d_2)$$

$$d_1 = \frac{\ln S - \ln X + (m - \lambda\sigma + \frac{\sigma^2}{2})(T-t)}{\sigma\sqrt{T-t}}$$

$$d_2 = d_1 - \sigma\sqrt{T-t}$$

式中，R_t 表示第 t 年创意产品著作权的预期收益，i 为折现率，S 为著作权投资预期收益的现值，X 为创意产品著作权生产投资的现值，T 为著作权的有效使用期限，r 为无风险利率，可以根据长期国债进行折算确定，m 为创意产品著作权期望投资回报率。σ^2 为创意产品著作权的投资风险，包含了盈利风险以及开拓新市场的战略风险，需要根据产品不同生命周期中的盈利能力和整个市场需求状况进行市场应用性合理的预测共同确定，λ 为风险的市场价格，可以看做预期风险报酬率与波动率的比。$N(d)$ 为累计概率分布正态密度函数，$N(d) = \frac{1}{\sqrt{2\pi}} \int_{-\infty}^{d} e^{\frac{x^2}{2}} dx$。

本书在结合专家意见的基础上，探索性地构建了两者结合的评估模型，在对文化创意产品进行价值评估过程中首先计算 NPV，然后将其结果作为参数输入到 B-S 模型中。除此之外，我们还需要分析文化创意产品的风险、收益波动性、无风险利率等，最后才能计算含有期权价值的文化创意产品，并在后续案例中进行理论实现。目前资产评估公司主要运用的是收益法，但这种方法没有考虑到创意产品知识产权所具有的选择价值，因此它在计算当前不产生现金流，近期也不产生现金流，但却具有潜在的在将来为企业创造价值的资产上面存在着一定的缺陷。

（三）重要参数确定

依据前文探讨的创意产品知识产权市场价值的影响因素以及知识产权市场价值评估理论中涉及的参数类型，可以确定创意产品著作权市场价值评估模型中涉及的重要参数。

（1）收益年限 T：创意产品著作权的生命周期浮动范围比较大，按照相关法律规定一般对于著作权保护是 50 年左右，然而创意产品推陈出新的速度如此之快，其收益期限一般来说都远远少于法律保护期，具体年限需要根据产品特征衡量。

（2）折现率：折现率的确定对于评估模型实现非常的重要，折现率的确定方法相对也比较多，主要可以分为风险累加法、行业平均收益率法以及加权平均资本成本法。在我国评估实践中，主要应用风险累加法，依靠评估师的判断，在比较相似类型企业风险报酬率后主观推定，凭借评估师的丰富经验，随意性比较大；而行业平均收益率法由于数据难获取、信息不透明等原因，所依据的数据来源不可靠，误差比较大。国外在实证研究中对于著作权折现率的计算常用的有加权平均资本成本法（WACC）和资产定价模型（CAPM），加权平均资本成本法相对来说比较客观，在创意产品著作权评估中建议采用这一方法进行折现率确定。

①创意产品著作权的预期收益现值 S：指的是创意产品著作权投入市场后一定时期内为创意企业带来的现金流折现值，这一参数可以通过该创意产品著作权收益方式、平均收益水平、收益期限进行相应的合理推断，具体参数根据收益法的相关规则进行选择。

②创意产品著作权投资总成本 X：对于著作权来说成本比较难衡量，不同的创意人构思设计花费的时间、物质资料、精力各不相同，但是由于评估的目的是转让，在评估过程中衡量可测的成本包括经营性固定资产投入以及营运资本投入，并将其转为现值。

③波动率 σ：由于创意产品的复杂性和不确定性，创意产品著作权的波动率非常大，同时投资项目基本是独一无二的，很难找到历史数据进行对比，因此最好采用对数现值法来计算波动率，公式为：

$$\ln \frac{PVCF_i}{PVCF} \tag{7-4}$$

式中，PVCF 为某基期收益率，$PVCF_i$ 为预期收益率。

（四）基于实物期权法的电影产品著作权评估算例分析

本小节运用数值算例进行收益法与实物期权法结合的电影产品著作权评估分析，目的在于展现该方法对于评估知识产权战略价值的重要意义，尽管在实际调研中没有类似评估方法的应用，但是在文献研究中已有一些算例的分析可以参考。本算例是为了突出某些创意产品著作权的特殊性，比如电影、小说。这种创意产品有很大的衍生性，其战略价值比较突出，如被改编的小说《暮光之城》，四部均为美国票房榜前十名。而且电影突出的特征就是续集、改编作品也会受到欢迎，所以对于电影著作权评估表现出了更为明显的期权特征，即首部作品受好评之后，究竟要不要选择继续投资呢？现以此为例进行评估计算。

案例的背景为 A 电影公司拟购买一项 B 电影版权，价值 800 万元，购买后立即发行上映，且 A 公司还与影像公司、电视台等达成著作权转让和许可协议，将通过DVD、电视的形式播出。如果B电影反响较好，A公司有计划在第三年末继续追加投资900万元制作一部电影续集B2，现对本部B电影版权价值进行评估并决定是否进行投资决策。

（1）电影产品市场分析与经济寿命判断。

电影产品的市场价值实现与普通产品不同，有制作、发行、上映三个过程。制作是电影的拍摄、后期过程，最终形成胶片。发行则涉及电影的推广宣传，而上映是向院线投放产品，近期也有一些微电影产品投放网络，但是首轮播放以电影院线为主，票房是其主要收入，而由于电影版权的强衍生性，一些相关的衍生产品以及光盘等的收入在上映后几年还是有广泛的市场。而在电影市场中，续集、改编是非常常见的，在对中国、美国两国十年的票房前十名电影产品研究中可以发现续集占了绝大多数，《哈利·波特》、《暮光之城》、《变形金刚》、《玩具总动员》等脍炙人口的作品续集造成了首映一票难求的盛况。一般来说，电影产品的生命周期相对比较短。尽管与软件产品相同，在《著作权法》中规定了对电影产品50年甚至更长的保护年限，但是实际上电影的生命周期也就在3~5年之间，一些经典电影形象的商业价值可能会更长一些，但是绝大多数还是在这之间。B电影版权有良好的构思主题，创作者也有一定的票房号召力，因此确定该部电影的生命周期为5年。一般续集在第一部电影发行的2~3年内上映，本片定位第三年上映，则第二年底追加投资。

（2）电影产品收益方式及权限。

根据我国《著作权法》第15条规定：电影作品和以类似摄制电影的方法创作的作品的著作权由制片者享有，包括发行、广播、复制、放映、演绎、出租、信息网络传播权。电影的制作方通过发行方将电影的放映权卖给电影院线，再由电影院线组织旗下的电影院向观众放映，获取门票收入。在电影院放映的同时，发行方也会将电影的放映权出售给电视台、音像公司、网络媒体等线下机构，获得进一步的收入。在制作方、发行方、院线之间都是采用分成制进行利益分摊，其具体的权利、义务由相关的合同确定。电影的收益分成相对比较明确，分账制是现在电影产业票房利益分配最主要的一种形式。一般而言，每部影片在电影院上映的收入，除去5%的国家电影发展专项基金和3%的营业税两项固定支出以外，剩下部分的分成比例为：制片方和发行方占43%，院线和影院占57%。再根据电影著作权在票房中的贡献，应该达到90%以上。B电影属于小成本制作，并无大牌明星，故著作权贡献率可达95%，确定分成率为95%。

（3）评估方法的选择与评估参数确定。

本例拟采用收益法与实物期权法相结合的手段来对 B2 电影进行评估，假设投资都在年初，收益均在年末，无风险收益率 $r=5\%$，期望投资回报 $m=10\%$，$\lambda=5\%$，波动率 $\sigma=35\%$。

（4）电影收入与成本预测。

依据总票房收入，根据分成率 $43\%\times 95\%$，扣除国家电影发展基金后进行版权收益的预测以及其他成本的预测。表 7–3 直接列示电影版权收入及成本由此可知 B 电影及续集的净利润。

表 7–3　电影收入与成本预测表

项目（万元）	2010 年	2011 年	2013 年	2014 年	2015 年	2016 年
B 电影版权收入	1150	420	410	360	320	350
B2 电影版权收入	0	0	0	1520	580	480
制作成本	800	0	0	900	0	0
发行费用	197.5	280	160	210	140	120
续集发行费用	0	0	0	155	170	185
B 电影营业税	34.5	12.6	12.3	10.8	9.6	10.5
B2 电影营业税	0	0	0	45.6	17.4	14.4
B 电影净利润	118	127.4	237.7	219.2	170.4	219.5
B2 电影净利润	0	0	0	419.4	392.6	280.6

（5）按照传统收益法进行评估。

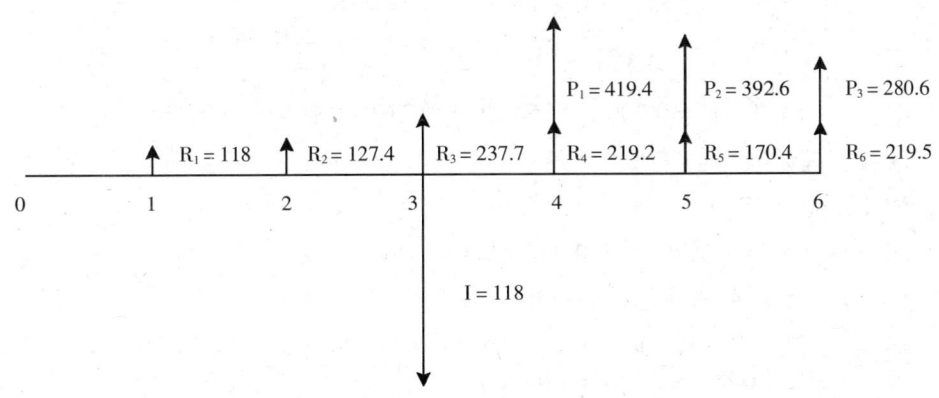

$$NPV = \sum_{t=1}^{6} R_t/(1+i)^t + \sum_{t=4}^{6} p_t/(1+i)^t - I/(1+i)^3$$

$$\begin{aligned}NPV =\ &118/(1+10\%) + 127.4/(1+10\%)^2 + 237.7/(1+10\%)^3 +\\ &219.2/(1+10\%)^4 + 170.4/(1+10\%)^5 + 219.5/(1+10\%)^6 +\\ &419.4/(1+10\%)^4 + 392.6/(1+10\%)^5 + 280.6/(1+10\%)^6 -\\ &900/(1+10\%)^3 = 770.57 + 688.62 - 657.13 = 783.01\end{aligned}$$

按照传统的方法，评估电影版权的价值为 783.01 万元，所获得的 NPV 小于初始投资额 800 万元，因此，不适宜购买这项版权。

（6）实物期权法评估。

根据案例情况，结合前文的理论研究，可以将在初始投资购买 B 电影版权之后投资者享有的决定是否进行后续投资的权利看成是一种实物期权，这一实物期权的权利年限相当于期限为 3 年，执行价格为 X=900 万元，可以看做是标的资产当前价格的欧式买入期权。依据前文创意产品著作权评估公式：

$P = NPV + OP$

首先计算 NPV：

$$NPV = \sum_{t=1}^{6} R_t/(1+i)^t + \sum_{t=4}^{6} p_t/(1+i)^t - I/(1+i)^3$$
$$= 783.01$$

$S = 419.4/(1+10\%)^4 + 392.6/(1+10\%)^5 + 280.6/(1+10\%)^6 = 688.62$

$$d_1 = \frac{\ln S - \ln X + (m - \lambda\sigma + \frac{\sigma^2}{2})(T-t)}{\sigma\sqrt{T-t}}$$

$$= \frac{\ln\frac{688.62}{900} + (10\% - 5\% \times 35\% + \frac{0.35^2}{2}) \times 3}{0.35 \times \sqrt{3}} = 0.270$$

$d_2 = d_1 - \sigma\sqrt{T-t} = 0.270 - 0.35\sqrt{3} = 0.270 - 0.606 = -0.336$

通过查询标准正态分布表可得：

$N(d_1) = 0.6064$

$N(d_2) = 1 - N(0.336) = 1 - 0.633 = 0.367$

由前文创意产品著作权价值评估公式所述：

$OP = Se^{-(r-m+\lambda\sigma)(T-t)}N(d_1) - Xe^{-r(T-t)} \times N(d_2) = 688.62 \times 1.033 \times 0.606$
$\quad - 900 \times 0.863 \times 0.367 = 146.783$

$P = 146.783 + 783.01 = 929.793$

即该电影的版权价值为 929.793 万元，这已大于初始投资 800 万元，故应该购买该项电影版权。

通过实际算例的计算结果看出应用传统的收益现值法与实物期权法对同一项版权项目评估却得到了截然相反的结果，传统的收益现值法忽略了投资者针对市场情况变化对投资项目计划的调整与转变，没有考虑到战略选择权的价值以及灵活规避风险产生的收益，往往会做出低估版权价值的判断，从而错失了许多机会，而通过应用实物期权思想，充分考虑了待估项目选择权的价值，避免了有潜在价值的项目流失，对于创意产品知识产权价值评估来说是大有裨益的，但是也要注意对市场的分析判断，保证创意质量与思想的前沿性，在此基础上将实物期权理论结合传统的收益法引入到创意产品著作权价值评估中。对传统方法进行修正增加了价值评估的科学性与合理性，也发展了创意产品知识产权价值评估模型。

本章小结

本章通过创意产品知识产权市场价值的实现方式分析，发现其知识产权市场价值的实现是一个动态选择的过程，不仅包含了短期盈利能力的实现，更包含了长期战略选择价值的实现，因此在创意产品知识产权市场价值评估中，应该重点突出选择权价值的评估，再根据传统评估方法的研究比较以及资产评估公司案例分析中可以发现，收益法不能体现知识产权的选择权价值，应该采取收益法与实物期权法相结合的方式共同评估创意产品知识产权价值。

第八章
创意产品的文化价值实现与评估

经过前文对于创意产品文化价值影响因素及评价指标的分析,本章选取了电影产品进行创意产品文化价值市场实现及评估方法的应用分析。电影产业是创意产业的重要组成部分,在经济贡献和产业发展方面举足轻重,电影产品更是兼具了文化价值、知识产权价值的一项典型创意产品,同时有很强的衍生性,可以进行创意产权的进一步开发,基本涵盖了创意产品市场价值实现的全部过程,非常具有代表性。本章就以电影产品为例,对理论建构进行系统的检验与修正,并结合第五章总体模型建构的原则,探索性地构建创意产品市场价值评估总体模型,并提出对策建议。

第一节
创意产品文化价值的市场实现

(一) 创意产品文化价值在市场中实现的意义

文化从精英走向大众、从民间走向市场是现代性的一个突出表征,市场与非市场的差别深刻地规定了文化之现代形态和前现代形态。创意产品的文化价值在总体价值体系中占有非常重要的地位,而基于前文的分析可以了解到创意产品的文化价值实现是通过体验这一方式。创意产品的文化价值不同于一般商品的价值，它是在创意产品的流通、使用、增值、转移的循环过程中反复实现的。创意产品的市场流通覆盖了文化的表达和组织、扩散与传播，这一阶段为创意产品文化价值的实现提供了现实的可能性，创意产品的市场消费是创意产品文化价值实现的主要环节。创意产品文化价值实现过程还要受到其他市场因素的影响，包括创意产品是否能及时准确地出售给需求者，以及购买者识别、享受此创意产品文化内涵的大小等。如前文分析的那样，创意产品使用者必须能识别产品中的文化符号价值并准确领悟文化内涵，才能真正接受、体会创意产品的文化价值。通常，创意产品购买者的相关知识储量越大、文化艺术修养越高对文化的理解、鉴赏能力就越强，文化产品价值的实现程度就会越高。尽管创意产品的文化价值不能完全用市场价格衡量，但是创意产品的文化价值却必须在市场流通中才能真正地得以实现，在这一过程中，创意产品中内含的文化价值才能真正地接触到普罗大众，在人们的体验中产生不同的影响。当消费者愿意付出高价享受创意产品带来的文化冲击和体验时，也标志着其文化价值得到了广泛认同，其价值实现的程度会越高，而如果很快籍籍无名，则表示在社会中无法产生共鸣，这可能代表着其创意产品文化价值的湮没。或许经过时间漫长的考验能够重现光华，但是这就需要社会审美趣味的转变甚至重建，然而无论如何，创意产品的文化价值实现都需要经过市场的检验才能体现其在当下社会中的价值实现水平。从根本上说，市场机制为文化价值的实现提供了基础和平台，同时激励了创意生产活动的开展，有效地提升了创意产品的质量与创意经济发展的水平。

（二）创意产品文化价值实现的方式

1. 文化价值在短期内的直接市场实现

基于前文的创意产品供给分析可以发现作为创意人来说，创意产品能够被广大的消费者接受和承认是最为直接的嘉奖。创意人相对来说并不在意其市场价值的大小，但是却非常看重创意受众的多寡。而创意产品通过市场传递给消费者，则是实现其创意产品文化价值最为直接的方式。对于创意人来说，创意产品是一种文化表达，希望被传递与分享。创意产品是一种体验性的产品，人们体验欣赏的内容恰恰是文化价值。正是这一双向需求使得创意产品只有推向市场面对广大社会群众全面展现文化价值而不仅仅是创意者的私人欣赏。而创意产品的市场化也是避免原创性、艺术性、审美性强的创意产品被市场湮没，文化价值得以直接实现的最为恰当的方式。创意产品在市场上实现其文化价值,也能够激励创意人继续进行创意活动,同时可能引导社会审美趣味的转变,提升整个社会的文化品位。但是,也有创意人为迎合社会审美趣味放弃文化艺术追求,单纯追求市场价值最大化的行为,这不仅造成创意产品趣味低下、庸俗化,也会在时间的考验中被淘汰。

2. 文化价值在长期内作为文化资本存量的实现

Bourdieu(1989)是文化资本理论的创始人,他将文化资本这一概念定义为在形式上表现为具体化的文化资源,本质上则是人类智慧成果的积累,囊括了文化能力、习性、产品、制度在内的全部文化资源的综合,以多样化的形式表现出来。Throsby(1999)在此基础上提出将文化资本定义为一种资产,除了可能拥有的全部经济价值之外,文化资本还体现、贮存并提供文化价值。他将文化资本分为有形和无形两大类。有形文化资本存在于具体的创意产品中,这些创意产品进入市场然后被消费,在这个过程中不仅仅是满足了购买者的需要,带给他们美的享受和体验,也可能给他们以一定的文化启示,给他们以灵感,并激励着他们去创造新的产品和服务,把这些创意产品作为一种文化资本去创造新的文化资本。无形文化资本则是一些人类族群的思想共识,包括共同的信念、价值观,是公共属性的,包括文学、艺术等非物质文化遗产,无形文化资本难以触摸到,但是它是一种超凡的存在,是人们精神的寄托,其存在能够改变影响整个社会的价值信仰和文化传承。这两类文化资本都有其存在的价值,有形的文化资本贴近生活,润物细无声,而无形的文化资本表达了一个地区、民族的文化积淀,更深刻宏大。文化资本也有存量流量之分,在一定的时间点表现为存量,能够进一步生产创意产品,在某些时候也是流量,作为产出。文化价值确实能产生市场价值,长期来看,创意产品的文化价值能够作为一种文化资本存量,作为一种文化储备为后续创意产品的创造提供创意源泉。

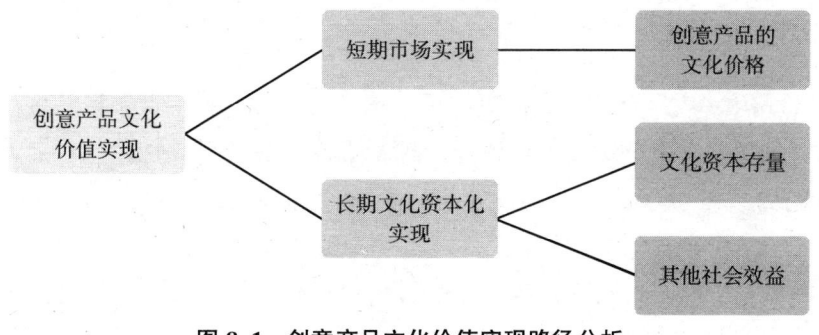

图 8-1 创意产品文化价值实现路径分析

图 8-1 展示了创意产品文化价值实现的路径与价值构成，动态化的视角有助于对创意产品文化价值实现的理解。短期内创意产品文化价值实现通过市场表现出来，具体表现为创意产品的文化价格。而从长期来看，创意产品文化价值的实现体现为作为文化资本资本化的实现，包括了文化资本存量以及其他文化产生的社会效益，如对于社会审美趣味转变与提升的作用，文化自豪感等。

由此也可以看出，对于创意产品文化价值的评估短期内应该考察影响其市场价值的文化因素的价值，但长期内文化资本的存量与社会效益非常难以衡量，需要更多跨学科的共同努力。本章主要是对短期内创意产品文化价值的市场实现进行分析，通过研究短期内创意产品文化价值市场实现影响因素进而提出相应的评估方法与模型，后文将不再区分。

(三) 创意产品文化价值的构成及市场评价方法选择

创意产品文化价值的概念非常复杂且包含多个要素，在前文中已有深入的讨论，其价值构成的方面也就包含在其中，总体来说，有原创价值、审美价值、艺术价值、象征价值、历史价值、文化认知度等多个组成部分，对于不同的创意产品来说，文化价值的构成有微小的差异，比如艺术品常常有历史价值，而一些如电影、软件生命周期较短、更新速度较快的创意产品其历史价值就可以忽略，而原创价值反而更高。不同的创意产品的文化价值都可以通过市场流通来实现，在这一过程中，消费者购买并体验创意产品的文化价值。创意产品的文化价值评估总是非常有争议的，从柏拉图开始的哲学家们，数学家们（包括莱布尼兹、欧拉、亥姆霍兹、韦尔），人类学家，生物学家，以及经济学家都在努力对此做出贡献，但是没有产生开拓性的进展或者决定性的观点。有的学者如 Shiner (1996) 追随著名哲学家休谟的观点，认为美仅仅存在于人们的脑海中，每个想法都能感受不同的美，也有学者认为美存在于创意产品本身。Beardsley (1958)，Dickie (1988) 以及其他哲学家认为一定有一种标准判断一个作品是好的还是不好的，Beardsley 认为有三种属性决定了艺术品的价值，统一性、复杂性、艺术激情，这一方法被认为是最接近当代经济理论方面产品差异化理论的观点，将产品横向纵向的质量加以区分，认为美学价值的评估取决于其特征。Ginsburgh 和 Weyers (2003) 通过分析三种创意产品：音乐、电影、书籍的评定标准，得出了在短期内专家们能够进行学术排名来进行价值评估，消费者们能够通过购买选择进行评估，而长期来看，则只能从美学质量来评价的结论。他们在 2005 年的后续研究将美视为一种属性，一种专家评价，以及时间证实的美，提出了运用特征分析法来评价作品的美学价值，非常有参考价值。Fery（2005）提出文化价值包含了文化艺术美学的重要性，是在文化活动中创造出来的。哲学家大卫·休谟对于审美趣味影响因素评价的经典论断影响了很多人，然而哲学家评价美学质量往往通过专家眼光评定，而经济学家则更认可消费者的判断。哲学家们也强调时间的作用。经济学家 Landes（2002），Ginsburgh 和 Weyers（2002）也将其看为一个自然的标准。比如购买一本图书，消费者是要通过品读书中的遣词造句、构思叙事来判断书的好坏，而观赏一部电影，消费者也在其中有自己的体会和判断，这都是相当主观的感受，无法评价书或者是电影的文化价值含量究竟为几何，根据第五章创意产品市场价值评估的内在逻辑，依据哲学家及文化经济学一贯的分析方法，判断创意产品的文化价值应该通过价值构成要素分解评价，同时为了排除主观性，可以采用特征价值法进行评价，将每一文化价值构成的要素看做是一种特征价值，排除其他因素，仅从文化价值的角度对其进行市场价值回归研究，观察每一文化价值要素的影响，并最终进行整体评价。

第二节 创意产品文化价值评估模型设计

（一）研究对象选取

1. 电影产品的典型性与代表性

电影是一种光影艺术，更是一种融合了文学、戏剧、摄影、绘画、音乐、舞蹈、表演等多种文化艺术形式的创意，电影的文化内涵通过蒙太奇的组接技巧创造性地表达出来，具有直达内心的表现力。同时，电影通过复制技术可以大量复制传播，并不损耗其文化价值，有很强的文化生命力和市场价值。电影的产生本身就是一项伟大的创意，无数个故事与构想通过人的创造力表达为深入人心的形象、美景与配乐，个中滋味由观众自己体味。作为一种典型的创意产品，电影创造的人物、影像、声音，传递的文化价值等一系列产品价值都必须在市场和消费者中实现，这一过程包含了产品文化价值、体验价值与版权价值的多重实现，代表了大多数创意产品的特征。

在美国商务部的统计数据中，自1929年最早的可考数据开始，电影占据了现场观赏娱乐活动79%的份额，随着电影流行程度的与日俱增，即使在大萧条年代仍有80%的占有率。电影产业经过了百余年的发展渐渐形成了成熟的运营模式和独特的盈利模式，美国的好莱坞更成为了世界电影产业的中心，实现了巨大的经济效益和强势的文化传播。尽管随着电视以及新媒体等的发展，电影不再独占鳌头，但是其在创意产品市场中的地位仍是举足轻重的。在美国、欧洲、日本等发达国家，电影的黄金时代虽已不再，开始进入平稳发展的时期，仍旧凭借其完整的产业链、领先的制作技术与营销手段取得高附加值，而在中国、印度等发展中国家，电影产业的发展也正悄然掀起一股热潮，生产数量和票房都取得了显著的增长，并产生了独特的制作、运营模式，开启了大片时代。电影产业不断的创新发展也推动了相关创意产业的发展，是一个国家和地区创意产业发展水平的典型标志。另外，在过去20年里，电影产业在国外逐渐成为了研究的热点，其复杂的生产过程，独特的分销、展示特征，需求的不确定性为研究者提供了丰富的研究课题，另外国外电影数据透明可供参考，关于电影产业的研究已有一定的进展，相对而言国内电影产业研究比较薄弱，理论分析与实证研究都很不足。综上，本书在文化价值市场实现的实证研究中选择电影产品进行具体分析。

2. 电影产品市场概况分析

（1）国际电影市场总体发展态势。

目前全球电影市场发展态势良好，发达国家如北美、日本、法国、英国等成熟地区的市场票房长年处于缓慢增长甚至徘徊不前的状态，而在发展中国家，如中国、印度等地电影市场有明显的扩张。美国电影协会（Motion Picture Association of America）2013年4月发表报告显示中国2012年超越日本成为全球第二大电影市场，仅次于美国。2012年中国电影票房收入高达27亿美元（约170亿元人民币），较上年增长了36%，日本以24亿美元位居第三位。英国、法国电影总票房均为17亿美元左右。依据报告中的数据，在全球10大电影市场中，中国的增长速度最快。此外，受拉丁美洲、北美和亚太地区的增长推动，全球总票房收入增长6%，达到347亿美元。美国和加拿大的票房收入增长了6%，达到108亿美元，该地区2012年共售出13.6亿张电影票，比2011年增加了8000万张。法国、意大利、西班牙和其他国家票房收入的下降影响了欧洲总票房收入。从图8-2可以直观看出2012年全球票房分布情况。北美电影票房远远领先于其他国家和地区，表现出了一贯的良好市场态势，而中国从2009年的全球票房第9名一跃而成为全球票房第 2 名。日本紧随其后，但相比之前略有下降，这也反映了其国内经济不景气仍在持续，而英、法紧随其后，印度、德国、韩国并列第六位，与 2009 年全球票房分布情况对比来看，欧洲入榜国家减少或票房减少，这与欧洲整体经济危机有关，电影消费也随之萎缩。

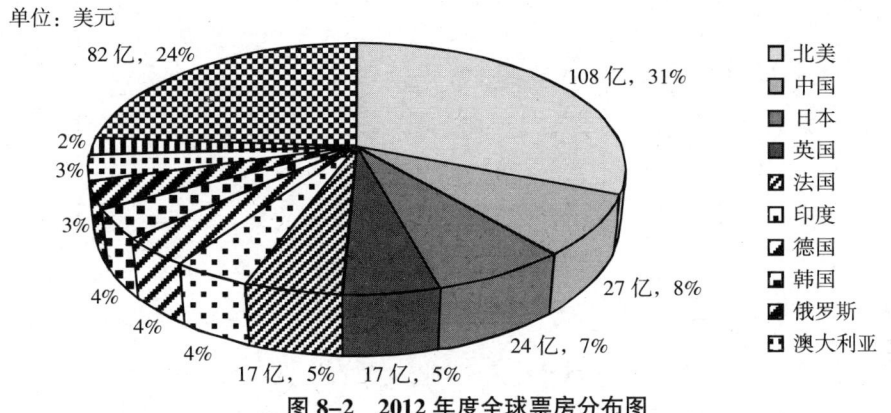

图 8-2　2012 年度全球票房分布图

资料来源：美国电影协会（MPAA）2012 年度报告公布数据。

随着创意产业的迅猛发展与经济发展态势的变化，可以看出电影产业也随之产生了一些波动，从 2009 年到 2012 年短短三年国际电影市场结构就已产生了很大变化。从表 8-1 描绘的 2009 年电影市场结构来看，美国以绝对优势执国际票房之牛耳，主要源于其银幕覆盖面广，块数多，人均观影次数也处于领先地位，实际观影人数远超各国，说明美国的电影市场非常成熟，消费者有良好的观影习惯。从供给的角度来看，美国也有丰富的故事片产量，仅次于印度。处于第二位的日本则主要体现出电影票价定价高的特点，人均观影次数较少，仅仅高于中国。印度作为发展中国家，其 GDP 与人口数都与中国相近，但在 2009 年电影市场中的表现排在第三位，主要得益于其观影人数众多，影片供给丰富位列第一，非常低的票价恰好适合于国内消费水平，因此平均观影人次和实际观影人数都很高。而中国人均观影人次相对处于最低的水平，说明我们未能形成良好的观影习惯，尽管国内人口庞大，但是实际观影人数很少，电影市场还比较狭小，因此处于落后的位置。表 8-1 综合反映了国际电影市场的供给、需求状况，充分体现了电影产业的市场结构。

创意产品：价值实现与价值评估

表 8-1 2009 年世界各国电影市场结构

排名	国家	票房（亿美元）	观影人次（亿）	故事片产量（部）	平均票价（美元）	银幕（块）	人均观影次数	总人口（亿）
1	美国	96.29	13.64	677	7.18	39028	4.47	3.074
2	日本	22	1.693	448	13	3396	1.3	1.276
3	印度	18.6	29	1132	0.57	10120	2.41	12.07
4	法国	17.1	2	230	8.53	5522	3.11	0.647
5	英国	14.72	1.735	116	8.49	3696	2.83	0.612
6	德国	13.57	1.463	220	9.28	4734	1.79	0.819
7	意大利	9.4	1.112	133	8.46	3208	1.86	0.598
8	西班牙	9.285	1.095	186	8.48	4083	2.38	0.461
9	中国	9.603	2.178	456	4.16	4723	0.35	13.343
10	加拿大	8.63	1.08	75	8.01	2833	3.2	0.336

资料来源：刘藩《电影产业经济学》，其中印度的屏幕数采用了 2008 年数据。

随着各国经济态势的变迁以及电影产业发展的程度，到 2012 年底，电影的供给量进一步增加，特别是数字技术的发展使得电影表现形式多样化，银幕数的增加反映了电影市场的繁荣，也可以看出主要国家和地区在电影产业发展中的位置。图 8-3 显示了世界主要地区各类电影银幕建设数量及分布情况。

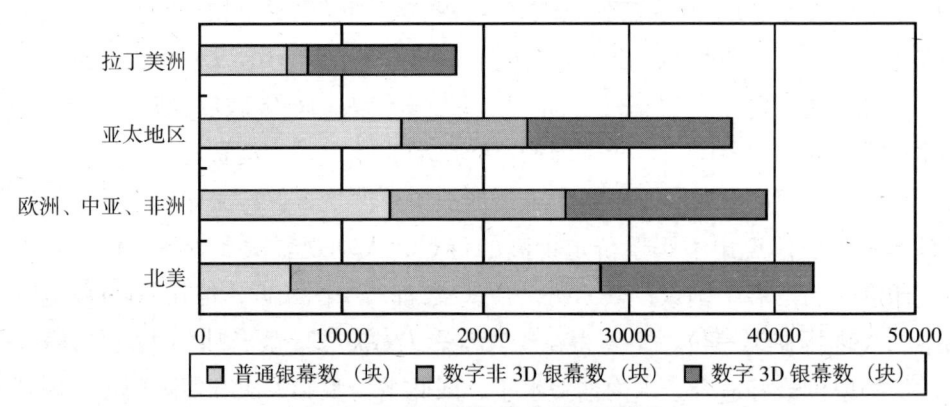

图 8-3 世界电影荧幕分类数量比较

资料来源：美国电影协会（MPAA）2012 年度报告公布数据。

北美地区在银幕基础建设数量方面一如既往的领先，而亚太地区银幕建设数量也很庞大，表示这些地区观影条件建设方面的成就，同时也反映了市场观影需求强烈，观影习惯良好，而比较落后的拉丁美洲正努力打造 3D 银幕，来追赶电影产业发展的速度。电影银幕反映出了一个地区观影条件的现状，也能够看出放映影片的技术类型,随着 3D 数字技术的普及,必须加快银幕建设与改良,这样才能容纳更好的电影产品。通过图 8-3 也可以看出,各个地区都在加大数字荧幕的建设数量。

(2)国内电影市场基本情况分析。

国内电影市场从 2000 年进入大片时代到 2012 年总票房跃居全球第二,也有了显著的发展。2012 年中国国产喜剧电影《泰囧》上映后获得的票房收入高达 12.6 亿元人民币(合 2 亿美元),几乎逼近美国大片《阿凡达》在中国上映时创出的历史纪录,反映了我国电影市场的繁荣以及国产电影质量受到了消费者的广泛认可,这也是自 2000 年《英雄》开创国产大片时代至今我国电影产业不断突破创新的见证。2013 年,中国电影市场的全年故事片产量 638 部,较 2012 年减少 107 部,但票房过亿的国产影片达 33 部,比去年增加了 12 部。与此同时,尽管 2013 年进口影片来势汹汹,《钢铁侠3》《环太平洋》《地心引力》等影片均在全球范围内掀起了观影热潮,但在中国市场,全年票房前十名中,国产影片仍占据了 7 位。

目前我国电影市场分为三个层次:一级市场即主流院线;二级市场即主流院线之外的、农村市场以上的市场范围,主要集中于大城市社区、中心城市、县城和少数城镇,二级市场有萎缩的趋势,因为主流院线通过扩大新建影院升级为一级市场;三级市场即县城以下的农村市场。因为农村市场没有售票交易,其电影市场收入包括了政府购买电影服务的费用、广告收入和商业放映的版权收入三项收入之和,可以比照票房,作为参考。表 8-2 反映了我国内地电影近几年发展的基本情况。

表 8-2 2007~2012 年我国内地电影市场概况

年份	全国总票房(亿元)	故事片(部)	国产片占总比重(%)	海外销售收入(亿元)	频道及广告(亿元)	全年综合收益(亿元)	银幕总数(块)	年观影人次(万人)	国产票房过亿影片(部)
2007	33.27	402	54.13	20.2	13.79	67.26	3527	13000	3
2008	43.41	406	60	25.28	15.64	84.33	4097	17000	8
2009	62.06	456	56.6	27.7	16.89	106.65	4723	21000	10
2010	101.72	526	56.37	35.17	20.32	157.21	6200	28400	17
2011	131.15	558	53.61	20.46	26	178	9200	37000	18
2012	170.73	745	48.46	10.63	29	209.6	13118	44000	21

资料来源:根据《国家广播电影电视总局年度报告》《中国电影产业研究报告》(2008~2012 年)整理。

总体来看，我国电影市场处于上升态势，无论从票房总量还是影片供给数量、银幕数都有显著的提升，单部过亿票房的影片也逐年增加，体现出了电影品质与影响力的提升，然而2012年国产片却前所未有地不敌进口片的冲击，让出了票房的半壁江山。这与电影市场开放后外国影片的强势入侵有关，但是更反映出我国电影产业目前发展的不平衡。首先，我国电影产业拥有庞大的上游制片业和下游影院终端，但本应成为产业驱动关键所在的中间发行环节却非常薄弱，电影产业链不完整。其次，虽然中国拥有了世界第二大电影市场，但是国产片的总体质量良莠不齐，投资庞大却缺乏创意创新，没有形成自身产品核心竞争力，与进口片有一定差距。再次，中国电影产品盈利模式单一，对票房收入过度依赖，对电影版权的开发力度严重不足，优秀的电影版权不能实现市场价值最大化，没有进行衍生品的开发。最后，国产票房存在不透明因素，存在着隐瞒票房的现象，这与院线和片方之间利益纷争有关，亟待完善制度监管。值得欣慰的是，2012年下半年出现了许多市场反响较好的国产片，创意新颖，立足于精神价值的传递，也取得了较高的票房。《人再囧途之泰囧》更是创造了前所未有的观影热潮，截至目前，以3600多万的观影人次超过《变形金刚3》和《阿凡达》，以近12亿元的票房收入创造了国产电影新纪录，由于电影的外部效应，春节期间泰国旅游一度火爆。从表8-2可以看出一个让人担忧的事实，就是我国电影票房在一路飞涨，但是国产片票房总比重却徘徊不前，甚至在2012年下降，这表明国产影片在市场上与进口片相比竞争力严重不足，高水准且受欢迎的电影比较少，电影产品品质亟待提高。另外，国产影片在海外销售收入不断下降，这表明海外市场的认可度也在下降，具体的原因包含很多，海外观众对于中国电影文化认知度低是一个非常重要的影响因素。

3. 电影产品文化价值的市场实现路径

(1) 电影价值链。

电影有其独特的产业组织方式与运作流程，经过基本的制作、发行、放映环节后，还有电影后产品的开发，在这一过程中影院放映及电影后产品的开发是其市场价值实现的主要方式。根据创意价值链的定义，电影价值链是指从创意到电影后产品中，各创意主体的相关创意活动形成的一个电影价值不断增值并最终实现的链条。这一过程包含了从电影剧本选择、主创团队确定、拍摄剪辑创作过程、后期处理等一系列的制片过程，以及将成品投入市场让观众欣赏的发行与放映过程。从创作到放映的中介是发行方，在电影产业中是沟通制片与放映方的桥梁，放映的渠道包括许多种，以电影院线为主，也有电视和网络渠道。在基础价值链之外，电影正逐渐走向价值链延伸的新时代。在电影产业发达的北美、欧洲国家，以电影为中心的电影衍生品开发逐渐超越票房收入成为了电影产品市场价值实现的重中之重。与我国票房收入占主导的市场价值实现方式不同，电影周边衍生品的开发具有更广阔的市场空间。图 8-4 展现了电影价值链的全貌，从创意源的产生一直到衍生品的开发包含了电影产业的主要组成部分。电影衍生品越来越重要是因为它涉及了多个领域，以电影为中心改编的影视作品、纪录片、小说、写真图书、电影音乐原声碟、动画人物、动漫、游戏，生产相关电影人物玩偶、相关配件，比如《哈利·波特》中的魔杖、魔法书等，有的主题宏大，人物众多的，可以打造成主题公园，如迪斯尼乐园，每年吸引非常多的游客参观，甚至拍摄《哈利·波特》的城堡也成了游览的景点，创造了很大的经济价值。在国内，仅仅在基础价值链方面比较完整，但是发行公司宣传推广的力度不足，特别是海外营销能力差，使得许多国产片无法走出国门，而在延伸价值链上，对于电影为核心的版权运营非常薄弱，当然也是由于电影创意源本身文化价值不足、创意衍生能力差的缘故，后续的电影衍生品开发非常少。

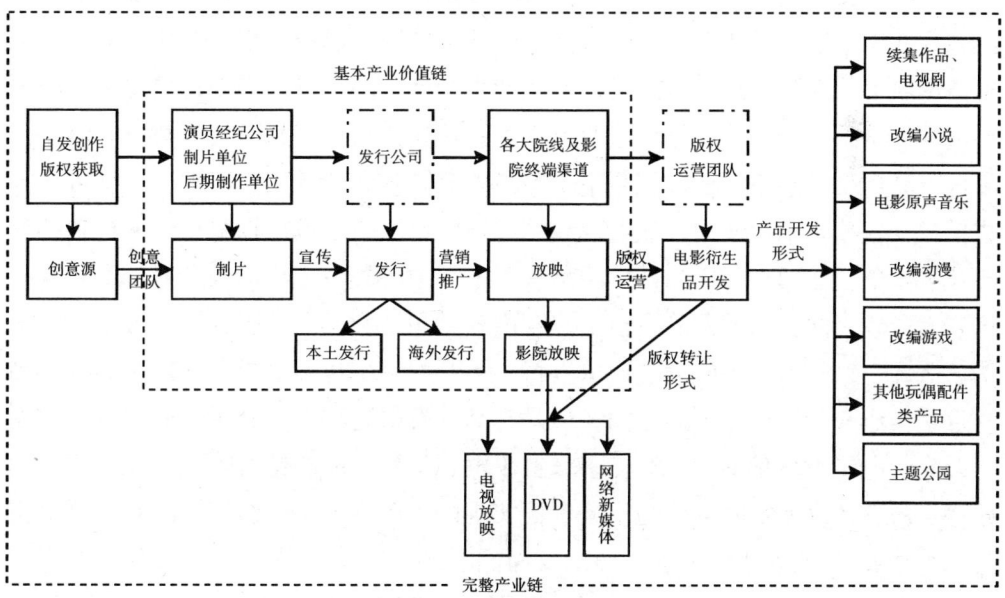

图 8-4　电影产业价值链

(2)电影产品文化价值实现方式。

①基于公开放映形式的电影产品文化价值实现。

基于对电影价值链的分析可以看出,电影产品的市场实现过程从电影放映开始一直到电影衍生品的开发,并且在不断循环中实现,电影产品的文化价值也在这一市场过程中得到不断增值和实现。电影产品文化价值非常重要的市场实现方式是公开放映,这不仅仅是电影市场收入的重要组成部分,也是让消费者广泛认知电影产品的过程,只有在市场上有了普遍的认知度和关注度,才有助于电影衍生产品的开发,能够促进电影文化价值的进一步实现与增值。在国外,票房收入高的电影拍续集的可能性非常大,而且衍生产品的开发连续性也很好,尽管北美地区票房收入已不足电影总收入的一半,但是公开放映电影确实是让市场认识电影价值的最好方式。在中国,电影票房收入几乎占到电影总收入的90%,一般来说,只有在公开放映获得好评的电影,才可能有继续开发的可能性,因此,本章主要讨论公开放映这种电影市场价值实现方式,并重点研究文化价值要素对票房价值的影响,确立评估电影产品文化价值的模型。

②基于电影衍生品开发的电影产品文化价值实现。

当然更为长期的电影产品文化价值实现是以电影衍生产品开发为基础的。在公映并获得市场认可的影片,经过创意团队以及版权运营的再创造,使得其文化价值不断增值并实现长期最大化。电影衍生产品指的是以电影创意内容为核心进行再开发设计生产出的产品,主要包含了版权转让型与产品开发型两类,涵盖了多种产品类型。其中版权转让型主要是指以电影版权为基础,通过转让许可的方式授权其他放映渠道使用,如电视台、门户网站等,也包括将版权相关权利部分转让和全部转让两种;产品开发型是基于电影中的具体组成部分进行开发和单独生产,形成不同类型的产品,包括主题内容、文字影像、电影音乐等可以生产图书、服饰,结合影片中的人物形象进行相关开发,也包括电影主题乐园等。产品开发型与版权转让侧重不同方面,但是产品开发也离不开核心版权的授权。在发达国家,电影市场价值的来源大多来自于电影衍生产品的销售收入,而在我国却始终停留在依靠票房收入作为市场价值实现的主要方式,电影衍生品开发严重不足。电影衍生产品是依赖于电影本身而闻名的,其文化价值主要来源于电影作品,因此这才是长期实现电影文化价值的最佳方式,这一过程虽然非常的复杂,但是基本上影响其价值实现程度的因素也来源于电影本身上映期间的文化感染力,因此,判断电影市场价值的文化价值影响因素对于后续开发衍生产品也是非常有帮助的，可以凭借相关优势进行有针对性的开发。

③电影产品的文化价值在体验中实现。

电影产品作为一种体验型的创意产品，其文化价值最终被消费者接受是通过体验这一方式，"千万个人眼中有千万个哈姆雷特"这句话准确地表达了对这类型产品的一种感受，不同的人确实从电影中各有不同体会，因此在对电影产品文化价值进行评估时，要考虑消费者的审美趣味，这也在第五章市场影响因素中有过分析，但是也不能完全拘泥于消费者的评价，因为一定会有各种各样的评价，然而票房高的电影往往反映出消费者观赏之后的口碑效应突出，吸引更多消费者观看，也代表了电影体验价值的高低，因此在本章中，不对体验价值进行再评估，而将其作为文化价值的影响要素进行指标设定。

（3）美中两国电影产品市场价值实现方式比较。

电影产品的市场价值实现过程如同第四章讨论的与一般创意产品基本一致，从制片、发行到上映实现了文化价值、体验价值与知识产权价值，并且有着很强的生命力，可以进行文化价值、体验价值与知识产权价值的再开发。在国际市场与国内市场发展的比较中可以看出我国与先进国家的差距，从电影产品市场价值实现方式可以分析我国电影产业发展的不足之处。

①票房主导与注重电影版权后开发。

国际电影市场发展历史较长，形成了良性的竞争机制与良好的商业模式。目前国际电影市场中电影产品的市场价值实现方式由票房主导逐渐向海外版权转让和电影版权开发转移。美国电影的国内影院票房收入平均只占其总收入的35%，海外收入是一般国内票房收入的一倍以上，而音像制品和电视播映权的收入也很可观。以电影《泰坦尼克号》为例，影片的北美票房收入不足全球票房的一半，2012年再次上映仍然有强大的票房号召力，其后电影开发的收入更是数量惊人，包括了电影的各类衍生品，如VCD、音乐磁带、外景地旅游开发、服装道具拍卖等。而我国的电影还处在依赖国内票房的阶段，同时由于产品本身质量的限制很难打开海外市场，海外版权收入很低，对于衍生产品的开发严重不足。中美两国电影票房收入与衍生品收入比例见图8-5。

②电影产品单一化与系列化。

中国电影产品往往都是一次性的消费。一部电影上映档期结束后一般转给很少数的电视台、网络获得播映权收入，没有后续的创作，只有少数如《非诚勿扰》系列电影有故事的延续性，然而《非诚勿扰2》的口碑却与第一部相去甚远，根

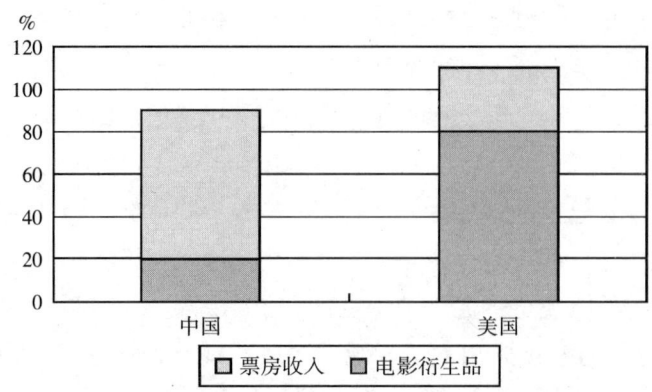

图 8-5 中美两国电影票房收入与衍生品收入比例

资料来源：中国电影协会统计数据。

源还是在于没有文化生命力强的创意源。而综观美国电影市场，系列电影占据了绝大多数，根据数据统计，10 年间美国电影市场票房前 10 位共 100 部电影中，系列电影有 51 部，超过了半数（图 8-6）。在世界范围内也有很大的影响力，同时使得电影人物形象深入人心，更有利于电影版权的后开发，大家耳熟能详的就包括《蜘蛛侠》系列、《钢铁侠》系列、《变形金刚》系列、《哈利·波特》系列、《魔戒》三部曲等文化影响力大、视觉冲击力强的作品。

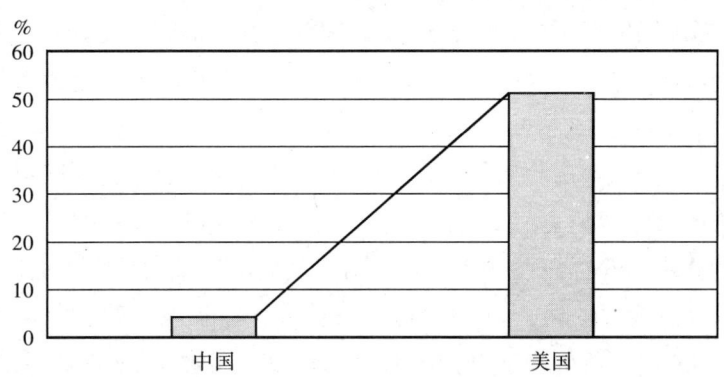

图 8-6 2003~2012 年中美两国票房前十名中系列电影比重

资料来源：2003~2012 年十年中美 100 部电影数据统计结果。

③电影创意源开发差异。

中国电影作品在近几年才有了从畅销文学作品、动漫作品购买著作权进行电影产品开发的举动，而这在国际电影市场上特别是美国市场早已司空见惯，热卖的大片基本都有一定的读者基础，人物形象早已深入人心，加之电影技术的巧妙拼接自然受到好评，而中国电影作品自身创作缺乏创造力，同时对于现有创意源的开发还严重不足，使得一些好创意失去了让更多消费者认识的机会。不过随着《杜拉拉升职记》、《失恋33天》等畅销小说改编电影票房的火爆，可以看出这是一种有益尝试。上文提到的美国大片多数改编自漫画、畅销书，这是一条循环发展的路径，电影产品的市场价值实现也带动了出版、玩具、游戏等相关创意产业的发展。

（二）电影产品市场价值实现的特殊影响因素分析

1. 明星效应

创意产品市场价值受明星效应影响明显已是不争的事实，而电影产品这一特征尤为突出。知名度与影响力大的电影明星、大导演甚至是动画形象都成为吸引票房的重要因素，这一点在实际市场实践中影响效应非常明显，且受到了许多研究人员的关注，已在许多文献研究中得到了证实。Albert（1998）检验了明星对于电影成功的影响作用，结果表明一个成功的电影最好选择一个明星。Bagella 和 Becchetti（1999）分析了意大利成功的电影的决定性因素，他们考虑了一系列的解释变量，包括演员和导演的受欢迎程度、补贴、年龄限制、国外联合生产、GDP、票价、电影类型、以及电影制作单位。研究结论表明导演和演员有显著的影响力，他们同样发现，补贴、国外联合生产、改变票价、改变 GDP，或者年龄限制，基本无显著影响，但是喜剧电影类型以及著名制作方对票房有显著的影响。后续的学者在他们的研究基础之上运用不同的统计模型以及解释变量衡量了明星对于票房收入的影响，Ravid（1999）研究中对"明星"这个变量他考虑的是是否获得过奥斯卡奖，是否作为美国前十名卖座电影的参演人员，是否提名过奖项，奖项和提名的数量。在 De Vany（2004）对导演和演员的研究基础上，McKenzie（2009b）研究了北美 2007 年放映的全部电影，他的研究结果表明，作品多的导演更愿意生产其他作品。他同样表明了处于职业生涯早期的电影导演更大程度上是凭运气获得电影机会。总体来说，实证研究中通常都将"明星"作为解释票房收入的一个变量加以考虑。量化一个明星的影响，有很多种方法，如可以检验他们的票房历史，他们的获奖历史，或者行业影响力和火爆程度。Anita Elberse（2006）通过研究演员之间的关系来探索影星参与对票房的影响，其研究结果表明明星参演确实会影响票房，并且其对票房的贡献要大于其他普通演员。同时过往平均票房成绩以及艺术成就也将对影星号召力产生积极影响。

2. 电影获奖情况

一部获得了电影界重要奖项肯定的电影一般都会引起人们的关注，也容易引起观众的观影兴趣，更重要的是，电影奖项评委均由一些专业艺术家以及影评人组成，从专业权威的角度对电影进行评估，电影所获奖项代表着对其某一方面或综合水平的肯定，表明其文化价值较高，且有其独特的审美、艺术、象征价值。强有力的证据表明提名、获奖对于电影票房收入的影响是非常显著的。Smith等（1986）首次对获奖情况与票房之间的关系进行了调查，他主要用了奥斯卡最佳影片、最佳演员等奖项以及奖项总数量。Deuchert，Adjamah 和 Pauly（2005）同样验证了奥斯卡提名和获奖情况对于电影票房的影响，他们选取了最佳影片、最佳主角、最佳配角作为变量，结论表明获得最佳影片、最佳主角对于票房影响非常重要。Morris B. Holbrook（2010）等的研究结论认为电影经济上的成功与艺术上的成功是相互独立的，经济成功指的是票房，而艺术成功指的是电影获奖情况，也就是说这项研究认为电影获奖与票房之间的关系尚无定论。国外学者的研究一般都将奥斯卡奖项视为最权威的电影奖项，但是实际上奥斯卡本身也将票房影响作为一个评估指标，而国际三大电影节在艺术性上来说与其说不分伯仲，不如说更鼓励创新。对于其他电影节奖项对票房的影响在目前实证研究中还是比较缺乏。从国内的现状来看，一般在国际电影节斩获奖项的电影在国内放映时都会引起观影爱好者的追捧，特别是一些国内顶级导演在戛纳、威尼斯等电影节上有突出表现的影片一般都有不错的票房，所以应该把各个奖项进行综合的考虑。

3. 上映档期

电影是一个特殊的创意产品就在于它选择上映的时机对于其市场价值实现也有很大的影响。上映档期一般是指影片的上映日到下档日的时间间隔。一般来说对于电影最重要的档期就是首映周所处的档期，在国内一般电影只有一轮放映期，而在美国畅销电影有几轮放映期，但是总的来看首轮放映期，特别是首周票房对于整体票房的影响是非常重要的。档期的概念实际是电影营销人员根据观众的观影习惯和假期人为打造的，针对不同的档期采取多种多样的营销手段提前为影片市场进行预热，扩大目标人群规模，刺激人们的观影欲望进行电影消费活动。这一营销手段成功地打造出了暑期档的概念，是国外片商最为重视的档期，从每年5月下旬至9月4日为止，时间跨度很长又值暑期，各种国外大片很喜欢在这一档期集中上映，且这一营销手段也被我国借鉴，一并打造出了贺岁档这一概念，一些轻喜剧在这一档期上映可以取得非常好的效果，冯小刚导演就以打造贺岁喜剧而闻名，2012年底的《泰囧》也是在贺岁档推出备受好评，在这种营销手段的推动下，消费者已经对这一档期的影片有了很高的期待，也更乐于在这个时段进行消费。当然，不利之处就在于这也是片方必争之地，对于我国院线资源不足的现实情况，容易造成竞争过于激烈而两败俱伤的情况。但是优秀的电影产品还是乐于选择一个合适的推出机会来面对大众的选择。随着我国清明、五一、端午等小长假的开辟，我国的五一档、十一档也开始被片方所重视。因此，档期的选择对于电影产品市场价值的实现还是非常重要的一项。

第三节 电影产品文化价值特征价格模型构建

（一）特征价值变量选取、解释及量化

1. 指标选取及相关解释

构建一个合理的特征价格模型对于准确评估创意产品的文化价值是至关重要的，而典型特征变量的选取是影响模型效果的重要因素之一，本书在选取评估指标时，借鉴了国外在电影产品文化属性特征选取方面的成熟经验，结合消费者品位和经济学意义，选择对电影产品文化价值相对影响较大的因素进入模型。电影作为一种核心创意产品，其文化价值评估依据前文创意产品文化价值的影响因素分析以及文化市场价值评估指标维度基本可以判定，但是在具体的三级评估指标上，电影产品受到特殊影响因素的影响有其自身的特征。本书特征变量的选取根据现有文献普遍提及的文化价值影响因素，重点参考了奥斯卡、戛纳、威尼斯、柏林四大国际最权威的电影节的奖项评估标准，以及国际A类电影节、权威本土电影节如美国金球奖、台湾金马奖、香港金像奖的评估标准，因为这些因素都反映了专业电影人评估一部电影文化价值时考虑的各个侧面，非常具有学术意义。另外，充分考虑了市场的因素，将导演、编剧、主要演员的口碑知名度、票房号召力予以考虑，同时将电影的放映数量、上映档期这些供给因素也纳入考察的范畴。是否是3D、IMAX这类体验因素也加入到评估指标中。在文化价值评估的整体框架下，选择典型特征变量。电影产品的生命周期相对于艺术品、音乐、图书等创意产品来说比较短，其文化价值下的历史价值表现得也并不明显，因此在评

估维度中将这一二级指标剔除。

依据上述理由和数据的可获得性,本研究选取了可能影响电影产品文化价值市场实现的许多指标,尽量保证影响因素评价的全面性,这些指标都包含在文化价值下的原创价值、审美价值、艺术价值、象征价值、文化认知度和文化品牌影响力中(表 8-3),但是具体的指标属于哪个维度,后文将采用因子分析的方式进行科学的判定归类。

表 8-3 电影产品文化价值评估影响因素指标体系初步构建

一级指标	二级指标	三级初选指标	相关指标解释
文化价值	原创价值 审美价值 艺术价值 象征价值 文化认知度 文化品牌影响力	本部影片奖项累积分值	指的是影片在主要电影节上所获全部有效奖项累积分值
		最佳影片奖项总分	指的是影片在主要电影节上所获最佳影片这一奖项的累积分值
		本部导演奖项得分	指的是影片在主要电影节上所获最佳导演这一奖项的累积分值
		本部编剧奖项得分	指的是影片在主要电影节上所获最佳编剧这一奖项的累积分值
		主要演员奖项积分	指本片男主角、男配角、女主角、女配角所获全部奖项累积分值
		艺术指导	指的是影片在主要电影节上所获最佳艺术指导这一奖项的累积分值
		视觉效果	指的是影片在主要电影节上所获最佳视觉效果这一奖项的累积分值
		电影音乐	指的是影片在主要电影节上所获最佳电影配乐、歌曲奖项的累积分值
		音效剪辑	指的是影片在主要电影节上所获最佳音效剪辑这一奖项的累积分值
		服装	指的是影片在主要电影节上所获最佳服装设计这一奖项的累积分值
		化妆	指的是影片在主要电影节上所获最佳化妆这一奖项的累积分值
		摄影	指的是影片在主要电影节上所获最佳摄影这一奖项的累积分值
		剪辑	指的是影片在主要电影节上所获最佳剪辑这一奖项的累积分值
		特效	指的是影片在主要电影节上所获最佳特效这一奖项的累积分值
		电影类型	指的是由于不同题材或技巧而形成的影片范畴、种类或形式,包括动作、科幻、喜剧等 13 类
		导演个人获奖积分	指的是导演个人所获有关导演奖项的全部有效奖项积分

续表

一级指标	二级指标	三级初选指标	相关指标解释
文化价值	原创价值 审美价值 艺术价值 象征价值 文化认知度 文化品牌影响力	编剧个人获奖积分	指的是编剧个人所获有关编剧相关奖项的全部有效奖项积分
		主演个人获奖积分	指的是主演个人所获有关表演奖项的全部有效奖项积分
		导演票房号召力	指的是导演已拍摄影片的平均票房
		编剧票房号召力	指的是编剧已拍摄影片的平均票房
		主演票房号召力	指的是第一主演已拍摄影片的平均票房
		导演口碑	指的是导演在权威电影网站 MTIME 上的口碑评分
		编剧口碑	指的是编剧在权威电影网站 MTIME 上的口碑评分
		主演口碑	指的是主演在权威电影网站 MTIME 上的口碑评分
		是否经典影片	指的是电影在权威电影网站 IMDB 评选中是否被选为经典影片
		续集	指的是电影是否属于某一系列电影的续集
		改编	指的是电影是否改编自经典名著、畅销小说、动漫作品、游戏作品等
		3D/IMAX	指的是电影的视觉效果类型是否属于 3D、IMAX
市场要素		影片口碑	指的是影片在权威电影网站 MTIME 上的总体口碑评分
		剧院（荧幕数）	指的是电影上映的银幕数统计数据
		档期	指的是电影首轮放映档期

2. 样本数据来源

本研究选取了美国 2003~2012 年十年年度票房排名前十位的影片作为研究样本，之所以选取这些样本是因为本章主要研究文化价值对市场票房的影响，在同是票房价值高的样本中，通过统计分析哪些文化价值因素起到决定性作用。同是时间跨度十年，规避了某些短期内的偶然性。其中，美国十年票房数据源自世界电影统计权威网站 IMDB 的全美票房，国外大多数研究人员的样本数据来源均为这一网站；本研究选取的评价指标如美国导演、演员、编剧等具体票房数据、所获奖项、电影类型、是否续集、改编、经典电影 TOP250 名、影片口碑相关数据来自于 IMDB 统计数据；国内奖项、电影口碑评分来自于国内专业网站 MTIME 时光网，导演、演员票房号召力数据来自于艺恩娱乐产业研究咨询官网。

3. 数据量化与整合

研究采用的数据为专业电影网站统计公开的二手数据，具体票房数据、口碑评分均采用原始二手数据，国外电影网站 IMDB 统计的票房数据单位为美元，同时由于票房数值过大需要进行统一对数化处理。重点进行量化处理的数据是关于电影所获奖项得分的处理。目前世界有700余个电影节，最权威的是由国际电影制片人协会批准认可，并有着较高质量的国际性电影节，大约有50个。全球国际电影节中最重要的电影节为国际电影制片人协会规定的竞赛型非专门类电影节和13种国际A类电影节，而其中前三名的戛纳电影节、威尼斯电影节与柏林电影节同奥斯卡并称为世界四大权威电影节。其余9种影响力相对较低，但是从专业性与认可度来说也备受认可。依据国际电影制片人协会的规定，本研究根据文献研究、专业电影网站信息分析，选取世界四大权威电影节、国际电影制片人协会规定的竞赛型非专门类电影节、9种国际A类电影节，以及美国本土历史最悠久、最权威的电影节金球奖、土星奖，华语电影最高成就三大奖，中国本土权威电影节金像奖、金马奖、金鸡奖，同时加入导演、编剧、摄影三个专项奖为有效奖项积分范围。并依据奖项认可度从高到低的顺序将世界知名电影节及中美本土权威电影节进行了分类，剔除了影响力较低、认知度低的电影节以及所选样本没有涉及的电影节。在具体赋值方面，本书参考了国外文献，将最佳影片、最佳影片提名与其他奖项获奖与提名分开考虑，再依据奖项之间的重要程度进行赋值。另外是否是续集、改编、经典250部电影为0、1定义的虚拟变量。

由于数据来自不同的网络数据及年鉴，为了进一步的研究，对各类数据进行整合就成为一项非常重要的工作。采用的工具主要是Excel和SPSS19.0软件，Excel软件主要用来进行数据的输入、排序以及奖项得分数据资料的整合，SPSS19.0软件则用来导入数据以及对数据进行编码、虚拟变量定义，为模型的估计做好准备工作。从模型的角度看，电影产品文化价值特征数据库由两部分组成：第一部分是因变量数据，即每部电影产品的国内票房；第二部分是自变量数据，包括原创价值、审美价值、艺术价值、象征价值、文化认知度五个部分的30个指标以及市场影响因素三个指标。

（二）统计方法与模型形式的选择

特征价值模型的实质是从产品的异质性出发，把产品价值分解为特征价值，并通过市场交易数据估计出产品特征的隐含价值。显然，构建电影产品特征价格模型的第一步是识别影响电影市场价值的各种文化价值特征。在第六章的分析中，已经将特征价值模型的经典形式——线性形式、半对数形式、双对数形式进行了具体的介绍，本部分将通过 SPSS19.0 统计软件分别对模型线性、半对数、双对数三种函数形式进行回归，并运用相关性分析、逐步回归分析方法对函数中的属性变量进行筛选，以便获得最优的特征价格方程。通过上文分析，电影产品的文化价值特征变量被确定为五大类 30 种，由于初步选择的变量个数较多，再筛选后，将首先通过因子分析的方法提取出主要因子，再根据这些主要因子，选择拟合最好的特征价值模型形式，从而评估文化价值。

1. 自变量筛选与合并

首先将 30 个自变量分别对因变量进行回归，选取影响显著的变量留下。运用 SPSS19.0 进行相关性分析后，发现电影男主角、女主角、男配角、女配角分别对票房收入相关性分析不显著，但是将他们加和作为主要演员奖项积分之后影响就显著了起来，同样地，将服饰妆容、摄影剪辑等通过相关性分析组合成一个新变量。同时通过相关性分析发现，导演口碑对于票房的影响不显著，可以剔除。票房与影片口碑、本部影片累积获奖、本片最佳影片积分、本片导演获奖、本片编剧获奖显著相关。本片男主角、女主角、女配角获奖情况分项相关分析结果不显著，但是当加总为本片主要演员奖项得分时，结果显著。本片摄影奖项结果显著、剪辑不显著，摄影与剪辑奖项总得分显著，本片服饰妆容奖项、电影配乐、电影特效显著。而对于影片导演口碑、编剧口碑、主演口碑、导演个人过去所获奖项积分这几个变量也没有显著的影响，可能是由于消费者对这些评分没有显著的差异。因此经过因变量与自变量的分析，初步剔除了一些影响不显著的变量，合并了一些变量，评估指标从 30 个变为了 24 个。

2. 评估模型形式估计与检验

依据前文的分析，对于文化价值来说，最为适宜的是特征价值模型，但是具体选择哪种函数形式，以及具体的评估指标选择需要依据实证分析进行确认。

特征价格模型的形式有线性、对数线性、半对数、B-COX 几种，但是基本原理都是产品特征属性对市场价值影响程度的多元回归。在初步筛选评估指标之后，用 SPSS19.0 采用逐步回归分析方法，针对美国 100 部电影的所有样本，对 Hedonic 模型的三种经典形式进行估计，在函数形式确定后，运用最小平方方法可估计出各典型属性变量的单位价格。由于第六章已经介绍了线性模型、半对数模型、双对数模型的基本形式，只需将其应用到电影产品上，模型的经典形式如表 8-4 所示。

表 8-4　Hedonic 特征价值模型的经典形式

模型名称	基本形式
线性 Hedonic 模型	$P = \beta_0 + \sum_{i=1}^{n}(\beta_i X_i) + \varepsilon$
半对数模型	$\ln P = \beta_0 + \sum_{i=1}^{n}(\beta_i X_i) + \varepsilon$
对数模型	$\ln P = \beta_0 + \sum_{i=1}^{n}(\ln \beta_i X_i) + \varepsilon$

在上述经典形式中，往往考察消费者对于创意产品在某一时间的价值估计，是静态的模型，然而随着时间的推移，消费者对创意产品价值属性的评价会因为收入、创意市场的波动而发生变化，因此在艺术市场中 Hedonic 模型常用一种动态形式展现，即增加一项表示价格随时间的变化，从而得到不同年份的艺术品的价格，对于特征价值模型的估计方法通常采用最小二乘法、极大似然估计与广义最小二乘估计，本研究选取的是最小二乘法逐步回归，对美国 100 部电影文化价值影响因素进行拟合的最终结果对比如表 8-5 所示。

表 8-5　Hedonic 特征价值模型拟合结果

模型形式	R^2	调整的 R^2	标准估计的误差	D-W 值	F 显著性
线性模型	0.351	0.261	525.9109	1.299	0.000
半对数模型	0.784	0.615	0.09676	1.694	0.000
双对数模型	0.645	0.525	0.1126	1.321	0.000

从拟合结果可以看出，半对数模型的 R^2 最大，表示拟合程度最好，且调整的 R^2 为 0.615 表示自变量对因变量的解释力可达 61.5%，解释能力较强，另外 D-W 统计值显示比较接近于 2，表示自变量之间的相关性不明显，模型设计的比较合理。而双对数模型的拟合程度也不错，但是对因变量的解释力稍弱，而线性模型的拟合程度比较低，不适宜作为估计模型。因此，对于电影产品的文化价值评估模型最好采取半对数 Hedonic 模型进行拟合，本书将采取特征价格模型的半对数形式对电影进行实证研究，并最终给出相关参数与评估模型。

第四节
电影产品文化价值评估模型实证与应用

(一) 文化价值影响因素因子分析

1. 因子分析结果

尽管经过了指标筛选，可以看出自变量个数仍然比较多，为了更加清楚地识别影响因素属于文化价值的哪一维度，同时减少自变量的个数，方便清晰地进行多元回归分析，本研究拟通过因子分析的方法对自变量进行降维和归类。通过因子分析，能够减少自变量的数量，且因子能够准确反映原变量的绝大部分信息，同时因子具有命名解释性，能够识别归类同类指标，非常适合本研究。在因子分析之前，首先进行 KMO 检验，验证样本是否抽取充分能够进行因子分析。根据统计分析结果显示，KMO 系数为 0.804，大于 0.5 且较为接近 1，表明样本抽取充分可以进行因子分析（表 8-6）。

表 8-6　因子分析 KMO 检验结果

KMO 和 Bartlett 的检验		
取样足够度的 Kaiser-Meyer-Olkin 度量		0.804
Bartlett 的球形度检验	近似卡方	890.623
	df	190
	Sig.	0.000

通过 KMO 检验后，选用 SPSS19.0 对现有的 20 个测项进行最大方差旋转主成分因子分析。运用此方法提取出五个主要因子，所提取的因子累积方差贡献率为 63.466%，对于全部指标有比较好的解释力（表 8-7）。

表 8-7　相关系数矩阵的特征值和方差贡献率

因子	特征根值	方差贡献率（%）	累计方差贡献率（%）	权重（%）
因子一	6.524	21.843	21.843	34.42
因子二	2.198	14.556	36.399	22.94
因子三	1.631	10.499	46.898	16.54
因子四	1.277	9.204	56.102	14.5
因子五	1.063	7.365	63.466	11.6

其中，因子一的方差贡献率最大，表示艺术价值对于文化价值的影响力最大，审美价值次之，原创价值对文化价值的影响最小。根据每个因子对文化价值的方差贡献率能够计算每个因子的权重。其碎石图如图8-7所示。

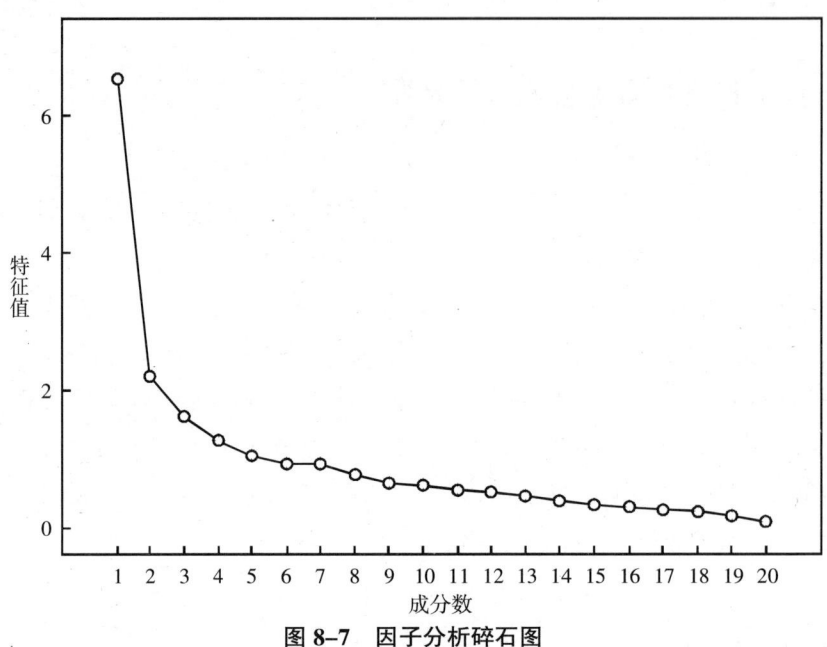

图 8-7 因子分析碎石图

依据碎石图纵坐标值可以直观地看出第 n 个主成分能够解释的方差的比例，从图上纵坐标可以看出，因子一的重要程度最高、解释力最强，同时影响力最大，因子二次之，其余三个因子的影响力与解释力没有太大的差异。为了进一步明确各主因子经济含义，建立正交旋转因子载荷矩阵。如表 8-8 所示。

表 8-8 最大方差正交旋转后的因子载荷矩阵

	旋转成分矩阵				
	成分				
	1	2	3	4	5
本片电影配乐奖项	0.789	0.226	0.253	−0.089	0.041
本片编剧奖项得分	0.763	0.121	0.311	−0.168	0.205
本片摄影剪辑获奖积分	0.725	0.061	0.077	0.366	−0.260
本片导演奖项得分	0.718	0.513	−0.044	0.074	0.065
最佳影片奖项总分	0.709	0.019	0.443	−0.224	0.189

续表

旋转成分矩阵					
	成分				
	1	2	3	4	5
导演获奖积分	0.668	0.304	−0.203	−0.074	0.093
本片特效奖项得分	0.190	0.730	0.109	0.247	0.016
本片服饰妆容奖项总得分	−0.061	0.712	0.088	−0.099	0.357
本片视觉效果奖项得分	0.392	0.656	0.193	0.241	−0.067
本片主要演员得分	0.224	0.606	0.153	−0.104	−0.058
本片艺术指导奖项得分	0.498	0.590	−0.034	0.171	0.125
导演票房号召力	−0.024	0.075	0.796	0.176	0.176
影片口碑	0.395	0.321	0.594	−0.134	−0.031
是否经典影片TOP250	0.523	0.250	0.588	−0.073	0.072
续集	0.046	0.116	0.311	−0.521	−0.100
主演获奖积分	−0.019	0.239	0.216	0.699	0.004
主演票房号召力	−0.017	0.044	0.041	0.664	0.192
编剧获奖积分	0.418	0.189	0.116	−0.001	0.643
编剧票房号召力	0.182	−0.087	0.333	0.254	0.623
改编	−0.202	0.122	−0.106	0.348	0.525

2. 因子含义解释

由表8-8可知，因子一在本片电影配乐、编剧、摄影剪辑、导演、最佳影片获奖情况以及导演自身历史获奖情况六项指标上有较大的载荷，充分反映了一部电影重要艺术构想把握、技术贡献与艺术品位的集合，其中的最佳影片获奖情况反映了电影综合的艺术水平和文化内涵的表达深度，而编剧、导演决定了电影产品的艺术视野与艺术构思，电影配乐和摄影剪辑则反映了一部电影的艺术技巧的搭建，因子一包含了这6个有关艺术属性的测向且对整体的影响力最大，依据其经济含义与在文化价值中所属的维度，故将其命名为艺术价值因子。

因子二则包含了影片的特效、服饰妆容、视觉效果、本片主要演员获奖情况、本片艺术指导获奖情况这五大指标，影片的特效和服饰效果主要反映了电影产品的视听效果，体现了一种视觉审美，而主要演员演技的肯定也能给观众带来真实丰富的审美表达，获得一种情感审美体验，艺术指导获奖在电影专业上主要是指对于布景、构图的肯定，是从总体上的一种审美意象的把握。由此可见，因子二主要涵盖了一部电影产品从审美角度的测度指标，是属于文化价值中的审美价值维度，故而将其命名为审美价值因子。

因子三包括了导演票房号召力、影片口碑、是否属于经典影片、是否是续集系列影片，基本反映的是观众对于电影产品的认同性，也就是对电影内含文化价值的一种认同，导演的票房号召力高往往表示他执导的影片受到消费者的广泛支持和欢迎，这表示他是影片的质量保证，而影片口碑也反映了电影爱好者对一部影片的看法，而是否是经典影片更是专业影评人依据长期关注数据分析的结果，代表这一部电影作品的文化价值的长期认同，续集及系列电影表示该作品良好的口碑基础与认知程度，总体来看，因子三可以称为文化认知度因子。

因子四只包含了两个因子且非常具有相关性，其中主演获奖积分充分反映了该片主要演员在表演方面的艺术造诣，这是一个电影作品文化价值非常重要的组成部分，而另一个指标则是主演的票房号召力，这主要指的是电影产品的主演是否具有高人气，观众是否喜爱并接受其主演的电影，这两个指标都是针对电影的明星效应，因此这个因子可以称为明星影响力因子。

因子五包含了有关编剧获奖积分、编剧票房号召力与是否是改编作品三个指标，主要是反映一部电影产品的原创性如何。编剧是电影的灵魂，只有好的创意和故事情节才能成就一部成功的电影。现在有许多电影都是来自对图书作品、漫画作品甚至游戏软件版权的改编，改编作品体现了原作的创意源生命力之强，也暗含了电影创作主题的衍生性。综合以上几个因素考虑，因子五可命名为原创价值因子。

至此文化价值影响因素的20个指标归为了五大因子，分别是艺术价值因子、审美价值因子、文化认知度因子、明星影响力因子以及原创价值因子。下面将这五个因子变量作为评估文化价值的主要指标，依据估计的模型进行实证分析。

3. 基于因子分析的电影产品文化价值综合评价

根据因子分析的结果与美国100部高票房电影的基础数据，利用因子分析的因子系数，与五大因子得分权重进行加权能够得到电影文化价值的一种综合评价。应用因子分析的结论，从这五个文化价值主要影响因素出发讨论美国100部电影综合文化价值水平。100部电影的总体评价结果如表8-9所示。

表8-9 美国十年间票房前十名100部电影文化价值因子得分加权综合排名

总排名	片名	文化价值	艺术价值	审美价值	文化认知度	明星影响力	原创价值
1	少年派的奇幻漂流	31.5615	77.2935	6.4350	7.4092	13.8442	2.1378
2	指环王3	25.0643	50.0295	13.2200	8.5757	21.7957	2.0055

续表

总排名	片名	文化价值	艺术价值	审美价值	文化认知度	明星影响力	原创价值
3	阿凡达	20.6041	42.9130	8.4750	7.8348	16.3098	1.9701
4	金刚	16.9602	35.2460	6.4870	6.7857	13.2727	2.5305
5	蝙蝠侠：黑暗骑士	16.0106	25.6525	11.2470	8.7139	19.9609	2.2872
6	盗梦空间	15.9130	32.8340	4.6800	8.2841	12.9641	2.4820
7	世界之战	15.7621	37.4715	1.9430	6.2294	8.1724	1.7532
8	夺宝奇兵 4	14.5940	33.8000	2.0390	6.4216	8.4606	1.7532
9	霍比特人：意外旅程	14.5212	27.2090	6.2220	8.1598	14.3818	2.5304
10	飞屋环游记	11.7529	26.1615	0.0000	8.1110	8.1110	1.9866
11	谍影重重 3	10.7829	23.6840	0.0000	7.8500	7.8500	1.6745
12	007：大破天幕危机	10.4545	21.7630	1.2650	7.1864	8.4514	2.2363
13	超人总动员	10.1391	22.3810	0.0000	7.1689	7.1689	1.8131
14	海底总动员	9.3676	18.4140	0.9090	7.9043	8.8133	2.0313
15	机器人总动员	9.3305	19.0960	0.0000	8.1419	8.1419	1.9866
16	达芬奇密码	9.3283	21.1025	0.0000	5.9897	5.9897	1.7725
17	蝙蝠侠：黑暗骑士崛起	9.1320	15.1165	2.7270	8.5135	11.2405	2.2872
18	爱丽丝梦游仙境	9.0171	11.8210	7.9860	6.1129	14.0989	0.5250
19	汽车总动员	8.8442	18.9390	0.0000	6.8112	6.8112	1.8209
20	极地特快	8.7206	19.7735	0.0000	6.1680	6.1680	0.0000
21	加勒比海盗 1	8.6410	9.1700	7.6330	7.7645	15.3975	1.8688
22	玩具总动员 3	8.1203	15.0060	0.0000	8.5869	8.5869	2.4990
23	蜘蛛侠 2	8.0895	11.4010	4.6030	6.9392	11.5422	2.4824
24	星球大战前传 3	7.9825	11.6920	3.7660	7.4768	11.2428	1.9598
25	蝙蝠侠：开战时刻	7.9019	13.3175	1.2740	8.2981	9.5721	2.2872
26	谍影重重 2	7.5605	14.7370	0.3030	7.0244	7.3274	1.6745
27	加勒比海盗 2	7.4649	7.3260	6.7900	7.0717	13.8617	1.7760
28	纳尼亚传奇 1	7.1587	6.2150	6.9360	6.9222	13.8582	2.3625
29	哈利·波特 7（下）	7.0142	5.2685	6.2220	8.3332	14.5552	2.4541
30	碟中谍 4	6.9939	12.5825	0.6060	7.1235	7.7295	1.9400
31	查理和巧克力工厂	6.9621	11.4985	2.1360	6.2911	8.4271	2.1714
32	驯龙高手	6.9460	9.9280	2.2960	7.8884	10.1844	1.9016
33	星际迷航	6.8755	6.1225	5.5650	7.7525	13.3175	2.3981
34	雷神	6.7814	12.0650	1.3710	5.9456	7.3166	2.3257
35	汽车总动员 2	6.7352	13.0670	0.0000	6.5282	6.5282	1.8209
36	哈利·波特 3	6.5775	8.8265	2.9670	6.9069	9.8739	2.4541
37	变形金刚	6.2450	8.3280	2.7350	6.6893	9.4243	2.3981
38	快乐的大脚	5.9505	11.5110	0.0000	5.8209	5.8209	1.5656

续表

总排名	片名	文化价值	艺术价值	审美价值	文化认知度	明星影响力	原创价值
39	钢铁侠	5.9291	6.2455	3.5200	7.0706	10.5906	2.2995
40	超人归来	5.5738	6.1860	3.2170	6.2966	9.5136	2.4625
41	加勒比海盗3	5.4705	3.3810	5.2090	6.8935	12.1025	1.8688
42	哈利·波特4	5.2210	5.1840	2.8550	6.7111	9.5661	2.4541
43	X战警2	5.1954	6.8950	1.0770	7.0688	8.1458	1.9375
44	变形金刚3	5.1489	6.1230	2.0050	6.5251	8.5301	2.2869
45	夏洛克·福尔摩斯	4.9672	3.9315	3.6490	6.5742	10.2232	1.7858
46	怪物史瑞克2	4.7891	6.8525	0.0000	7.1598	7.1598	1.7934
47	哈利·波特7（上）	4.7453	2.0700	3.8360	7.4482	11.2842	2.4541
48	勇敢传说	4.6835	6.8440	0.0000	6.8045	6.8045	1.8589
49	斯巴达300勇士	4.5690	4.6070	1.6210	6.7750	8.3960	2.3567
50	复仇者联盟	4.5291	1.7710	2.9640	8.1884	11.1524	2.3113
51	耶稣受难记	4.4235	7.0140	0.0000	6.4732	6.4732	0.0000
52	哈利·波特5	4.4001	2.8460	2.3950	7.2700	9.6650	2.3031
53	007：大破量子危机	4.3359	6.0530	0.3030	6.2346	6.5376	1.7566
54	弱点	4.1718	2.1270	3.0300	6.7948	9.8248	1.6905
55	哈利·波特6	4.1672	3.8860	0.7210	7.3294	8.0504	2.4541
56	饥饿游戏	4.0152	4.3830	0.3030	6.7212	7.0242	2.6455
57	变形金刚2	3.9446	5.0195	0.0000	6.2875	6.2875	2.2869
58	醉爆伴郎团	3.8634	4.1720	0.0000	7.2015	7.2015	1.6553
59	功夫熊猫	3.8170	4.8195	0.0000	6.9528	6.9528	0.0000
60	黑客帝国2：重装上阵	3.7954	2.3380	1.8180	6.7883	8.6063	1.7492
61	钢铁侠2	3.7711	1.7110	2.6110	6.9064	9.5174	0.5250
62	加勒比海盗4	3.6214	4.0080	0.0000	6.5240	6.5240	1.8688
63	后天	3.6052	4.0490	0.3650	6.0397	6.4047	1.7255
64	当幸福来敲门	3.5592	2.3985	1.8180	6.6139	8.4319	0.0000
65	蜘蛛侠3	3.5189	3.0720	0.6680	6.2851	6.9531	2.2456
66	卑鄙的我	3.4553	3.0880	0.0000	7.0297	7.0297	1.8134
67	X战警：背水一战	3.4293	1.1035	1.9330	6.6293	8.5623	2.3108
68	泰迪熊	3.2985	2.6815	0.0000	6.7113	6.7113	2.4769
69	007：大战皇家赌场	3.2324	1.8395	0.6060	7.0604	7.6664	1.5588
70	冰河世纪2	3.1602	2.4140	0.6230	6.7528	7.3758	0.0000
71	黑客帝国3：矩阵革命	3.0767	1.7110	0.7210	6.4913	7.2123	1.7492
72	我是传奇	3.0502	1.3770	0.9090	6.5322	7.4412	1.7955
73	怪物史瑞克3	3.0425	2.3790	0.0000	6.3950	6.3950	2.0570
74	史密斯夫妇	2.9726	2.7130	0.0000	5.9008	5.9008	1.7858

续表

总排名	片名	文化价值	艺术价值	审美价值	文化认知度	明星影响力	原创价值
75	长发公主	2.9522	3.7850	0.0000	4.6332	4.6332	1.8209
76	大侦探福尔摩斯：诡影游戏	2.8716	1.0430	0.3560	6.8258	7.1818	2.2466
77	国家宝藏	2.7411	1.3770	0.3030	6.2400	6.5430	1.8688
78	暮光之城 2	2.7179	2.0450	0.3030	5.1888	5.4918	2.4998
79	超凡蜘蛛侠	2.6843	0.7090	0.0000	6.9447	6.9447	2.4541
80	速度与激情 5	2.6839	1.0905	0.0000	6.7697	6.7697	1.7866
81	鼠来宝 2	2.6788	2.6720	0.0000	4.9539	4.9539	1.9084
82	醉爆伴郎团 2	2.6542	1.3360	0.0000	6.4293	6.4293	1.7128
83	暮光之城 4（下）	2.5085	0.6680	0.3560	5.9770	6.3330	2.4998
84	博物馆奇妙夜	2.4863	1.0430	0.0000	6.0203	6.0203	2.2295
85	马达加斯加	2.4680	0.7090	0.0000	6.4462	6.4462	1.9230
86	国家宝藏 2	2.4248	0.6680	0.0000	6.3728	6.3728	1.8688
87	暮光之城 1	2.3521	1.3770	0.0000	5.1164	5.1164	2.4998
88	小精灵	2.3368	1.0020	0.0000	6.4172	6.4172	0.0000
89	全民超人汉考克	2.3309	0.7090	0.6060	5.9922	6.5982	0.0000
90	拜见岳父大人 2	2.2295	1.0020	0.0000	6.0716	6.0716	0.0000
91	暮光之城 3	2.2194	0.7090	0.0000	5.4298	5.4298	2.4998
92	怪物史瑞克 4	2.2134	0.7090	0.0000	6.3447	6.3447	0.0000
93	霍顿与无名氏	2.2129	0.0000	0.0000	6.2555	6.2555	2.3384
94	暮光之城 4（上）	2.2092	0.6680	0.0000	5.4424	5.4424	2.4998
95	马达加斯加 2	2.1894	0.0000	0.0000	6.3868	6.3868	1.7836
96	冒牌天神	2.1169	0.0000	0.0000	6.1815	6.1815	1.7082
97	终结者 3	1.9853	0.7090	0.6680	4.1126	4.7806	1.8504
98	儿女一箩筐	1.9846	0.3340	0.0000	5.4263	5.4263	1.5980
99	婚礼傲客	1.9514	0.0000	0.0000	6.2869	6.2869	0.0000
100	鼠来宝	1.6215	0.0000	0.0000	5.2239	5.2239	0.0000

注：底纹填充部分表明在该总体及单项价值因子排名中位于前十名的影片。

由表 8-9 可以看出，文化价值综合得分第一名的是《少年派的奇幻漂流》，这部李安导演的大作获得了电影专家、影评人与观众的一致好评，斩获数项电影大奖，在票房上也获得了丰收，无疑是一个文化与市场双丰收的电影。这充分表明了，文化价值高的电影作品也会有好的市场成绩。并且从长期来看，真正经典的作品往往兼具了文化与市场。《指环王 3》紧随其后，这部电影也是一部经典之作，以 11 项奥斯卡奖项保持着奥斯卡获奖最多电影的纪录。《阿凡达》紧随其后获得总评第三名,这部电影上映时引起了观影狂潮,一票难求,而在国际上也斩获多个大奖,也是文化市场双赢的典范。由此可见,因子分析的结果与现实极其吻合,并且突出了文化价值高的作品市场价值也高。另外,综合排名前十名的电影中,其艺术价值排名也均在前十,充分证明了艺术价值在文化价值中的重要地位。在排名前十位的电影中,可谓各有优势,而文化价值总排名位于第九位的《霍比特人:意外旅程》则在每一个影响因子上都排名前十。这说明这部电影作品的文化价值表现比较均衡,属于各方面优秀的作品。而《盗梦空间》文化价值综合排名高则表现为在艺术价值和文化认知度上评价突出。另外可以看出,在前十名的电影中,原创价值评价排名前十的只有两部。原创价值排名高的作品包括《暮光之城》系列的全部电影,这也体现出了该系列电影创意源的原创价值很高,但是由于拍摄手法等因素,其艺术、审美价值有所欠缺,所以总体价值评价不是很高。另外《饥饿游戏》、《哈利·波特》的原创价值也很高,但是也是由于电影作品是在文学、版权基础上的再创造,因此尽管原作有良好的创意,但是由于电影创作重塑的特殊性,使得其文化表现力受到了影响,文化价值总体评价没有占优,这表明了电影的文化价值受到多个因素的影响,其中艺术价值与审美价值影响最大。

通过因子分析,可以直观地看出影响电影文化价值的主要因素,并根据因子得分对其进行综合排名,但是这种文化价值评价没有加入市场因素,下面将基于因子分析构建电影产品的文化特征价格模型,结合市场因素,判断电影产品文化价值的市场价格。

(二) 基于因子分析的电影产品文化价值评估特征价格模型的确定

1. 文化价值因子特征价格模型建立

针对原有特征价格模型在实际应用中自变量数目较多、选择难度大且存在多重线性相关的问题,本书依据主成分分析法对特征模型进行改进,排除变量间的线性相关对特征价格模型产生的误差,构建基于因子分析的创意产品文化价值特征价格模型。根据前文的模型估计,选择半对数 Hedonic 模型,依据文化价值影响要素因子分析的结果,可将模型转化为:

$\ln P = \beta_0 + \beta_1 x_1 + \beta_2 x_2 + \beta_3 x_3 + \beta_4 x_4 + \beta_5 x_5$

其中,P 指的是电影产品的市场价值,而 x_1 指的是艺术价值因子一,x_2 指的是审美价值因子二,x_3 指的是文化认知度因子,x_4 指的是明星影响力因子,x_5 指的是原创价值因子，这五个因子代表了文化价值的五个维度，β_0 代表常数项，β_1、β_2、β_3、β_4、β_5 为电影文化价值因子回归系数的估计值，可以认为是消费者愿意为相应特征文化价值支付的价格。该模型的经济含义就是电影文化价值特征属性与市场价值之间的关系，当我们能够知晓各个文化价值因子的市场价值评价就可以根据特征价格系数计算出电影产品文化价值的市场价值了。利用所收集的数据根据半对数特征价格模型进行参数估计，结果如表 8–10 所示：

表 8–10 电影文化价值特征模型的参数估计

模型	系数[a]			t	Sig.
	非标准化系数		标准化系数		
	B	标准误差	试用版		
（常量）	3.198	0.011		292.973	0.000
因子一艺术价值	0.006	0.011	0.046	0.588	0.028
因子二审美价值	0.045	0.011	0.319	4.088	0.000
因子三文化认知度	0.068	0.011	0.482	6.174	0.000
因子四明星影响力	0.033	0.011	0.233	2.987	0.004
因子五原创价值	0.026	0.011	0.186	2.375	0.020

a. 因变量：电影总票房

从表 8–10 中可以看出在文化价值因子中，文化认知度对于市场价值影响最为明显，在其他文化价值要素保持不变的情况下，电影的票房收入对数与文化认知度的弹性为 0.068。这一点也与事实相符，消费者更乐于接受文化认同的创意产品。审美价值因子是市场价值影响力排名第二的因子，电影的票房收入对数与审美价值的弹性为 0.045，这表现出了消费者对于审美趣味的追求。排名第三的因子是明星影响力因子，这可以归类于文化品牌影响力中。电影的票房收入对数与明星影响力的弹性为 0.033，对于创意产品来说，其象征意义和符号价值满足人们的炫耀性消费的想法，因此明星影响力也是吸引消费者购买的重要原因。原创价值的影响力紧随其后，电影的票房收入对数与原创价值的弹性为 0.026，也体现了其重要性。从统计分析结果来看，对于电影产品来说，其原创价值对市场价值的影响高于艺术价值。通过数据分析可以看出，在电影票房价值高的背景下，许多文化价值高的电影获得了专业评价与市场的双重肯定，然而也有一些文化价值相对较低的电影也取得了优异的票房成绩，这主要是由于市场因素的影响。根据因子分析的结果可以看出，在文化价值因子分析中，艺术价值对于文化价值的影响最为重要，但是对于市场价值的影响最低，其他因子对文化价值影响基本与其对市场价值影响相等。这表明了在市场价值评价中，文化价值的市场实现受到了其他一些因素的影响，因此在下面将市场影响因素加入进模型进行调整。

2. 电影产品文化市场价值特征价格模型调整

根据第五章的分析结论，在对文化价值对创意产品市场价值的影响分析中，不能仅仅考虑文化价值因子，而应该合理地考虑市场影响因素的控制变量，结合电影产品的特征，可以发现上映档期与放映数量是最为重要的市场影响因素，因此加入市场因素作为控制变量之后，原来的回归方程发生了一定的变化。

$$\ln P = \beta_0 + \beta_1 x_1 + \beta_2 x_2 + \beta_3 x_3 + \beta_4 x_4 + \beta_5 x_5 + \eta s + \gamma o$$

其中 P 指的是电影产品的市场价值，而 x_1 指的是艺术价值因子，x_2 指的是审美价值因子，x_3 指的是文化认知度因子，x_4 指的是明星影响力因子，x_5 指的是原创价值因子，这五个因子代表了文化价值的五个维度，而 s 指的是电影上映银幕数，η 指的是电影上映银幕数的系数，o 指的是首轮放映档期，用虚拟变量来表示，γ 指的是相关的回归系数，β_0 指的是常数项，β_1、β_2、β_3、β_4、β_5 指的是电影文化价值因子回归系数的估计值。因此整个评估模型的经济含义涵盖了电影产品的市场价值实现过程中文化价值的影响以及市场要素的影响，可以用来评估电影产品文化要素的市场价值。而放映数量和档期这两个市场要素则决定了文化价值的最大化。如表 8-11 所示。

表 8-11 加入市场因素的电影产品文化市场价值特征模型回归分析结果

模型	系数 [a]			t	Sig.
	非标准化系数		标准化系数		
	B	标准误差	试用版		
（常量）	1.626	0.136		11.947	0.000
因子一艺术价值	0.018	0.011	0.126	1.678	0.007
因子二审美价值	0.037	0.010	0.267	3.679	0.000
因子三文化认知度	0.048	0.011	0.341	4.352	0.000
因子四明星影响力	0.019	0.011	0.137	1.759	0.042
因子五原创价值	0.014	0.011	0.103	1.377	0.013
放映数量	1.081	0.284	0.335	3.799	0.000
档期	0.027	0.010	0.208	2.799	0.006

a. 因变量：电影总票房

根据表中的特征价格系数，最终电影产品文化市场价值评估模型为：

$$\ln P = 1.626 + 0.018 \times 艺术价值 + 0.037 \times 审美价值 + 0.048 \times 文化认知度 + \\ 0.019 \times 明星影响力 + 0.014 \times 原创价值 + 1.081 \times 放映数量 + 0.027 \times 档期$$

(三) 实证结果分析

1. 特征价值模型影响因素结果分析

从对各影响因素的参数估计可以看出，市场要素对其文化价值市场实现有明显的影响，其中放映数量的影响最为明显。在文化价值因素中，文化认知度仍然处于最为重要的位置。下面依次对这些因素进行深入分析。

（1）放映数量的多少直接影响了文化价值实现的程度，无论是文化价值多高的电影，只有真正让观众接触到才能实现其最大的价值，这点是毋庸置疑的。也只有让更多的观众了解并接受，其文化市场价值才能最大化实现，这也与实际相符。一些文化艺术价值高的文艺片由于在市场中覆盖过少，导致其价值不为人知，因此在注重电影文化价值的同时，也要做好院线营销推广发行的工作，否则其文化市场价值不能顺利实现。最为典型的例子就是电影《少年派的奇幻漂流》，这部影片的文化价值因子得分排名第一，斩获许多大奖，也获得了业内与普通观众的一致好评，但是由于在美国本土的放映数量仅为2927场，在2012年度票房排名第十位，虽然也是不错的成绩，但是与平均放映3000~4000场的其他电影相比明显落后，如果能够增加放映数量，这部电影必将产生更大的市场价值与社会影响。

（2）文化认知度是对于电影产品文化市场价值实现最为重要的文化要素，对于电影市场价值实现的影响也非常显著。这与消费者的文化习惯紧密相关，这一因子中包含了导演票房号召力、影片口碑、是否属于经典影片、是否是续集系列影片这几个指标，体现了一种流行文化的号召力。对电影产品来说，文化认知度的特征价格变动会引起总价格的4.8%的变动，我们可以理解为更高的文化认知度象征了该作品在人们心中的文化地位，因此愿意付出更高的价格。最为典型的例子是影片《复仇者联盟》，这部影片在2003~2012年度100部票房热卖影片中总排名第二，排除通货膨胀的因素来看，这部影片的总体文化价值处于中上游，然而它的文化认知度排在前10位中的第8名，大导演的加盟，耳熟能详的动漫人物系列，良好的口碑，都是其成功的要素。

（3）电影审美价值仍然是人们消费的重点。电影是视觉艺术，一部制作精良、视听效果震撼的电影的确是引人注目的焦点，消费者可以从中获得情感与感官的完美体验,这也能够解释人们为什么会愿意付出更高的票价去欣赏3D、IMAX效果的电影。演员高超的演技、画面清晰的质感、音效配乐的美妙吸引更多人消费,促进了文化价值的市场实现。电影《阿凡达》、《蝙蝠侠:黑暗骑士》是典型的代表。其中,《阿凡达》在100部影片中的总票房排名第一,《蝙蝠侠:黑暗骑士》总票房排名第三。同时,它们的文化价值总得分排名在第三位和第五位,其中审美价值因子排名也在第三位和第二位,这也充分说明了高文化价值的电影产品才能取得最大的市场价值,而如果影片本身的文化价值含量低,尽管有市场因素的影响也不能长久。

(4)档期对于一部电影市场价值的影响也比较突出,电影产业目前还处于比较繁荣的阶段,市场竞争相对激烈,因此选择一个合适的档期推出电影产品争取市场成为了影响市场价值的重要因素。在电影营销中打造出档期概念对于票房的影响已经众所周知,贺岁档和暑期档要比在普通周末推出更吸引消费者。而在排名前十位的影片描述性分析中可以发现绝大多数高票房作品都属于暑期档和贺岁档这两个区间。其中暑期档影片在100部电影中占据了48个席位,这与美国暑期档是大片云集的最热档期现实非常吻合。这一点也非常值得重视,对于特殊档期的打造在我国贺岁片市场也有所体现。

(5)明星影响力对于电影市场价值的影响充分体现了电影的明星效应。这也是电影文化品牌的体现,明星作为一个个人品牌与电影结合,就如同知名画家的画作价格更高一样,给电影带来更高的附加价值。实证结果显示明星影响力因子对于市场价值的影响系数相对较低,这也合理地解释了一些没有大明星加盟的优质影片也取得了不俗的票房成绩。明星影响力固然重要,但是文化价值其他因素以及市场因素的作用也不容忽视。星光熠熠的电影固然受到追捧,但是如果影片本身的审美、艺术价值以及文化认知度低,甚至排片档期不佳,放映量场次安排不合理都会影响票房。因此在电影创作时,不应该将大部分投资都放在明星片酬上,更要注重整个影片的创作质量。

(6)电影的艺术价值与明星影响力对于电影市场价值的影响差别不大,但值得关注的是电影艺术价值是最能解释其文化价值的因子,可以看做是衡量文化价值最为重要的指标,它包含了有关电影艺术造诣的一系列指标,然而统计分析的结果显示对于电影消费者来说,艺术价值的高低对他们观影的影响相对较低。这与广大消费者的观影品位有非常大的关系,一些艺术价值含量高的电影可能与消费者的艺术审美趣味有一定距离,故而不能实现很好的市场价值。但是真正经典的电影艺术还是会收获较高的市场价值。同样以电影《阿凡达》、《蝙蝠侠：黑暗骑士》、《指环王》为例，近十年来总票房前10位左右的三部电影，其艺术价值排名也位居前五名，这说明真正有艺术价值的电影产品也是有市场的。在追求市场价值最大化的同时不应放弃对艺术价值、审美价值的追求，不能仅仅靠取悦消费者来换取市场，这也是不能持续发展的，短暂的票房高峰后就很难继续开发。

（7）原创价值对电影产品市场价值实现的影响最小，这是由于原创性高的电影作品，少有类似作品类型比较，因此很难去判断其质量如何，是否会引发共鸣，如果没有很高的文化认知度与明星影响力，很难吸引消费者去观影。因此在市场中很难迅速引起观影热潮，在实证分析中影响因子系数相对较小。而原创价值因子主要包含了对电影剧本创作团队的评价，这恰是电影创意源的核心，只有原创价值高的电影产品衍生能力才会强，有良好的后续开发潜力，能够生产电影衍生品，因此这也是非常重要的一项文化价值。在实证数据中，原创价值排名第一的电影《饥饿游戏》在十年票房排行榜上名列第九位，这对于一部没有大明星加盟的电影来说是非常优异的成绩，主要得益于其巨大的原创价值，这部电影的衍生品也迅速热卖，改编作品层出不穷。原创价值排行榜排名前列的还有《暮光之城》系列电影，这些电影也都是历年票房排行榜的前十名作品，这一系列从小说改编的电影有着强大的生命力，不仅电影热卖小说畅销，更引发了"吸血鬼"系列题材的走红，相关电视剧一度热播。因此，尽管对于电影短期市场价值的影响相对低，但是长期来看，原创价值高的电影有更大的增值潜力。

2. 电影产品总体市场价值评估模型构建

根据前文的分析，如图8-8所示，将电影产品的市场价值也进行分解，电影产品的物质载体价值很低，可以忽略不计，而电影产品的文化价值与知识产权价值占有同样重要的地位，且电影产品的知识产权价值类型主要为著作权，那么电影产品市场价值可以看做是电影产品的短期文化市场价值与电影产品知识产权的战略选择权价值的和，结合Hedonic线性基本模型与第六章研究结论：

电影产品的市场价值 = 文化市场价值权重×电影产品文化市场价值 + 知识产权战略选择权权重×电影产品知识产权战略选择权价值

结合第六章分析的Hedonic模型的线性模型：$F(mv_t) = \beta_0 + \sum_{i=1}^{4}(x_i v_i) + \varepsilon_t$

可得：

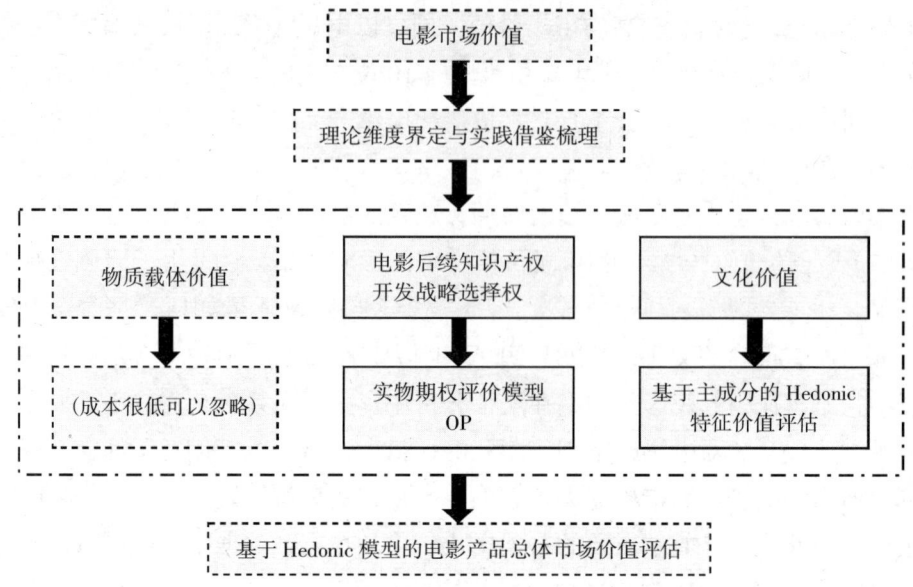

图 8-8 电影产品市场总体价值评估结构图

电影产品市场价值 MV = $\beta_0 + x_2 \times (1.626 + 0.018 \times$ 艺术价值 $+ 0.037 \times$ 审美价值 $+ 0.048 \times$ 文化认知度 $+ 0.019 \times$ 明星影响力 $+ 0.014 \times$ 原创价值 $+ 1.081 \times$ 放映数量 $+ 0.027 \times$ 档期$) + x_3 (Se^{-(r-m+\lambda\sigma)(T-t)} N(d_1) - Xe^{-r(T-t)} \times N(d_2)) + \varepsilon_t$

依据文献研究结论以及实践中在电影这一产品中,文化价值与知识产权的价值是处于同等重要的位置,可以将其权重各赋值为 0.5、0.5,当然根据不同的电影,两部分价值可以进行适当的调整,总体来说可以用来评价电影产品的总体价值。

(四) 中国电影产品市场价值实现的现状与对策

1. 中国电影产品现状描述性分析

在本部分研究中,笔者同样采集中国 2003~2012 年国内 10 年票房前 10 名共 100 部影片进行分析。其中,相关电影票房信息来自于历年《中国电影产业研究报告》以及国家广电总局网站发布的数据。由于国内数据发布的透明度低,数据采集难度大,导致无法与美国电影产品做同类型分析,但是可以依据在成熟的有效的美国电影产品分析基础之上,对照国内的情况做一个比较,也会对我国电影产品文化价值提升有所帮助。

(1) 进口影片总体文化价值、票房均超越国产影片。

在中国近 10 年票房排名前 10 名的 100 部电影中，有 51 部外国电影榜上有名（图 8-9）。其中电影《阿凡达》更是夺得了中国大陆 10 年内票房最高影片的桂冠。中美 10 年电影比较可知，在描述性统计中可以发现，相同的 10 年内，中美两国票房前 10 名 100 部中相同影片数高达 30 部，这充分说明优秀的高质量的电影在中美两国都受到消费者的欢迎与市场的认可。在这 30 部影片中，包含了 6 部在美国文化价值因子得分排名前十的影片：《少年派的奇幻漂流》、《指环王 3》、《阿凡达》、《金刚》、《盗梦空间》、《世界之战》。这一结果让人欣慰，这些文化价值高的电影排除了文化差异，获得了一致的好评。

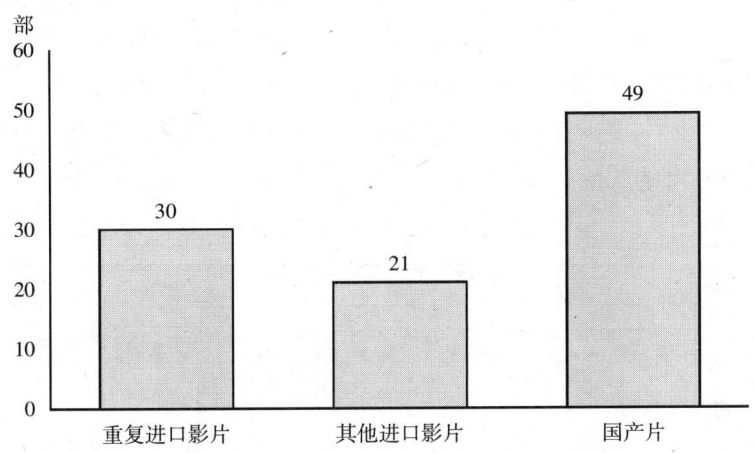

图 8-9　2003~2012 年中国国内电影票房前 10 名影片构成

资料来源：2003~2012 年十年中美 100 部电影数据统计结果。

但是可以看出国产片的票房总体不敌进口片，这与美国电影市场差异非常大。在美国本土市场分析中，没有进口片进入票房排行榜前十位的先例，电影产地均为美国本土。另外，除却中美两国市场共同认可的 30 部影片，其余的 21 部电影在美国本土的票房并不好，也几乎没有斩获什么国际大奖，说明在学术界与美国国内这些影片的文化价值与市场价值并未受到广泛的认可，但是在中国却受到了消费者的热捧，这或许也与"进口大片"的营销手段与强势文化有关，中国消费者有迷恋"进口大片"的情结也是多出自于对国产片的失望。从进口片在我国市场备受欢迎能够看出，我国电影观众的审美趣味与国外观众相差无几，对于电影的文化价值有着一定的要求，只是由于国内电影质量普遍偏低无法满足观众的需求因此国产片票房偏低。2012年这一趋势进一步扩大，这为我们敲响了警钟。

（2）中小成本原创价值高的类型片广受好评。

与进口大片高水准高成本的制作模式相比，国产中小成本类型片正走出一条新路。从《疯狂的石头》开始，类型突出的原创性高的电影在国内受到了专业人士与观众的一致认可。2011年小成本影片《失恋33天》由网络风靡小说改编，获得了票房奇迹，也使得小清新爱情片一度走红，但其中却仅有《101次求婚》、《分手合约》等少数几部影片突围而出，大多数跟风影片赔本。2012年票房高过13亿人民币的《泰囧》没有巨星大牌加盟、没有豪华创作团队，凭借突出的喜剧元素、跌宕起伏的构思使得这部中等成本、富含喜剧特征的原创影片获得了市场和口碑的双重认可。然而与中等成本影片《泰囧》一起出现的，还有大量制作粗糙的小成本影片，它们试图追赶这股疯狂喜剧风潮，却造就了很多"烂片"。这都可以看出，成本多少并不决定电影的品质，而电影的核心创意、突出的类型特征才是吸引观众的关键。

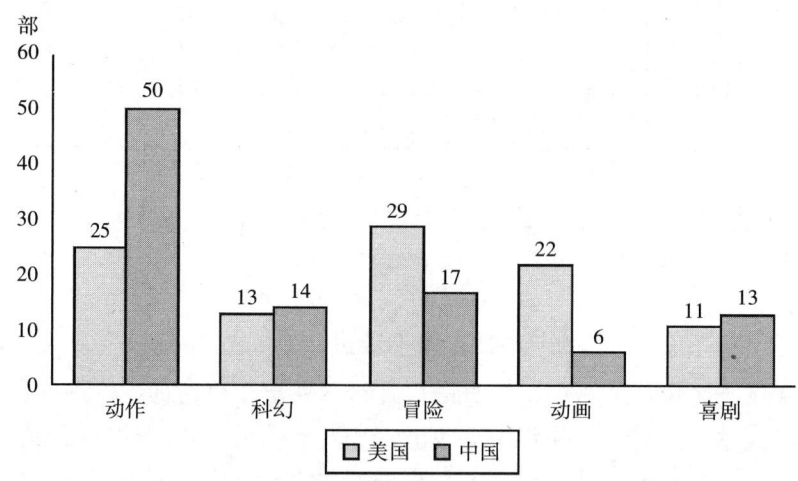

图 8-10　中美电影票房 10 年票房前 10 名影片主要类型比较

资料来源：2003~2012年十年中美 100 部电影数据统计结果。

由图 8-10 可以看出，中国动作片高达 50 部，占 50%，这与我国的文化传统有关，人们偏爱动作片特别是武侠动作片，而在美国电影类型相对比较平均，奇幻冒险片特别受到欢迎，动画片也不仅仅是给小朋友欣赏，在成人中也受到热捧，因此在电影票房中占有很高的比例。通过对电影类型的分析可以看出，美国的冒险、动画片都需要很强的创意构思，原创性较高，同时作为一个创意源的衍生能力很强，超级英雄、动画形象都可以衍生出许多衍生品，这对于电影产业的发展至关重要。而我国出现了动作片独霸的景象，观众也需要新的创意冲击。这也是近年中小成本喜剧片、爱情片成功的原因，给观众的审美疲劳带去了一丝清新与活力。

（3）国产电影总体文化价值含量低，艺术、审美价值与商业结合能力差。

依据现有数据回顾历年位于票房前十位的影片，的确少有佳作。从艺术审美价值来看，缺乏优秀的制作团队，艺术构思创意不足，很少受到国际权威奖项的认可，观众的口碑也普遍偏低。2012年度，票房前十位有七席被进口片占据，仅有三个国产片的位置，分别是《泰囧》《画皮2》《十二生肖》。这三部影片的确各有千秋，包含了中等成本制作喜剧类型片、魔幻系列影片以及备受欢迎的高成本国产动作类型片，也反映出了我国电影产品质量的提升。但是纵观近10年的国产电影发展历程，获得票房认可的多是一些商业大片，艺术价值不高，甚至有的观众口碑也比较低，空有名导执导、明星加盟，但是剧情枯燥无趣，甚至庸俗引来恶评一片。但是这些电影的确获得了票房的成功，排进了当年前十名。这种市场价值的实现与明星影响力、宣传营销有关，但是却永远留下了文化价值含量低的恶名，无法成为能够后续开发的优质产品。

中国内地市场缺乏真正有文化价值的影片的同时，一些国产艺术佳作却无缘国内大银幕，这些构思精巧、技巧卓越的影片在国际上斩获奖项，却面临着艺术片的排片档期短、场次少，无法顺利面向观众的尴尬局面，也是造成我国电影市场商业大片不断但是文化价值普遍偏低的重要原因，反过来，这种现象对于创意人员进行电影创作有着负面影响，华语片逐渐有缺席戛纳、威尼斯等权威国际电影节的境况，国内不少评奖也纷纷出现得奖者空缺的情形。

（4）创意人才匮乏，明星影响力与文化认知度偏低。

值得深思的是，在对2003~2012年国产电影研究的过程中发现，多数高票房影片集中在极少数导演手中：张艺谋、冯小刚、陈凯歌、李安、徐克、吴宇森几位大导演几乎占据了半壁江山。其中冯小刚导演更是有7部电影作品列席。总体来看，这些知名导演的确有很高的艺术造诣，张艺谋、陈凯歌、李安导演多次获得国际权威电影节奖项，徐克、吴宇森也在国际上享有一定的知名度，这些导演可谓有一定的票房号召力，但是新生代的导演始终没有超越他们，造成了青黄不接的景象。电影最重要的原创价值因子在于电影剧本的好坏,这直接影响到电影故事情节是否能够吸引观众。在美国,编剧掌握了电影产业的生死大权,而在中国具有品牌效应的编剧少之又少。除了冯小刚导演的御用编剧王朔有较高的知名度外,其他编剧均是圈内明星但是在大众心中籍籍无名,这一现状也亟待调整。许多优秀的作家也开始向编剧转型,这也是可喜的现象,另外改编知名度高的文学作品也是很好的渠道,如张爱玲的《色·戒》,这部电影正是由于原作者的知名度吸引观众,同时加上李安导演的执导,在权威电影节多有斩获之余,也获得了国内市场的认可,然而这部艺术作品也遭到了不少非议,这与我国现有的电影制度有关。从演员明星的角度,中国的电影市场也缺乏真正的国际一线明星,仅有张曼玉、巩俐、章子怡可以称之为真正的国际明星,其他电影明星的国际影响力偏低,例如,在国内刘德华、梁朝伟、葛优是比较具有号召力的演员,但在国际上却并非如此,这也与我国国产电影作品海外销售不佳息息相关,但是追根溯源还是与电影本身文化认知度低有关。

2. 中国电影产品市场价值实现对策建议

电影产品市场价值实现直接表现为市场效益的产生,在文化价值成功开发、传播的基础上,要收获电影文化价值转化为市场效益的丰硕成果,还需要利用产业化的手段将文化创意、科技、市场有机地结合起来。其中文化创意是核心,它创造文化价值与知识产权价值,主导着电影价值链的分配和延伸;科技是手段,它支持了文化创意的传播、发展和价值的传递;市场是平台,它是了解需求、检验、实现电影价值的场所。

(1)挖掘文化创意元素,打造高文化价值的创意源。

五千余年中华文明史孕育了丰富的民族个性和特色的文化元素。中国传统的水墨丹青、丝竹之声、功夫茶道以及精神上的大道至简都给创意产业创造了宝贵的文化遗产。如何挖掘中国五千年的文化底蕴,使文化创意与源远流长的中国文化元素融合,打造具有高文化价值含量的核心创意源是电影产业乃至整个创意产业发展的关键问题。从美国电影产品的开发经验可以看出,个人英雄主义的崛起和自由主义的精神交相辉映,形成了原创价值高的诸多创意源,如超级英雄、魔幻人物,充满了对美国梦的刻画以及自由的追寻,这种文化内核鼓舞着观影的受众,并形成文化合力,向世界各地传播美国文化。事实上在世界范围内中国文化元素也有一定的认知度,也有越来越多的传统文化元素被世界吸纳,著名的系列电影《功夫熊猫》就是典型的例子,可惜不是我国创意人的原创,可贵的是这也给了我们很多启示。只有不断挖掘中华民族特有的文化创意元素，形成文化价值高、衍生能力强的创意源，才能真正长期、全面实现电影产品、创意产品的市场价值。

（2）注重文化营销，全面增强文化认知度。

对于创意产品来说，寻求沉淀于消费者心目中的文化需求、价值观念进行文化营销才是真正有价值的。通过文化的辐射力和认同感吸引各个细分市场的目光也是提升电影产品市场价值的重要举措。目前中国创意产品的文化认知度比较低，源于没有经典的文化品牌推广，许多优秀的作品没有形成一个有影响力的品牌，在国际上知名度、美誉度都比较低，电影甚至创意产品的象征意义不足，文化认知度普遍偏低，甚至在自己国内的文化认知度都不足，动辄就被冠以"山寨"、"雷人"，又如何能走向国际市场。国内缺乏真正有文化价值的创意产品，有一些尽管文化价值高却知名度低仅有小众才了解无法形成有影响力的文化品牌，这都需要进行文化营销，将其内涵的文化价值、象征意义挖掘出来，通过营销手段包装，使得具有更广泛或者更精英化的受众基础，能够有持续的市场空间。这需要注重对大众的社会思潮、流行趋势的把握，用通俗的、流行性强的、文化折扣低的元素包装电影产品和电影营销宣传活动，形成面向最大范围受众市场的销售。文化营销也给一些艺术性强、受众面相对比较狭窄的电影提供了特定的思路操作和营销空间。

（3）培育创意人才，提升明星品牌影响力。

创意人才是创意产业发展的基础力量，也是创意产品价值提升的关键，对于电影产品来说，思想性强、艺术造诣深厚、技术掌控力强的导演决定了电影品质的艺术审美格局，而编剧的创意构思、情节设置决定了电影故事的原创性、艺术性与吸引力，符合角色形象、表演技巧高超的演员更是实现电影画面的点睛之笔，这些创意人才对于一部电影的成功有至关重要的作用。通过前文的分析可以发现，我国在创意人才的储备方面有所欠缺，特别是缺乏有国际影响力的精英创意人才。明星品牌影响力对电影以及其他创意产品的市场价值实现的影响是不言而喻的，已经成为一种品质和品位的保证。美国好莱坞不缺乏顶尖的导演、编剧和演员，这也是美国电影产业长盛不衰的根本保障，甚至提到某个类型的影片，人们都会想起几位代表导演、编剧和演员，这也应该是我国创意产业发展的方向。专业院校的人才培养、社会原创草根阶层的挖掘激励、培育和保护优秀的创意人才是提升创意产品品质、实现其市场价值的必由之路。可喜的是，目前我们已经有了这样的趋势，一些微博上的草根创意人有机会签约电影公司从事编剧和创意工作，可见好的创意人才不会湮灭。这需要社会的鼓励和保护，也需要专业的团队进行营销推广，使其成为国际耀眼的明星，帮助国产电影走向世界舞台。

（4）完善、重构电影产业价值链，促进艺术审美与市场融合。

相比发达国家的电影产业链，我国电影产业价值链存在许多缺失的环节。真正有文化艺术价值的作品难以推向市场，不仅仅有观众审美趣味的原因，不然国外的优质影片也不会在国内掀起热潮，更多是国内的市场缺乏优秀的、有长远眼光的营销推广团队。我们只有基本的价值链：制片—发行—放映，而重要的融资、营销、后电影产品开发都处于非常初级的阶段，这非常不利于整个价值链的整合，对于电影产品市场价值的实现也有很大的阻碍和限制。对于文化艺术价值高的电影产品，应该予以资本扶持、营销推广，使其能够接近市场受众，并根据市场定位有针对性地投放目标市场，同时及时接纳市场动态信息，反馈到创意源，形成一个动态调整的价值网络，对于市场潜力大的电影产品进行再开发，促进创意产品市场价值的最大化。对于中国电影来说，应该注重产业价值链高端高附加值部分的建设，在创意与营销两个部分加大知识、人才、管理等多个要素的投入，注重完整产业链的塑造，实现优势环节的整合，找出中国电影产业的核心竞争优势环节，最终实现中国电影产业价值链的重构，促进文化艺术与商业的完美结合。

（5）注重知识产权保护，进行以知识产权为中心的电影衍生产品开发。

由于制度与电影产业发展自身的缺陷，目前"盗版"、"山寨"行为屡禁不止，极大地威胁了电影产品市场价值的全面长期实现，使得我国电影产业存在盈利模式单一化的问题，过度依赖国内票房，海外版权销售与衍生品开发严重不足。因此必须加大对电影知识产权的保护力度，为电影产业发展提供良好的发展环境，从而使我国进入电影产业多元化经营新阶段。尽管在多方呼吁下，我国已经修改了《著作权法》，但是仍有许多问题处于监管的空白，无法保障创意持有人的权益，这些问题都亟待解决。另外，在电影衍生产品的开发上，应该注重以知识产权为核心进行产权开发，注重在此过程中知识产权的增值，可以选择自行开发或者授权开发的模式，交给专业的运营团队操作，合理分配利润，这样有助于创意产品知识产权的市场价值最大化。在这个过程中，更要注意对电影衍生产品知识产权的保护，这也是保证我国电影产业乃至创意产业持续创新的动力所在，目前我国电影盗版现象普遍，电影相关知识产权无法得到全面有力的保护使得电影衍生产品开发陷入困境，造成电影产业链的断裂，影响着我国电影产品市场价值的最大化，也无法激励创意人进行进一步创作。必须建立完善的知识产权保护机制，严厉打击侵害知识产权行为，形成有偿使用知识产权的社会共识，从社会文化上构筑创意产品市场价值实现的基石。

本章小结

本章在对电影产品市场及特殊性分析的基础之上，对美国2003~2012年票房排名前10位的100部电影进行了文化市场价值影响因素分析，并通过模型拟合选择Hedonic半对数特征价格模型形式作为评估电影文化市场价值的基本模型，并通过实证分析确立了相关参数，从而得出了电影文化市场价值评估模型。在此基础上，结合第六章创意产品总体价值模型构建思路，探索性地得出了电影产品市场价值评估模型。并且根据可获得的中国国内数据对中国电影产品市场现状进行了相关的描述性分析，有针对性地提出了提升国内电影产品文化价值、打造文化品牌进行文化营销的相关对策建议。

第九章

基于创意产品市场价值实现的商业模式创新研究

创意产业是以文化创意为核心,以知识产权为重要特征的产业业态,创意经济的价值创造能力非常惊人,外部性也很强,能够带动相关产业进行价值增值。我国的创意产业取得了一定的发展,但是整体来看,创意产品和创意企业的竞争力和影响力还有不足,市场价值实现的能力还亟待提升。主要原因除了文化创意的创造能力欠缺,更为重要的是对于有价值的创意源开发不足,未能形成创新的商业模式,没有实现创意价值的最大化。近来,商业模式创新得到了越来越多的管理学者和企业家的关注,这是由于商业模式的创新能够带来企业、产品竞争优势的提升,对于创意产业这一新兴产业来说尤为重要,因此,沿着价值实现的逻辑对创意产品的商业模式进行研究成为分析创意价值实现最大化的必经之路。在创意时代,文化消费者的需求时刻都在变化,创意产品的创造也必须按照消费的反馈进行创新和调整,这些必然都会影响创意价值形成、价值创造、价值实现的某些环节,产生新的商业模式,本章就将从创意产品市场价值实现的角度探讨商业模式创新,找到商业模式的创新逻辑。

第一节
基于市场价值实现的创意产业商业模式构成

(一) 商业模式与商业模式创新

商业模式是企业为了获取利润进行的各种相关活动的整体性设计与描述，旨在说明企业如何对战略方向、运营结构和经济逻辑等方面一系列具有内部关联性的变量进行定位和整合，以便在特定的市场上建立竞争优势。

商业模式的概念众说纷纭，在不同的行业领域内都有关于商业模式的不同界定，学者们更是对商业模式和商业模式创新进行了深入的讨论。王雪冬和董大海（2012）认为商业模式是融合了技术创新学、战略学、营销学等不同学科的相关内容而形成的一个新兴的管理学独立交叉学科。

从熊彼特（1934）提出创新概念以来，技术创新学派对于商业模式的研究聚焦在产品创新和技术创新上，Chesbrough 和 Rosenbloom（2002）为代表的学者开始认识到技术本身不具备特定的客观价值，技术的经济价值通过商业模式的创新来实现，Christensen（2002）率先提出了破坏性技术创新的概念。为了与破坏性技术相匹配，企业必须进行破坏性商业模式创新，由此可见，商业模式的创新在技术流派看来是找到最不可能消费的群体，并突破这些阻碍，开拓新市场。Chesbrough（2006）认为，企业必须建立与其核心技术相匹配的商业模式，技术不能保证商业价值的实现，必须通过创新商业模式获取。最为典型的例子就是智能手机与移动支付的结合，开创了全新的互联网金融模式。对于技术创新学派来说，商业模式的创新在于新理念的提出，而这些理念被视为技术服务，作为技术转化为价值的手段。

战略学派从更为宏观的视角分析商业模式创新，Hamel（1998）将商业模式理解为一种战略创新，将其定位为对企业发展的重要动力，Schlegemilch 等（2003）强调了商业模式对原有商业规则的颠覆重构，Magretta（2002）从价值链的角度定义商业模式创新，他认为对企业原有价值链的调整，或者对价值链中所包含要素的创新都属于商业模式的创新。Osterwalder（2005）则把商业模式创新看做是解释价值创造和价值获取的方式，涵盖了价值主张、价值创造和价值系统整合等多方面的内容，兼顾所有利益相关方的动机与需求，并设计多种合作与交易机制以满足各方的需求。Bock 等（2010）认为商业模式创新不同于一般的渐进式组织变革，而是一种非常规的特殊创新，是一种激进的组织变革行为，这就远高于产品创新、渠道拓展、品牌塑造的业务模块的创新，是战略层面上的改革，甚至对于整个产业的格局产生重大影响，苹果公司就是一个最为典型的例子。战略学派更多从企业角度思考，对于消费者层面的关注略显不足。

营销学领域对于商业模式的研究也很有影响。消费者更是其关注的核心，因此在这一问题上，学者们倾向于挖掘客户的潜在需求，创造新顾客和创建新市场。Aspara（2010）从这个角度把商业模式定义为："一种重塑既有市场结构，面向消费者潜在需求，实现顾客价值跳跃式增长，设计独一无二的业务系统，开发新渠道或彻底改变竞争规则的创新。"

商业模式研究逐渐增多，本身也逐渐发展成为一个全新的管理学交叉学科体系。学者们从商业模式本身的特点出发探讨商业模式创新问题，认为商业模式创新即是商业模式的变革。总体来说，商业模式创新是一个动态化的过程，研究创意产业的商业模式创新，同样需要研究其价值创造中能够突破创新的环节，根据消费者的反馈，从创意的构思、设计、技术创新、营销等多个层面进行动态调整与重构，以实现最大化的商业价值。

（二）商业模式构成要素分析

目前学术界对于商业模式构成的讨论也有许多，从研究视角来看，基本可以分为静态和动态两个角度。静态视角主要从商业模式的基本构成入手进行分析，认为对商业模式与商业模式创新的概念进行梳理最重要的意义就在于了解商业模式的关键构成要素，并能够通过创新这些关键要素进行商业模式的重构。而动态视角的研究者认为商业模式的创新是一个系统化的过程，在不同阶段有不同的创新目标和方法。下面就将学者们的观点进行一个汇总和梳理，找到创意产业商业模式创新的关键。

作为静态分析商业模式的代表学者，Yip（2004），Voelpel，Leibold 和 Tekie（2004），Teece（2010），Yunus，Moingeon 和 Lehmann-Ortega（2010）等重点关注目标企业的商业模式构成要素，在此基础上探讨更改某个或某些构成要素的可能性，从而实现商业模式的创新。Teece（2010）认为商业模式的构成要素包括选择嵌入到产品或服务中的技术和特征、顾客从消费/使用产品/服务中获利、进行市场细分并选定目标市场、确保可行的收入流和设计价值获取的机制五个要素，他同时提出了这五个要素之间存在递进的关系。Yunus，Moingeon 和 Lehmann-Ortega（2010）则把传统的商业模式构成要素分为价值主张、价值定位和盈利模式，并认为价值主张包括顾客、产品/服务，价值定位包括内部和外部价值链，盈利模式包括销售收入、成本结构和资本应用。Bucherer，Eisert 和 Gassmann（2012）把商业模式创新定义为变革企业的核心元素和商业逻辑的过程。国内学者丁浩等（2013）将这些观点整理出来，制作成了一张清晰的图表，如表 9-1 所示：

表 9-1 商业模式构成要素梳理

序号	代表作者	要素数量	具体构成要素
1	Timmers（1998）	4	价值网络（供应商）、收入/价格、信息流、产品/服务流
2	Kim 和 Mauborgne（2000）	7	价值网络（供应商）、顾客（目标市场/范围）、价值主张、能力、收入/价格、成本、利润
3	Amit 和 Zott（2001）	10	资源/资产、功能/能力、信息流、产出（提供）、产品/服务流、商业机会、价值创造、交易内容、交易治理、交易结构
4	Chesbrough 和 Rosenbloom（2002）	11	价值主张、价值提供、目标市场、收入、价值网络、价值链、成本结构、利润、竞争战略、竞争对手、价值创造
5	Hoque（2002）	12	价值网络（供应商）、顾客（目标市场/范围）、资源/资产、竞争对手、战略、品牌、差异化、使命、文化、环境、企业身份、企业声誉
6	Hedman 和 Kalling（2003）	7	价值网络（供应商）、资源/资产、功能/能力、流程/活动、竞争对手、产出（提供）、管理
7	Ostenwalder，Pigneur 和 Tucci（2005）	9	产品（价值主张）、顾客界面（目标顾客、配送渠道、顾客关系）、架构管理（价值结构、核心能力、伙伴网络）、财务方面（成本结构、收入模式）
8	Johnson，Christensen 和 Kagermann（2008）	4	顾客价值主张、利润公式、关键资源、关键流程
9	Aziz，Fitzsimmons 和 Douglas（2008）	4	利益相关者、能力、价值创造和价值获取
10	Teece（2010）	5	选择嵌入到产品/服务中的技术和特征、顾客从消费/使用产品/服务中获利、进行市场细分并选定目标市场、确保可行的收入流、设计价值获取机制
11	Yunus，Moingeon 和 Lehmann-Ortega（2010）	3	价值主张、价值定位和盈利模式
12	Amit 和 Zott（2012）	3	内容结构和治理

资料来源：笔者整理。

表 9-1 综合了代表学者对于商业模式的构成要素的研究结论，从数量来说，

商业模式构成要素从 3 个到 12 个不等，从内容来说，相关学者识别的要素内容有所差别，即便是同一学者不同时期也有不同的判断，值得一提的是，Aziz, Fitzsimmons 和 Douglas（2008）根据已有学者的研究，将从相关文献中识别出的 54 个商业模式构成要素进行了探索性因子分析，结果得到了四个独立因子，分别命名为：利益相关者、能力、价值创造和价值获取，这中间包含了许多基本的构成要素。目前学术界比较接受的关于商业模式构成要素的研究是 Ostenwalder, Pigneur 和 Tucci（2005）提出的关于商业模式的概念及其构成的要素：产品（价值主张）、顾客界面（目标顾客、配送渠道、顾客关系）、架构管理（价值结构、核心能力、伙伴网络）、财务方面（成本结构、收入模式）。

尽管不同的学者们研究的视角有差异，具体的观点也不尽相同，但是在一个问题上却表现出了惊人的一致，那就是从价值入手解读商业模式构成要素，建设重构的目标。从价值角度出发，商业模式的要素和维度已出现了某种程度的一致，全面考虑了价值主张、价值创造和价值获取，同时考虑内部资源和外部市场。现有商业模式概念都强调了商业模式的几个重要特征：一是商业系统聚焦的精髓是价值，包含了价值创造和价值获取两个方面。前者试图解释企业是如何工作，如何从获取原材料直到向最终消费者提供产品或服务从而获取利润的；后者是前者持续进行的保证，且价值创造和获取之间需要形成一定平衡。二是商业模式具有系统性，它描述了企业如何像一个系统一样工作。

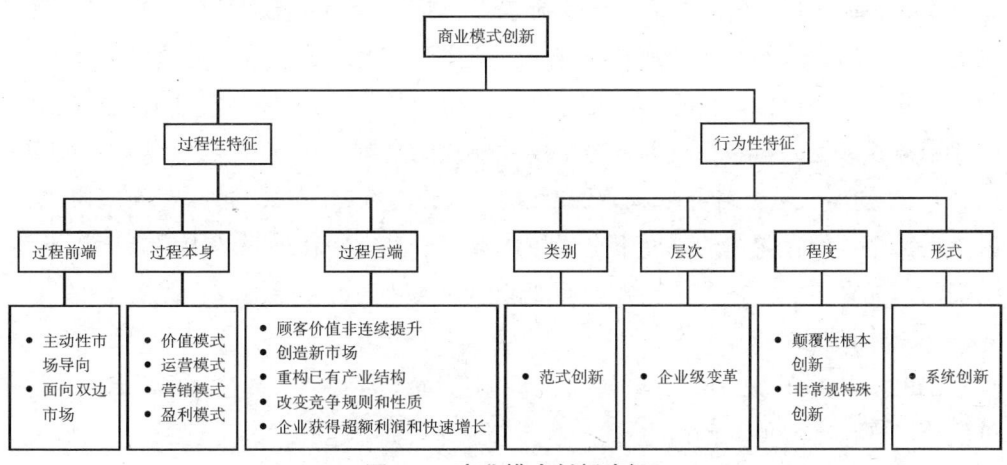

图 9-1　商业模式创新路径

资料来源：王雪冬，董大海. 商业模式创新概念研究述评与展望［J］. 外国经济与管理，2012（3）：2-9.

下面对商业模式中学者们共性的认识，即一些核心要素进行深入分析，并以此为依据为创意企业商业模式创新服务（表 9–2）。

表 9–2　商业模式核心要素与创新逻辑

商业模式核心要素	要素构成	关键流程	关联方
价值主张	市场定位	定义客户价值，确定目标客户交易机制	目标客户
价值创造	经营系统	核心资源和经营活动价值增值机制	企业内部各个单位企业各利益相关方
价值网络	企业对内部活动的组织以及企业与外部伙伴的有机联系	互补资源和互补活动、与合作伙伴的网络关系	
价值获取	盈利模式	成本结构、收入来源和潜力	

资料来源：笔者整理。

（1）价值主张（Value Proposition）。

广义的价值主张是指客户界面、伙伴界面和内部构造中那些能够为客户、伙伴和员工创造价值，并最终为企业带来显著价值的关键要素形态组合，表达全部利益相关方的价值诉求。价值主张主要从顾客需求的角度确认了企业通过产品和服务向顾客传递的价值。价值主张处于企业各项活动的最顶层，有了价值主张后，企业就可以进一步拟定自己的策略，将自己的核心认同和价值观有效地传达给客户，以客户价值为中心，为客户创造最持久的价值。价值主张不仅体现了产品或服务所提供给消费者的利益，而且包括企业或产品的品牌对社会、人的观点和态度。企业通过了解目标客户的实际需要，把握社会潮流的转变，确立产品的价值主张，所有的经营活动都围绕这一价值主张进行，这也是企业进行商业模式中最先要确立的目标。目标顾客是企业确立价值主张中必须要考虑的，也是企业所要服务或满足的对象。目标顾客是商业模式的基础，在创意经济环境下，更要以客户需求为导向，结合企业的资源和能力来选择自己的目标客户群。通常来讲，决定企业能否盈利的难度不在于技术或者产品端而在最终的用户端。找不到明确的目标客户群，往往是导致企业商业模式失败的首要原因。

（2）价值创造。

Collis 和 Montgomery（1998）将价值创造解释为战略选择过程的实现。创新价值论者则认为价值的创造主要来自于"创新"所引起的"经济发展"（约瑟夫·熊彼特，2000）。张新（2003）将价值创造定义为收益与成本之差，即利润增值。栗学思（2006）将价值创造看做是企业生产、供应满足顾客需要的产品和服务的一系列过程及成本结构。价值创造本质上创造和传递目标客户价值，是价值主张与客户的联系机制,在价值创造的过程中,往往涉及价值链增值的核心环节,通常包括优化核心资源配置、改善价值创造环节,最终实现价值增值。翟宇(2010)提出价值创造是一个不断变化动态持续的过程,是一个企业通过制度、结构和资源的优化、协调,实现企业整体价值增多的过程。他认为,价值创造过程还是一个循环的过程,即企业通过整合外部和自身内部资源的过程。价值创造并不仅仅是企业经营环节的汇总,而是一个系统优化和资源整合的综合系统,这个价值创造系统包括价值发现、价值转移、价值传递和价值控制。价值创造与传递是企业建立和协调与商业伙伴之间的关系,把各方资源转化为顾客价值并传递给顾客的过程,这一过程是战略研究的重点,价值链、资源与能力、价值网络等概念为价值转化及传递提供了基本的思路。

(3)价值网络。

价值网络本质上是一个价值交换系统,网络价值的创造、传递过程就是一个或多个企业、顾客、供应商、战略伙伴之间复杂的动态交易过程(Allee, 2000,2008)。构建价值网络逐步成为企业商业模式创新的重要方式。在价值网络的构建中,外部环境的伙伴关系起到重要的支撑作用,也是协同创新的关键。合作伙伴关系描述的是企业与其他企业之间为更好地提供价值并实现商业化而形成的合作关系网络。价值网络的观念超出了价值链的线性思维,将关注重心从企业利益转向网络整体,从价值分配转向价值创造,价值分配是赢输的较量,其最终结果是零增值。但在价值网络理论看来,企业不仅要与顾客、供应商、互补者之间展开竞争以获得价值,更要与顾客、供应商及互补者合作以实现双赢并创造出更高的价值。价值网络参与者除了顾客、供应商、竞争者和互补者之外,还包括其他多种类型的经济主体,如广告商、商业伙伴、联盟企业、中介机构(渠道商、贸易商等各种服务提供者)、政府等(Normann 和 Ramírez, 1993)。这些不同类型的参与者之间通过特定的方式建立起直接或间接联系,互为依存、彼此联动,构成了一个复杂的利益共同体。随着市场竞争进一步的加剧以及经济全球化的发展,企业能否跳出企业自身的资源圈子,在企业之外的范围之内整合各种资源来提高自己产品或服务的价值,从而进一步强化自身的竞争优势显得极其重要。由于价值链观念过于强调竞争,随着企业间合作行为的日益普遍化,对其批判之声随之兴起,Brandenburger 和 Nalebuff(1996)认为,合作与竞争是企业成功不可或缺的两个侧面,一心专注于竞争会导致企业忽略商业关系的发展变化,进而失去扩大市场、创新利润模式的机会。他们提出的价值网模型强调了两方面内容：一是在企业、顾客和竞争者之外增加了互补者，互补者指那些为消费者提供补充产品或服务的企业，或者从供应商处购买补充资源的企业。二是提倡竞争和合作的双重性，竞争仅仅揭示了企业间的价值分配关系，而合作则更强调价值的创造。

（4）价值获取。

价值获取是指企业从产出的总体经济价值中取得一定份额的过程或机制，可以将其理解为企业盈利的模式。

（三）创意产业商业模式创新路径选择

创意产业自身具有明确的知识产权属性，通过前文的研究，创意产业基于其知识产权属性有很强的扩散性，能够持续地进行价值创造，并传导到相关产业，优质的创意源能够有很强的衍生性，可以进行各种价值创造活动，这就涉及经营活动中的各个增值环节。同时创意产业还有极强的文化特征，消费者购买创意产品，特别注重产品的差异性远超过产品价格，往往更看重产品的文化内涵、美学价值、享受产品给自己带来的体验，因此在对价值主张方面，应该充分认识到消费者的需求特征，精准定位，进行市场细分，同时要充分考虑消费者的审美趣味。创意产业是一项经济、文化、科技融合发展的产业业态，创意产业的发展与科技创新紧密相关。许多创意的实现，都要依托科技的力量才能转化为产品到达消费者手中，因为科技的推动，创意产品的价值实现方式也产生了非常重大的变化，最为典型的就是数字出版产业，科技的进步使之成为一种阅读、欣赏的新路径，随着传播方式的改变，付费方式也发生了变化，消费群体也有了差异，更大的变化在于，由于科技的融合，创意产业有了更广阔的发展空间，能够应用现有的科技成果将人才、资金、运作平台构成更完善的价值网络，进行协同创新，形成产业化的运作方式，实现价值创造、价值实现的最大化，比如文化产权交易所的运行，雅昌艺术产业网站进行艺术品交易、信息发布的创新活动等，包括IMAX电影的实现，给大众带来了更为丰富的体验。因此创意产业商业模式创新的路径选择中，应该着重分析商业模式要素之间的价值逻辑，重点有序的价值传递方式和有效的价值获取模式（图9-2）。

第一，价值主张创新。对于创意产业商业模式的创新路径要提出新的价值主张和价值形成逻辑。创意产业最为核心的价值在于文化创意与知识产权，其目标客户是创意受众，他们最为关注的是产品和企业的创意内涵，这就必须要从创意

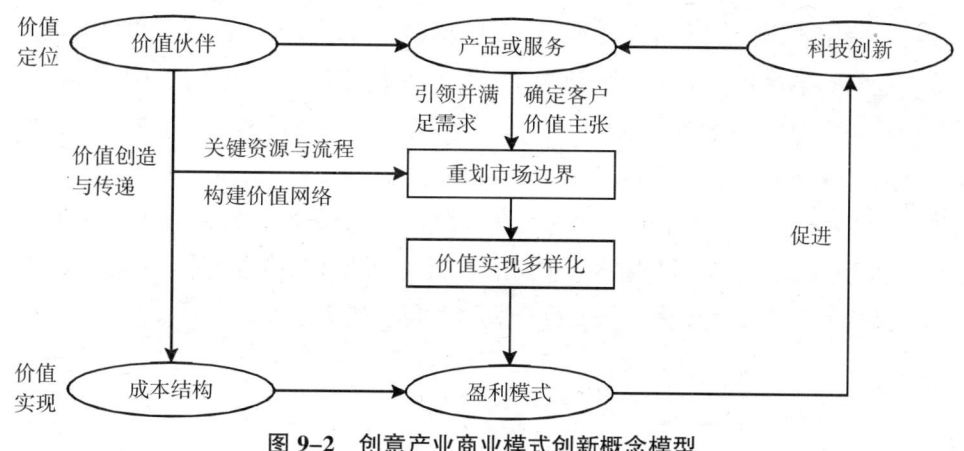

图 9-2　创意产业商业模式创新概念模型

源创作入手，针对目标客户进行创意源的设计，在价值主张中突出创意受众对创意源的偏好，进行精准定位，发现创意带给消费者的核心价值，包括前文分析的文化价值、知识产权价值、物质载体价值或体验价值。在确认顾客需求的核心价值要素的基础上，展开价值创造活动，构建价值网络。价值主张创新是推动创意产业商业模式创新最为关键的要素环节，所以，如何实现价值主张创新就成为商业模式创新的关键，是创意企业在众多价值理念中的一种具体选择，所以价值主张创新关键在于发现新的价值，并借此对于包括价值本身在内的整个价值创造过程进行创新。

第二，价值创造机制创新。在既定的价值主张和价值形成逻辑确认后，创意企业结合外部环境确定文化创意资源的组合，进行生产经营活动的设计，即进入价值创造环节。在这一维度中，把握顾客价值诉求，对关键资源充分挖掘运用，对创意增值的环节：创意形成、创意营销、创意产权开发进行创新。

第三，价值网络创新。创意企业的规模往往以小微企业居多，在商业模式创新中必须整合人才、技术、资金、运作平台，形成创新价值网络，设计具体的运作流程，考虑整体的价值诉求，形成内外部资源互动、内外协同创新的路径。

第四，盈利模式创新。创意产业的价值获取最终体现在盈利模式上，因此成功的创意产业商业模式的经济价值实现往往体现在盈利模式中，创意本身并不稀缺，创意产业有非排他性，因此都需要制度化将其知识产权确定下来，并确定合理的付费方式，避免搭便车的现象。随着社会文化消费能力的提升，对创意产品的消费意愿也不断增强，但是对盈利模式的创新决定了价值获取的程度，这是必须要进行重点涉及的。从经济学的角度理解，盈利模式通常指"企业如何能够用相对较小的费用达到较多的销售收入与盈利的特定运营方法","在市场竞争中逐步形成的企业特有的赖以盈利的商务结构及业务结构特征"等。即企业以盈利为目标,根据经营环境和自身资源,将市场、产品、服务、人力及资本等要素进行匹配组合与管理的过程和方法,它能够在一段较长时间内稳定维持,并为企业带来源源不断的利润。盈利模式这一概念,源自迈克尔·波特的价值链理论。亚德里安·斯莱沃斯基在《发现利润区》一书中指出,企业的盈利区间隐藏在价值链中,价值链的根本作用在于帮助企业发现价值,并通过合适的盈利模式获得利润。

第二节
基于价值主张的商业模式创新——以《魔戒》为例
《魔戒》：文化价值 + 创意扩散

（一）案例背景

《魔戒》又称《指环王》(The Lord of the Rings)，是英国牛津大学教授兼语言学家 J. R. R.托尔金的史诗奇幻小说，是公认的近代奇幻文学鼻祖。《魔戒》创作长达十二载，数次修改费时四年。电影的剧情仅是托尔金自 1917 年以来创造的浩大史诗中的最后一个环节，托尔金自称该史诗的类型为"神话创作"，并认为撰写和阅读神话是对生命中最重要的真理的沉思，后续他又在此基础上创作了其他相关作品，使这一虚拟的中土世界日益完善起来。

（二）卓越的文化价值与强大的创意扩散

《魔戒》在西方世界的影响力巨大，在 Waterstones 书店和第四频道合办的票选活动中被选为 20 世纪之书，更被亚马逊书店冠以两千年以来最重要的书。《魔戒》从出版至今已被翻译成超过 60 种语言，在 20 世纪 60 年代席卷欧美，成为一个时代的印记和徽章。《魔戒》系列图书拥有庞大的读者群，热卖半个世纪，衍生出了包括艺术插图、音乐、电影、电视、广播剧和电玩游戏等不同的创意产品，可谓创意扩散能力非常强。

由小说改编的电影同样表现非凡。由彼得·杰克逊执导的电影《魔戒》，自《护戒使者》到《王者归来》、《魔戒》三部曲的全球票房总额达到了惊人的 29.15

亿美元，成为史上最卖座的三部曲。不仅收获了市场的广泛认可，同样具有很高的艺术成就。《魔戒》三部曲共获 30 项奥斯卡提名，17 项奥斯卡金像奖。其中《指环王3：王者归来》成为奥斯卡史上获奖最多的影片之一，这充分表明了作为文学作品来说，《魔戒》具备卓越的文化创意价值，这种价值经过合理的开发，融入科技，转化为电影产品后，保留甚至重塑了原有的文化价值，增加了视觉、美学的体验。奇幻类的创意产品在全球一直都有广泛的消费群体，从《哈利·波特》（8 部 78 亿美元）、《蜘蛛侠》（24.96 亿美元）、《变形金刚》（26.24 亿美元）这些卖座系列也均未能刷新《魔戒》的票房纪录，在艺术成就方面更难望其项背。《魔戒》DVD 销量也极其惊人，制片方为此特别重新推出加长版。精装版本的《魔戒》套装曾经在多个地区脱销。新线公司也借此摆脱了自己小成本制作业的经营模式，真正得以和八大电影公司分庭抗礼，但《魔戒 3》后他们再也没有找到符合市场需求的创意进行投资，在几部电影失利之后，新线公司被华纳并购，丧失了海外发行权，这也可以从侧面看出优质的创意源对于整个企业的重要性。

同时，《魔戒》电影产品的科技应用也非常复杂，不仅有复杂的 CGI 工艺，还纯粹利用手工精雕技术、模型、布景辅以电脑特效打造出了气势恢宏、风光旖旎的中土世界，使得每一个画面都与新西兰取景地的自然风光完美融合，其制作精美也成为业界典范。也正是因为电影中的风光秀丽太让人流连忘返，带动了前往新西兰旅游的热潮，也使得新西兰成为了热门旅游目的地，这对实体经济的辐射和拉动作用是极为惊人的，同时新西兰政府还准备出资修建魔戒主题乐园，吸引更多的游客前往。由此可见，《魔戒》作为一部史诗般的魔幻小说，积累了庞大的阅读群体，更是一个极具文化创意扩散能力的创意源。《魔戒》在创作过程中，充分考虑了创意源的扩散性，在确立价值主张后，延续了最初的创意构想，并在这个价值主张框架下进行充分的价值创造，在构建的虚拟世界中不断开发，衍生出新的故事，《霍比特人》就是其中的优秀代表。现在，这部作品也被改编成为系列电影，同样获得了好评。《魔戒》也因此创造了属于自己的魔幻世界，如同迪士尼一样，经过充分的产权开发，形成了完善的价值网络，开发了良好的盈利模式，取得了文化、经济效益的双丰收，非常值得国产优秀文学作品学习。

（三）《魔戒》系列产品的价值主张分析与借鉴

《魔戒》系列在全球范围内的成果依赖于其独特的商业模式，这一商业模式按照理论分析其优势主要集中在价值主张创新方面。作者创作中构建了非常完整的创意体系,包括虚幻的中土世界,特殊的物种——霍比特人,精灵,矮人,兽人等,包括他们都有自己独特的语言和风俗,这个体系的完整使得后续的创作基础非常雄厚,可以持续进行衍生创作,托尔金本人创作的其他相关作品就高达20余部,形成了一个宏伟的魔幻世界,这都是能够进一步开发的创意资源。在《魔戒》的商业创新过程中,不同的产品都有明确的价值主张,精准的市场定位,清晰的顾客价值诉求分析,成就了《魔戒》的商业成功。

《魔戒》系列产品的价值主张分析如表 9-3 所示:

表 9-3 "魔戒"系列产品价值主张分析

产品	价值主张
《魔戒》系列图书	吸引魔幻文学爱好者,构建恢宏完整的魔幻世界
《魔戒》系列电影	完全还原原著构想,吸引原著粉丝以及魔幻爱好者
图书、电影周边衍生品	吸引电影、图书粉丝,扩大文化影响力
《魔戒》相关游戏开发	吸引魔幻爱好者、游戏爱好者、原著粉丝,提高盈利能力
《魔戒》主题公园	吸引原著粉丝、旅行爱好者,实现文化推广
《魔戒》改编版权开发	价值开发最大化,吸引原著粉丝
《魔戒》相关小说改编:《霍比特人》等	依托魔戒的创意框架,吸引原著粉丝开拓新市场,培育新的消费群体

从魔戒的成功反观国内的魔幻作品,同类型的《西游记》是我国四大名著之一,在世界上也有一定的影响力,但是没有准确定位价值主张,进行价值创造活动,因此在市场价值实现上逊色许多,也没有形成强大的文化影响力,我们应该借鉴这种商业模式,充分利用优质的创意资源。

第三节
基于价值实现机制的商业模式创新
——以《来自星星的你》为例

《来自星星的你》:文化营销

(一) 案例背景

《来自星星的你》是一部由著名导演张太侑,编剧朴智恩,演员金秀贤、全智贤主演的高投资水木特别企划电视剧,由韩国 SBS 电视台自 2013 年 12 月起周播,讲述了来自外星的男主人公克服危险追寻真爱的浪漫爱情喜剧。这部韩剧在全亚洲引起了观影狂潮,许多明星亦是此剧的拥趸。它在韩国播出时首播收视率15.6%,全剧最高收视率达28.1%,网络最高收视率达73.4%,皆居2013年迷你剧首位。《来自星星的你》在中国地区网络播放量就超过30亿,成为史上第一部百度指数破400万的电视剧;成功登上了美国《华盛顿邮报》《华尔街日报》首页。在中国引发炸鸡和啤酒热潮,Line手机应用进入中国市场,千颂伊使用的化妆品口红脱销,都敏俊的书包、儿童读物《爱德华的奇妙之旅》被一抢而空,奢侈品代购、高仿、定制大受益等经济效应。

(二)价值实现机制的创新:明星效应+文化营销模式

1. 创意、明星关键资源配置佳

韩剧制作一直有其固定的模式,创意方面给观众的印象往往落于俗套。但是《来自星星的你》从创意源头改变了原有的故事设定,剧情上新颖有吸引力,此剧为打破了车祸、癌症、死不了的固有韩剧模式的"新派韩剧",引入了穿越、科幻、悬疑、凶杀、搞笑、纯爱,在爱情线中插入一条杀人线,使剧情充满悬疑感,能持续吊起观众的胃口。本剧继承了韩国电视剧速拍速播,及时采纳舆论建议调整剧情发展的特征,和观众形成互动,是充分市场化的方式。剧中也有针对调侃社会化现象的情节,例如作假、整容、基友情等。例如"作假",千颂伊经历一系列负面新闻后,被经纪人要求到学校上课以挽救形象。不料经纪人用复制粘贴方法完成的作业被教授都敏俊戳破,形象大毁。在拍摄方面,此剧制作精良,运用了大量电影语言和拍摄手法,如高速摄影、CG特效的运用,UFO登场时飞沙走石、人飞树倒的画面。甚至动用超过60多台围成半圆形的特殊高清摄像机通过后期将瞬间画面合成达到时间静止的效果。灯光团队很被重视,连比较远的外围都打灯光,更显得演员皮肤通透。道具师将都教授家的庭院布置了宇宙飞船模样的灯,书房门口悬挂的字画写的是外星文,客厅中央的水草是根据教授身体状况好坏而或茂盛或枯萎的。

在演员阵容方面也具有号召力,全智贤将女神、花痴、小女生、女汉子、野蛮女友毫无造作地瞬间转换,混搭自然;金秀贤超越年龄的成熟演技毫无违和感地诠释他和全智贤的"姐弟恋",其哭戏更是出色地令人心碎。俊男靓女的组合和时尚服饰造型等传统与非传统韩国要素在剧中被发挥得淋漓尽致,也在全球范围内引起了追星狂潮,明星效应还放大到吸引大批粉丝支持明星在世界范围内的其他演出。

2. 文化营销 + 互联网营销 + 社会化营销模式

本剧最让人记忆深刻的莫过于剧中的许多体现韩国文化特色的场景和美食，炸鸡和啤酒更是引起了广泛的关注。这一韩国美食在此剧中出现次数不多，但是恰到好处地宣传了这一本不为人知的特色食品，引起了人们品尝的欲望。首尔的南山塔也因此剧成为了新的文化地标。无独有偶，每一次韩剧的热播，都会带动当地特色产业的发展，当年的《大长今》也是将韩式料理、服饰、餐具进行了一次文化推广，此次的《来自星星的你》中不仅提到了许多特色食品，连带主人公阅读的传统书籍也一道走红，这都是一次非常出色的文化营销。

不仅如此，剧中植入的创意产品也因良好的营销方式而受到好评，扩大了市场份额。《来自星星的你》的主要赞助商的某相机、某服装以及某社交软件在剧中出现的频率极高，与剧情结合巧妙，并未引起观众反感。有眼尖的网友发现，该社交软件上多次出现中文，这使其成功进入中国市场。视频播放方面，《来自星星的你》在中国市场打破了所有韩剧的播放纪录，突破 10 亿大关时，爱奇艺、PPS 自 2 月 12 日起临时对该剧的播放策略进行调整，与韩国 SBS 电视台同步直播，这让其点击量一举突破了 6 亿。爱奇艺除了在首页为《来自星星的你》腾出了足够多的广告位进行宣传，还专门制作了主演特辑。乐视网则在韩国人聚集的望京地区正宗的炸鸡店，装上了乐视的大尺寸电视，只要拍一张吃炸鸡看乐视的镜头，所有的炸鸡都可以免费吃，一时间引来排队热潮，并也借机推广了乐视 TV 的产品。

互联网营销方面，新浪微博关键字"# 来自星星的你 #"以 2873 万次的谈论量，被粉丝们顶上新浪微博话题量榜首，更有张馨予、陈乔恩、高圆圆、戚薇、蒋欣、唐嫣、白百何、胡静等公众人物的力挺。微信里也多了新花样，随着冷空气席卷了全国大部分地区，在微信中输入"炸鸡和啤酒"就能看见"雪花飘散"。互联网社会化时代彻底改变了我们以往的阅读习惯、观看习惯、生活习惯和社交习惯。观众在传统广播纸媒、电视电脑与移动客户端多个屏幕前不停转换，在看电视时会搭配智能手机进行包括聊天、查信息、上微博等活动。韩剧一周播两集，全部播完需要两到三个月时间，而这给话题的酝酿和发酵做足了充分准备，再加上适当的话题和营销推广，使之成为了一种社会现象。

（三）全产业链开发

全产业链指的是以消费者为导向，从产业链源头出发，在每一个价值创造环节进行价值开发,在价值网络创新中体现得尤为明显。《来自星星的你》取得如此的成功,不仅仅是本身创意价值突出,营销模式选择也起到非常重要的作用,同时作为一部韩国本土自制剧,能够取得这么广泛的影响,得益于对外部环境、外部资源的充分利用与整合。以中国为例,该剧选择中国本土较为成熟的网络视频播出平台——爱奇艺独家同步播出,使得中国观众也能欣赏到优质作品,同时根据观众反馈推出了同步翻译,尽量满足观众对于同步播出的需求,获得了一致肯定。不仅如此,《来自星星的你》更进行全产业链的产权开发活动,并运用人才、资金、运作平台积极打造相关产品。不仅《来自星星的你》同步的衍生品热卖,而且带动了相关产业的发展。看剧不过瘾的星星迷们,扎堆报名韩国旅游线路,而今年韩国游的主要卖点无一例外均是《来自星星的你》独家订制。旅行社设计的线路上植入了大部分的该剧取景地。摆满同心锁的南山公园、首尔塔,不仅是韩国年轻人约会的天堂,也成为了新的旅游胜地。都教授和千颂伊定情的巨济岛,也是剧中都教授第一次降落到地球的地方,也有了游客纷至沓来。该剧的播放结束后,其创造的产品形象被许多相关产业应用,包括手机游戏、电视节目等。不仅如此,《来自星星的你》还带动了本地图书出版业的发展,《九云梦》等古典文学作品再次流行,引起旧书加印,"教授"都敏俊剧中所看的一本书《爱德华的奇妙之旅》也受到追捧,亚马逊上面的中英文版本都一度脱销,可见电视剧巨大的影响力,在韩国方面,这本5年间销量仅为1万本的童话书,因电视剧《来自星星的你》,在半个月内售出5万本以上。这些数据都表明了《来自星星的你》将自身的创意价值进行了最大化的开发,有很强的溢出效应,对于《来自星星的你》续集的拍摄也已经列入计划,正在筹备中,看来"星星"的影响力还将持续。

第四节
基于价值网络的商业模式创新——以雅昌艺术网为例

雅昌艺术:艺术价值网络+商业拓展

(一) 案例背景

2000年9月,雅昌创办了中国艺术类门户网站——雅昌艺术网(www.artron.

net)。雅昌艺术网以专业的艺术资讯产品为主导,服务于艺术机构及个人,以中国艺术品数据库为核心,是中国艺术品数据库的互联网窗口。雅昌艺术网还提供各大拍卖公司 300 多次中国艺术品拍卖专场、12 万多件艺术品网上预展等信息发布的服务。为方便浏览者比较研究,网站附有中国历代书画画目、著录 4 万余条,1800 余名历代书画家的介绍、代表作品以及 2.68 万方印鉴款识等资料。以雅昌艺术网为载体的"雅昌艺术市场指数"(AMI),是在"中国艺术品拍卖市场行情发布"的基础上,通过科学计算和概率统计方法生成的包括成分指数、分类指数、个人作品成交价格指数三大类艺术品市场指数,这些数据库产品都为中国日益壮大的艺术品市场交易提供了非常有价值的参考。

2013 年中国艺术品拍卖成交约 640 亿元人民币,虽然有巨头纷纷涉足该领域,但艺术品的电商化进程中仍存在巨大商机,高水准入门槛也为垂直化带来了更大的发展机遇。将传统拍卖和交易与网络结合已经不是新鲜事,香港苏富比、佳士得、中国嘉德皆是线上线下同步拍卖的佼佼者,交易行为可以在一年 365 天全天候、跨地域地持续进行,业绩蒸蒸日上,却不同程度地出现同类型竞争、购买收藏者迷茫的情形,在激烈的竞争中,雅昌拍卖以全世界独一无二的"传统印刷+现代 IT 技术+文化艺术"模式很好地整合了各类资源和信息,为用户提供其他企业无法提供的数据服务,获得了巨大的商业成功。

(二) 构建以艺术价值为核心的价值网络

雅昌艺术网为自己设定的目标是"以艺术价值为核心,为全球艺术品市场提供独特的综合性服务"。作为一家融合了传统印刷服务、艺术品综合信息服务、艺术品交易多种经营业务的企业,雅昌将艺术价值作为整个商业模式中价值创造的核心,在确立艺术价值为核心的价值主张的基础上,依靠现代科技的力量将艺术与商业结合起来。以艺术价值为基础,雅昌提供艺术品数据信息服务,将一些不被重视的数据资料内容整合起来,在数据处理技术和互联网技术的支持下进行价值创造,打造独特的商业模式。雅昌艺术网作为艺术品综合服务平台,包含了综合资讯频道群、行业专业服务频道群、互动社区、地方站、英文网等分支,配合雅昌艺术市场监测中心的专业市场数据分析报告,为艺术收藏、投资者及爱好者提供较为全面、丰富、及时的艺术界资讯。雅昌拍卖作为其中子频道,在艺术品拍卖行业的传播信息上颇具全球影响力。

雅昌拍卖将拍卖产品预展信息、动态消息、精品赏析文章、拍卖资讯专题发布、拍卖品浏览统计报告、拍卖品现场直播、成交结果公布，为艺术品关注者提供实时查询各大艺术品拍卖行资讯、各类艺术拍卖品信息的交流平台，为拍卖品营销提供决策和信息服务。雅昌艺术网利用自身优势，运用完备的交易数据资料，从 2005 年开始发布艺术品拍卖行情，推出了雅昌艺术市场指数（AMI），包括成分指数、分类指数、个人作品成交价格指数，成为分析艺术品投资的重要分析工具和艺术品市场行情的晴雨表。雅昌拍卖成功地地将艺术家、艺术品经营者、艺术品收藏家、艺术品爱好者串联起来，构造了一个提供了生产、代理、销售三个环节的信息服务平台，成为一个从宏观发展、专业类别、概念类别到个人作品投资为一体的综合数据分析平台。雅昌书画拍卖指数是雅昌艺术市场指数的重要组成部分，它包括了综合指数、流派指数到艺术家个人成交指数在内的一整套数据，为了保证样本的数据具备足够的代表性，该指数选取了国内及香港地区十家最大的艺术品专业拍卖公司大型拍卖会的书画成交数据为样本，样本数据的成交件数占到了所有成交件数的 87.52%，成交额更是占到了 93.88%，充分保证了样本的代表性。

雅昌提供的增值服务具体包括表 9-4 所示的内容：

表 9-4 雅昌艺术网增值服务分析

数字资产管理	建设中国艺术品数据中心，为艺术家、艺术机构客户提供艺术品数字化采集、处理、存储、管理和应用服务
策划、展览和摄影	与多位艺术大师结成合作伙伴，帮助他们策划各种展览活动。同时在与拍卖行、画商和画家的长期接触中，有计划地进行艺术品收藏
艺术品鉴证服务	经权威检测为每一件艺术品建立唯一的身份认证
艺术品电子商务	在线交易
高端艺术品复制	雅昌拥有仿真效果非常好的全尺寸数字扫描技术，运用这种技术来仿制名家画作，就连画布上的一个小凸起都能模仿得一模一样

资料来源：依据雅昌艺术网站相关资料整理。

通过表 9-4 的增值服务可以看出，雅昌提供的服务类型涵盖了艺术品产业链的各个环节，从评估到交易、数字管理到相关产业的衍生品，乃至艺术品复制服务，整体来看雅昌的商业模式是一个基于艺术价值的价值网络，包括了企业组织内部结构和组织与外界要素的关系结构，这些价值网络形成了良好的互动，使得围绕艺术品提供的各项增值服务成为了一个有机的整体，子业务之间有紧密的联系，共同服务于一个核心价值的创造。在雅昌的商业模式中，传统印刷技术、现代 IT 技术和文化艺术三个要素之间及其各个模块之间，都是这样一种融洽无间的关系，每个要素都是企业链条上不可缺少的一环，缺少其中任何一个因素，不但整个体系将无法运转，其他要素的效率和功用也会大大降低甚至从根本改变。缺乏精良的印刷技术，现代 IT 技术和文化艺术都将失去载体，雅昌也必然会面临"产品缺位"的窘境；缺乏在文化艺术领域的尝试和积累，雅昌将失去很多客户资源，企业的核心价值也将无所依附；失去 IT 技术，雅昌将无法进一步提高印刷的信息化应用，也无法为客户提供更多的增值服务。雅昌的成功是融合内部优势资源和外部资源基础上的价值网络创新的典范。

（三）提升文化品牌影响力，提升艺术市场话语权

关注雅昌拍卖，则不难发现它在资源管理上有着超强的前瞻性：一是具有开放的延展性，可以不断兼容并扩大盈利区域和延长产业线；二是有效整合系统及资源的可控能力强。在全国乃至全世界，雅昌不断地将自己的产业链提升，话语权提高。通过打造中国艺术品数据中心，雅昌为艺术家、艺术机构客户提供艺术品数字化采集、处理、存储、管理和应用服务。雅昌中国艺术品见证中心旨在使中国艺术品有序传承，从艺术品源头出发，由艺术家本人对原作进行鉴证，对艺术品进行物理检测并备案。艺术品认证等措施为每一件艺术品建立唯一、权威的"身份证"信息，为中国艺术品市场健康有序发展提供有力保障。截至 2014 年 1 月 15 日，已有 832 名国内外艺术家与雅昌中国艺术品鉴证备案中心签约。雅昌中国艺术品鉴证备案中心所延伸出来的艺术品鉴定，则是一种特殊的市场化产品，让雅昌在艺术品拍卖市场有了更高的"话语权"。与此同时，雅昌集团还在各地举办文化活动，雅昌与今日美术馆在北京签订协议，双方将在展览、数字出版、艺术印刷、宣传推广等诸多方面达成战略合作，通过合作雅昌将向当代文化艺术领域延伸；雅昌文化集团与中国惠普有限公司在京共同成立艺术行业"IT 服务解决方案研发中心"，为其"印刷"基础获取有力提升；雅昌进驻故宫的影像旗舰店，以故宫藏品数据库为创意点，利用最先进的数码印相工艺、艺术微喷复制技术传播中国传统文化。

（四）运用大数据分析，提供信息服务

雅昌艺术市场监测中心下属于雅昌艺术网，自 2008 年春首期推出的中国艺术品拍卖市场报告起至今共做了 15 期艺术市场拍卖报告。该报告是中国至今唯

——一个针对中国艺术品拍卖的现状，结合国内外经济形势和国际艺术市场的变化，通过对宏观经济的把握，对各艺术品类、各地区拍卖市场及各拍卖行业进行分析，并对拍卖市场发展前景进行客观预测的研究报告。它利用雅昌艺术市场监测中心对市场的观察，艺术市场的行情分析，雅昌指数的数据分析得出相应的数据结论，总结季度或年度拍卖市场行情，分析各板块市场走势及热门艺术家及艺术板块行情，公布成效数据和排行等信息，具有一定的权威性和可借鉴性。中国艺术品拍卖市场市场的调查报告依托雅昌拍卖强大的涉及书画、文物、拍卖、摄影领域积累的关于大量艺术家、艺术作品的相关资产数据库中的数据进行总结分析预测，以其针对性与权威性影响中国艺术品拍卖市场。

在创意产品的价值实现中，商业模式比技术创新更能发挥作用，一个成功的商业模式不一定是在技术上的突破，而是在某一个环节的改进，或是对原有模式的重组、创新，甚至是对整个游戏规则的颠覆，雅昌改变了原有的艺术欣赏、把玩的私密方式，将信息整合起来公开发布出去，并且提供一系列的服务尽力保证在这个信息严重不对称的市场上消费者与持有者信息更为对等，使普通消费者也能基本把握市场的趋势，并能够通过线上交易的方式参与艺术品市场，为我国艺术品市场的发展壮大提供了非常有益的补充。

第五节
基于大数据时代产业联动的商业模式创新
——以《纸牌屋》为例

《纸牌屋》：大数据分析+产业联动

（一）案例背景

《纸牌屋》剧集是由导演大卫·芬奇、鲍尔·威利蒙联合制作，凯文·史派西主演的美国视频网站 Netflix 的首部自制原创剧集。电视剧剧本改编自英国同名小说，1991 年首播的英国广播公司 BBC 同名剧集，由视频网站 Netflix 投资 1 亿美元制作。《纸牌屋》一经播出就成为 Netflix 网站上有史以来观看量最高的剧集，也在美国及 40 多个国家大热。《纸牌屋》是一部美国政治题材电视剧，2013 年艾美奖上一度获得 9 项大奖提名，并最终斩获最佳导演和最佳选角两项大奖。这部剧集的热播还引发了亚马逊、微软等公司对投拍互联网剧集、消除正规电视剧与在线电视剧差异的兴趣。《纸牌屋》第一季于 2013 年 2 月 1 日一口气放出全部 13 集，在 Netflix 上引起了观看热潮，并通过网络平台获得了全球的支持热捧。2014 年的情人节，美剧《纸牌屋》第二季登上了中国主流视频门户的显赫版面，这部电视剧因为王岐山的推荐而名震大陆官场。大洋彼岸的奥巴马总统也为该剧点了赞，在推特上央求不要剧透。

（二）精准的价值主张定位：群体心理基础的大数据分析

《纸牌屋》的剧集描写的是政治博弈，制作起用奥斯卡团队，星光熠熠，明星云集，而且是上亿美元的豪华巨制，有太多吸引人眼球的元素，但是现在的观众对于影视作品的品位一再提升，仅仅这些不能保证这部作品能够大获成功。本剧之所以能够一经播出就取得空前的关注度，绝不是偶然的运气，而是扎实进行数据分析的结果。《纸牌屋》的成功正是大数据时代创意产业商业模式创新的典范。

《纸牌屋》的制作方 Netflix 曾经是一家纯粹的科技公司，现在正在顺利转型，成为优质电视剧的主要制片方。《纸牌屋》是首部完全绕开了由广播电视网和有线电视所构成的传统电视生态系统的剧集，这也是它的商业模式独特之处，Business Insider 发表长篇分析文章断言说，如果 Netflix 取得成功，将可能动摇付费电视产业的江山。作为美国著名的在线流媒体服务商，Netflix 决定投拍《纸牌屋》之前，对包括了 3000 万用户数据的电视剧消费习惯数据库进行深入分析，统计数据显示人们对政治剧集、导演大卫·芬奇和奥斯卡影帝凯文·史派西的期待值出现了高度重合。而这项大数据分析的结果，从数据上反映出当下全球政治和经济形势对观众群体心理的潜在影响。

传统收视率统计往往只抽取数千个样本用户，而帮助《纸牌屋》进行精准价值定位的数据库中则包含了 3000 万用户的收视选择、400 万条评论、300 万次主题搜索，是名副其实的"大数据"。这些数据源自 Netflix 数年来积累的数据资源。这些数据不仅表明用户看过了哪部剧集，还囊括了用户收看过程中所做的收藏、推荐到社交网络等动作，并且在数据分析中重视用户观看剧集中的每一个暂停、回放、快进、停止的行为，用户每天在 Netflix 上会产生高达 3000 多万个行为。此外 Netflix 的订阅用户每天还会给出 400 万个评分，300 万次搜索请求，询问剧集播放时间和设备。这些都被 Netflix 转化成代码，当作内容生产的元素记录下来。这些海量数据存储下来只是第一步，对用户进行精准推荐对于统计方法的要求也非常高，将庞大的数据真正转化应用实属不易。多年以来，Netflix一直设立高额奖金、举办大型比赛招贤纳士，以此拓宽数据挖掘处理能力。经过长期的努力，对于用户信息的准确分析，充分把握最受观众喜爱的剧集类型、演员阵容、导演阵容，甚至具体情节设置，才使得其按图索骥打造出的《纸牌屋》一经推出就受到了多方好评，普通民众乃至政客都被剧情发展牵动，而《纸牌屋》的拍摄中也继续跟进观众的反馈不断调整。这部电视剧已经完全颠覆了原有的创作模式，完全是根据观众的选择量身打造，这对于创意源的创造来说，是一次革命。

（三）产业联动颠覆产业运作模式

《纸牌屋》的成功一方面是互联网行业对于传统影视产业链的渗透，另一方面是大数据对于影视制作行业的影响。由于互联网企业收集了大量的用户数据，成为其进入相关行业的有力武器。《纸牌屋》播出之后，电子商务巨头亚马逊也正在制作至少11部试播剧集与Netflix展开竞争，这些剧集仅可通过互联网观看，利用人们对于在智能手机、平板电脑和互联网电视上观看电视节目的兴趣，以扩大自身在主流媒体播放服务这一领域中的占有率。与此同时，微软也正在制作自己的电视连续剧，而且有报道称，谷歌、苹果、英特尔和Twitter也正在考虑开发自己的类似产品。目前国产创意产业已经出现了运用大数据的萌芽，例如，万达院线就将数据库作为重要的核心资产，预计在今年年底前建立的会员数据库将达到600万个，而万达刚刚并购的美国院线AMC会员数据库人数达到400万。另外类似于腾讯、优酷等视频网站都有着大量基于用户的数据积累，也开始尝试进行数据挖掘和分析。但是既不能够过于扩大大数据的作用，又不能在过于狭窄的意义上来理解大数据。所谓大数据，是一种在多样或大量数据中快速收集数据和分析数据的能力，其根本依然是洞悉消费者需求。影视产业一直是一种感性化的行业，因此在洞悉消费者的需求方面表现不突出，并且很多创作者站在作者电影或者艺术电影的角度而不考虑观众的感受，这会造成培养多元化观众群体的失利，长远来说对于国产影视行业的发展是不利的。而大数据则是以一种科学化结构化的思维来看待影视行业，这能够提高影视行业的回报率。所谓大数据不应该只是在制作电影和购买版权时起作用的一个环节，影视公司应该将大数据渗透到企业经营的每一个环节。比如说在影视制作流程中制作团队可以通过微博、社交网络等渠道多方面地和潜在消费者互动，主动收集消费者数据，同时改变影视制造团队的管理边界，在制作中可以根据消费者的需求对产品进行进一步优化。

大数据是一种技术工具和解决方案，但是完全按照数据分析的冰冷结果进行决策却在事实上摒弃了创意产业应有的文化艺术特质。影视产业和其他创意产业一样，创意者有其独特的文化创意属性，尽管好的产品必然要求文化创意和商业有效的结合，但是由于创意消费者对于自身的需求往往有着盲目性的特点，容易受到外部环境影响，因此有时候基于消费者的数据分析可能会导致僵化、代办的结果，过于强调大数据的分析作用会干扰创意形成，使得产品脱离文化创意的本质。一旦创意产品的文化创作风格受到干扰，创意者的个人风格、特质不再明显，反而会影响创意产品的精神文化价值，降低产品的异质性，影响产品对于创意受众的吸引力。因此，在创意经济发展处于较低水平的阶段，应该首先鼓励创意者的创新发散，在此基础上借助数据分析的优势，而绝不应该盲目按照数据结果进行创作。

本章小结

本章在对创意产品商业模式创新进行系统研究之后，对当前社会的文化热点案例进行分析，通过对基于价值主张、价值实现机制、价值网络拓展、大数据时代产业联动的不同商业模式创新的成功案例进行解读，为创意产品全面市场价值实现提供了有益的商业参考模式。

参考文献

[1] A T Court. Hedonic Price Indexes with Automotive Examples, in "The Dynamia of Automobile Demand" [R]. General Motors, New York, 1939: 18.

[2] Adorno T W, Horkheimer M. Dialectic of Enlightenment [M]. New York: Herder & Herder, 1944: 1–10.

[3] Adorno, Theodor W. Aesthetic Theory [M]. London: Routledge, 1997.

[4] Alan Collins, Antonello Scorcu, Roberto Zanola. Reconsidering Hedonic Art Price Indexes [J]. Economic Letters, 2009 (3): 20–25.

[5] Albert S. Movie Stars and the Distribution of Financially Successful Films in the Motion Picture Industry [J]. Journal of Cultural Economics, 1998, 22 (4): 249–270.

[6] Amabile. Creativity in Context [M]. Boulder: Westview Press, 1996.

[7] Anderson R C. Paintings as an Investment [J]. Economic Inquiry, 1974 (12): 13–26.

[8] Andreas Reinstaller. Susanne Schonfeld–eputation Prices Economics, The Effects of Gallery and Artistin the Primary Market for Art: a Note [J]. Journal of Cultural, 2007, 31 (1): 143–153.

[9] Andrew C Worthington, Helen Higgs. Note on Financial Risk, Return and Asset Pricing in Australian Modern and Contemporary Art [J]. Journal of Cultural

Economics, 2006, 30 (1): 73-84.

［10］ Arjun Appadurai. The Social Life Things ［M］. Cambridge: Cambridge University Press, 1986.

［11］ Aziz S A, Fitzsimmons, J Douglas E. Clarifying the Business Model Construct ［D］. AGSE, 2008.

［12］ Bagdkian B. The Media Monopoly ［M］. Boston: Beacon Press, 2000.

［13］ Bagella M, Becchetti L. The Determinants of Motion Picture Box Office Performance: Evidence from Motion Pictures Produced in Italy ［J］. Journal of Cultural Economics, 1999, 23 (11): 237-256.

［14］ Barthes Roland. Elements of Semiology ［M］. Hill and Wang: New York, 1968.

［15］ Bartik Timothy. The Estimation of Demand Parameters in Hedonic Price Models ［J］. Journal of Political Economy, 1987, 95 (1): 81-88.

［16］ Baumol William. Unatural Value: Or Art Investment as Floating Crap Game ［J］. American Economic Review, 1986, 76: 10-14.

［17］ Beardsley M C. Aesthetics ［M］. New York: Harcourt Brace, 1958.

［18］ Beck A. Understanding the Cultural Industries ［M］. London: Rout ledge, 2003.

［19］ Bettig Ronald V. Copyrighting Culture: The Political Economy of Intellectual Property, Critical Studies in Communication and in the Cultural Industries ［M］. Boulder, Colorado: Westview Press, 1996: 23-58.

［20］ Bourdieu P. The Forms of Capital in A. H. Halsey, H. Lauder P Brown, & A.Stuart-Wells. Education: Culture, Economy and Society ［M］. New York: Oxford University Press, 1989.

［21］ Brown L Competitive Marketing Strategy ［M］. Nelson, Melbourne, 1997.

［22］ Bruno S Frey. What Values Should be Count in the Arts ［R］. Institute for Empirical Research in Economics University of Zurich, Working Paper Series, 2005.

［23］ Budd Malcolm. Values of Art: Pictures, Poetry and Music ［M］. London: Penguin Book, 1995.

［24］ Buelens N Ginsburgh, V. Revisiting Baumol's Art Floating Crap Game ［J］. European Economic Review, 1993, 37 (7): 1351-1371.

[25] Calin Valsan. Canadian versus American Art: What Pays off and Why [J]. Journal of Cultural Economics, 2002, 26 (8): 203–216.

[26] Candeia G, Scorcu E. A Price Index for Art Market Auctions, An Application to the Italian Market of Modern and Contemporary Oil Painting [J]. Journal of Cultural Economics, 1997, 21 (3): 175–196.

[27] Carolyn Wilde. The Intrinsinc Value of a Work of Art: Masaccio and the Chapmans//Michael Hutter, David Throsby, eds., Beyond Price, Value in Culture, Economics, and the Arts. New York: Cambridge University Press, 2008.

[28] Caves R E. Creative Industries [M]. Cambridge: Harvard University Press, 2000: 3–15.

[29] Chrishigson, Oliver Rivers. Creative Business –Crafting the Value Narrative [R]. Research Paper, 2007.

[30] Cohen W, Levinthal D. Absorptive Capacity: A New Perspective on Learning and Innovation [J]. Administrative Science Quarterly, 1990, 35 (3.): 128–152.

[31] Connor Steven. Theory and Cultural Value [M]. Oxford: Oxford University Press, 1992.

[32] Csikszentmihalyi. Flow: The Psychology of Optimal Experience [M]. New York: Harper and Row Press, 1990: 320–350.

[33] Czujack C. Picasso Paintings at Auction (1963–1994) [J]. Journal of Cultural Economics, 1997, 21 (3): 229–247.

[34] David Throsby. Determining the Value of Cultural Goods: How Much (or How Little) Does Contingent Valuation Tell Us? [J]. Journal of Cultural Economics, 2003, 27 (11): 275–285.

[35] David Throsby. Economics and Culture [M]. Cambridge University Press, 2001: 89–109.

[36] Davis H et al. Managing Creavitiy: The Dynamics of Work and Organization [M]. Open University Press, 2000.

[37] DCMS. Creative Industries Mapping Document [R]. London: DCMS, 1998.

[38] De Marchi N, Van Miegroet, H. J. "Pricing Invention: 'Originals',

'Copies', and Their Relative Value in Seventeenth Century Nederlandish Art Markets." In V. Ginsburgh and P.-M.Menger (eds.) [C]. Economics of the Arts, Selected Essays, North Holland, Amsterdam, 1996: 27-70.

[39] De Vany Walls. Hollywood Economics [M]. New York: Routledge Publications, 2004.

[40] DeBeru, Gerard. Theory of value: An Axiomatic Analysis of Economic Equilibrium [M]. New York: Wiely, 1959.

[41] Dr Clare McAndrew. TEFAF2014全球艺术品市场报告 [M]. 欧洲艺术基金会, 2014.

[42] Eliashberg J, Elberse A, Leenders M. The Motion Picture Industry: Critical Issues in Practice Current Research, and New Research Directions [J]. Marketing Science, 2006, 25 (6): 638-661.

[43] Elisabeth Honig. Art, Honor and Excellence in Early Modern Europe [M]. New Haven: Yale University Press, 2006: 12-52.

[44] Elisabetta Lazzaro. Assessing Quality in Cultural Goods: The Hedonic Value of Originality in Rembrandt's Prints [J]. Journal of Cultural Economics, 2006, 30 (1): 15-40.

[45] Elliott Richard, Kritsadarat Wattanasuwan. An Brand as Symbolic Resources for the Construction of Identity [J]. International Journal of Advertising, 1998, 17 (2): 131-144.

[46] Finn R Forsund, Roberto Zanola. DEA meets Picasso: The Impact of Auction Houses on the Hammer Price [J]. Annals Operation Research, 2006, 145 (6): 149-165.

[47] Firth Raymond. Malay Fishermen: Their Peasant Economy [M]. London: K.Paul, Trench, Trubner, 1946.

[48] Fligstein N. The Transformation of Corporate Control [M]. Cambridge/Massachusetts: Harvard University Press, 1990: 40-56.

[49] Florida R. The Rise of The Creative Class And How It's Transforming Work, Leisure, Community And Everyday Life [M]. Publishers: Basic books, 2003: 2-10.

[50] Frey Bruno S. Arts and Economics: Analysis and Cultural Policy [M].

New York: Springer, 2000.

[51] Frey, Pommerhene. Muses and Markets [M]. Oxford: Blackwell, 1989.

[52] Geller. 国际版权的法律与实践（瑞士篇）[M]. 旧金山: Matthew Bender, 1996.

[53] Ginsburg H, Throsby. Handbook of Economics of Cultural Art and Culture [M]. Amsterdam: Elsevier, 2006.

[54] Ginsburgh Victor, Sheila Weyers. Persistence and Fashion in Art. Italian Renaissance from Vasari to Berenson and Beyond [M]. Manuscript, Universite' Libre de Bruxelles, 2002.

[55] Ginsburgh Victor, Sheila Weyers. Quantitative Approaches to Valuation in the Arts, with an Application to Movies [M] //in Michael Hutter, David Throsby, eds. Beyond Price, Value in Culture, Economics, and the Arts. New York: Cambridge University Press, 2008: 179-186.

[56] Girard A. Development Culturelle [R]. Paris: UNESCO, 1972.

[57] Goetzmann W. N. Accounting for Taste: Art and the Financial Markets Over Three Centuries [J]. American Economic Review, 1993, 83 (5): 1370-1376.

[58] Graeber David. Towards an Anthropological Theory of Value: The False Coin of Our Own Dreams [M]. New York: Palgrave Macmillan, 2001.

[59] Grampp William. Pricing the Priceless: Art, Artists and Economics [M]. New York: Basic Books, 1989.

[60] Guy Debord. The Society of Spectacle. Translator: Nicholson-Smith, Donald [M]. Zone Books, 1995.

[61] Hall Edward T, Mildred Reed Hall. Understanding Cultural Differences, Yarmouth [M]. ME: Intercultural Press, 1990.

[62] Hansmann H. Nonprofit Enterprise in the Performing Arts [J]. Bell Journal of Economics, 1981, 12 (2): 341-361.

[63] Heilbrun J, Gray C M. The Economics of Art and Culture [M]. New York: Cambridge University Press, 2001.

[64] Hesmondhalgh D. The Cultural Industries [C]. London: sage, 2002: 90-100, 108-135.

[65] Hofstede G, McCrae R R. Personality and Culture Revisited: Linking

traits and Dimensions of Culture [J]. Cross-Cultural Research, 2004, 38 (1): 52-88.

[66] Holbrook Morris B, Kuwahara Takeo. Collective Stereographic Photo Essays: an Integrated Approach to Probing Consumption Experiences in Depth [J]. International Journal of Research in Marketing, 1998, 15 (6): 240-250.

[67] Howkins J. The Creative Economy: Knowledge-driven Economic Growth [J]. Jodhpur India, 2005: 26-30.

[68] Hume David. On the Standard of Taste and Other Essays [M]. Indianapolis: The Bobbs-Merrill Company, 1965.

[69] Ignacio Redondo, Morris B Holbrook. Modeling the Appeal of Movie Features to Demographic Segments of Theatrical Demand [J]. Journal of Cultural Economics, 2010, 34 (10): 299-315.

[70] James Heilbrun, Charles M Gray. 文化经济学 [M]. 北京：中国人民大学出版社，2007: 75.

[71] Jason Pottsetc. Social Network Markets: A New Definition of the Creative Industries [J]. Journal of Cultural Economics, 2008, 32 (9): 167-185.

[72] Jeffrey F. Rayport, John J Sviokla. Exploiting the Virtual Value Chain [J]. Harvard Business Review, 1995, 73 (11): 75-85.

[73] Jiangping Mei, Michael Moses. Art as an Investment and the Underperformance of Masterpieces [J]. NYU Finance Working Paper, 2002 (2): 1-12.

[74] John Hartley. Creative Industries [M]. Oxford: Blackwell, 2005: 15-35.

[75] John Hawkins. The Creative Economy-How People Make Money From Ideas [M]. Penguin Group, 2001: 1-90.

[76] John W O' Hagan. The State and the Arts: An Analysis of Key Economic Policy Issues in Europe and the United States [M]. Cheltenham: Edward Elgar, 1998.

[77] King C, Sayre S. Entertainment and Society: Audiences, Trends and Impacts [M]. London: Sage, 2003: 53-88.

[78] Klamer, Arjo. The Value of Culture: On the Relationship between Economics and the Arts [M]. Amsterdam: Amsterdam University Press, 1996.

[79] Klamer A. The Value of Cultural Heritage//Hutter, M.Rizzol (Eds). Eco-

nomic Perspectives on Cultural Heritage [M]. St.Martin's, New York, 1997: 74-87.

[80] Kluckhohn Clyde. Mirror for Man [M]. New York, Toronto: Whittlesey House, 1949.

[81] Kurt Heizelman. Rubbish and Aura: Archival Economics [M] //Michael Hutter, David Throsby, eds., Beyond Price. Value in Culture, Economics, and the Arts, New York: Cambridge University Press, 2008: 106-135.

[82] Lancaster K J. A new Approach to Consumer Theory [J]. Journal of Political Economy, 1966, 74 (4): 132-157.

[83] Lawrence D H. Phoenix [M]. London: Penguin, 1936: 539.

[84] Lourdes Arizpe. The Ritual and The Promise: Why People Value Social Ritual [M] //Michael Hutter, David Throsby, eds. Beyond Price. Value in Culture, Economics, and the Arts, New York: Cambridge University Press, 2008: 141-153.

[85] Luksetich W A, Lange M. D. A Simultaneous Model of Nonprofit Symphony [J]. Journal of Cultural Economics, 1995, 19 (1): 49-68.

[86] M Hutter, R Shusterman. Value and the Valuation of Art [M]. Economic and Aesthetic Thory, 197-201.

[87] Magretta J. Why Business Models Matter [J]. Harvard Business Review, 2002, 80 (5): 86-93.

[88] Malinowski Bronislaw.Argonauts of the Western Pacific: A Account of Native Enterprise and Adventure in the Archipelagoes of Melanesian New Guinea.London: Routledge, 1922.

[89] Marilena Locatelli-Biey. The Sculpture Market: An Adjacent Year Regression Index [J]. Journal of Cultural Economics, 2002, 26 (2): 65-78.

[90] Marina Bianchi. Time and Preferneces in Cultural Consumption [M] //in Michael Hutter and David Throsby, eds. Beyond Price, Value in Culture, Economics and the Arts. New York: Cambridge University Press, 2008, 237-257.

[91] Markusen A. Urban Development and the Politics of Creative Class: Evidence from a Study of Artists [J]. Environment and Planning, 2006, 38 (10): 38.

[92] Massimin. The Systematic Assessment of Flow in Daily Experience [A] //Csikszentm Ihalyi1 Optimal Experience: Psychological Studies of Flow in Conscious-

ness [C]. New York: Cambridge University Press, 1988: 288- 306.

[93] Mazzanti M. Cultural Heritage as Multi-dimensional, Multi-value and Multi-attribute Economic Good: Toward a New Framework for Economic Analysis and Valuation [J]. Journal of Socio-Economics, 2002, 31 (5): 529-558.

[94] McKenzie J. Movie Producers and the Statistical Distribution of Achievement [J]. Applied Economics Letters, 2010, 17 (17): 1657-1661.

[95] Michael Beckmann. Art Auctions and Bidding Rings: Empirical Evidence from German Auction Data [J]. Journal of Cultural Economics, 2004, 28 (3): 125-141.

[96] Michael E. Porter. 竞争优势 [M]. 陈小悦译. 华夏出版社, 2005: 36-57.

[97] Michael Hutter, David Throsby. Value and Valuation in Art and Culture [M]. Cambridge Press, 2008: 1-19.

[98] Michael Hutter, Richard Shusterman. Value and the Valuation of Art in Economic and Aesthetic Theory//V.Ginsburgh, D. Throsby, eds. Handbook of the Economics of Art and the Culture [M]. Amsterdam: Elsevier, 2006.

[99] MIÈGE B. The Capitalisation of Cultural Production [M]. NY: International Genral, 1989: 55-115.

[100] Miege B. The Cultural Commodity [J]. Media, Cultural and Society, 1979, 297-311.

[101] Mirowski Philip. Learning the Meaning of a Dalloar: Conservation Pricinples and the Social Theory of Value in Economic Theory [J]. Socail Research, 1990, 57 (3): 689-717.

[102] Mommaas H. De Culturele Industrie in Het Tijdperk Van de Netwerkeconomie [M]. Boekmancahier, 2000: 26-44.

[103] Mommaas. H. Cultural Clusters and the Post-industrial City: Towards the Remapping of Urban Cultural Policy [J]. Urban Studies, 2004 (41): 507-532.

[104] Murdock, G. Understanding the Cultural Industries [C]. London: routledge, 2003: 15-35.

[105] Neil De Marchi. Confluence of Vlaue: Three Historical Moments//Michael Hutter, David Throsby, eds. Beyond Price, Value in Culture, Economics,

and the Arts. New York: Cambridge University Press, 2008, 200–211.

[106] Nozik R. Philosophical Explanation [M]. Cambridge, MA: Belknap Press, 1981.

[107] O'Connor J. and Private in the Cultural Industries [M]//Johansson T, Sernhede O (Eds). Lifestyle, Desire and Politics: Contemporary Identities. Gothenburg, Sweden: Daidalos, 2002: 15–33.

[108] Olivier Chanel, Louis-André Gérard-Varet, Victor Ginsburgh. The Relevance of Hedonic Price Indices [J]. Journal of Cultural Economics, 1996, 20 (3): 1–24.

[109] Osterwalder A, Pigneur Y, Tucci C L. Clarifying Business Models: Origins, Present, and Future of the Concept [J]. Communications of the Association for Information Systems, 2005, 16 (1): 1–25.

[110] Paul M. Romer. Endogenous Technological Change [J]. Journal of Political Economy, 1990, 98 (10): 71–102.

[111] Peter. Maigers. Multinational Firms and Technology Transfer [J]. Scandinavian Journal of Economics, 2002, 104 (12): 495–513.

[112] Picard R G. Media firms: Structures, Operations and Performance [M]. New York: Fordham University Press, 2002: 56–78.

[113] Pommerehne W W, Fred L P. The Impact of Museum Purchase on the Auction Prices of Paintings [J]. Journal of Cultural Economics, 1997, 21 (3): 249–271.

[114] Pratt A. The Cultural Industries Production System: a Case Study of the Employment Change in Brita in 1984~1991 [J]. Environment and Planning, 1997: 1953–1974.

[115] Randw Ressler, John Keithwatson. The "Death-Effect" in Art Prices: A Demand-Side Exploration [J]. Journal of Cultural Economics, 2000, 24 (11): 283–300.

[116] Ravid S A. Information, Blockbusters and Stars: A Study of the Film Industry [J]. Journal of Business, 1999 (4): 463–492.

[117] Rihard Razgaiti S. Valuation and Prieing of Teehnology-based Intellectual Property [M]. Johnwiley&Sons, Ine., 2003: 1–362.

［118］ Robert E. Kleine III, Jerome B. Kernanl. Contextual Influences on the Meanings Ascribed to Ordinary Consumption Objects ［J］. Journal of Consumer Marketing, 1991, 18（12）: 311- 324.

［119］ Roger Mccain. Defining Cultural and Artistic Goods ［M］. Handbook of the Economics of Art and Culture, Drexel University, 2006, 1: 148-165.

［120］ Rokeach M. The Nature of Human Values ［M］. New York: Free Press, 1973.

［121］ Rosen. Hedonic Prices and Implicit Markets: Product Differentiation in Pure Competition ［J］. Journal of Political Economy, 1974, 82（1）: 34-55.

［122］ Schiler H I. The Coporate Take Over of Public Expression ［M］. Oxford/New York: Oxford University Press, 1989: 13-34.

［123］ Schum Peter J. 经济发展理论 ［M］. 北京: 商务印书馆, 2000: 103-110.

［124］ Shank Govindarajan. Strategic Cost Management ［M］. The Free Press, 1993: 256-280.

［125］ Simith Barbara H. Contingencies of Value: Alternative Perspectives for Critical Theory ［M］. Cambridge, Ma: Harvard University Press, 1988.

［126］ Steve Knopoff. Value in Yolngu Ceremonial Song Performance: Continuity and Change ［M］//Michael Hutter, David Throsby, eds. Beyond Price. Value in Culture, Economics, and the Arts. New York: Cambridge University Press, 2008: 127-139.

［127］ Stigler G, Becker G. De Gustibus Non Est Disputandum ［J］. American Economic Review, 1977, 67（3）: 76-90.

［128］ Subodh Bhat, Srinivas K. Reddy. Symbolic and Functional Positioning of Brands ［J］. Journal of Consumer Marketing, 1998, 15（1）: 32-43.

［129］ Ted Hagelin. Competitive Advantage Valuation of Intellectual Property Assets: A New Tool for IP Managers ［J］. The Journal of Law and Technology, 2003, 44（1）: 79.

［130］ Teece D J. Business Models, Business Strategy and Innovation ［J］. Long Range Planning, 2010, 43（2-3）: 172-194.

［131］ Terpstra, Vern. The Cultural Environment of International Business ［M］.

South-Western Publishing Company, 1978.

[132] Terry Smith. Creating Value between Cultures: Contemporary Australian Aboriginal Art [M]// Michael Hutter, David Throsby, eds., Beyond Price. Value in Culture, Economics, and the Arts, New York: Cambridge University Press, 2008: 23-39.

[133] Thierry M, Salomon M, Van Nunen J, etc. Strategic Issue in Product Recovery Management [J]. California Management Review, 1995 (37): 37-43.

[134] Thompson Michiael. Rubbish Theory: The Creation and Destruction of Value [M]. Oxford: Oxford University Press, 1979.

[135] Throsby D. Cultural Capital [J]. Journal of Cultural Economics, 1999, 23: 3-12.

[136] Throsby D. The Production and Consumption of the Arts: A View of Cultural Economics [J]. Journal of Economic Literature, 1994, 32 (1): 1-29.

[137] Throsby D, Withers G A. The Economics of the Performing Arts [M]. New York: St. Martin's, 1979.

[138] Throsby D. Determining the Value of Cultural Goods: How Much (or How Little) Does Contingent Valuation Tell Us? [J]. Journal of Cultural Economics, 2003, 27 (10): 275-285.

[139] Throsby D. Culture and Economics [M]. Cambridge University Press, 2001.

[140] Towse R. A Textbook of Cultural Economics [M]. New York: Cambridge University Press, 2010.

[141] Towse. R. Cultural Industries [M] //R Towse. A Handbook of Cultural Economics [M]. Cheltenham, UK: Edwarelgar, 2003: 170-177.

[142] Tse D K, Belk R W, Zhou N. Becoming a Consumer Sociey: Logitudinal and Cross-cultural Content Analysis of Print Ads from Hong Kong, and Taiwan [J]. Journal of Consumer Research, 1989, 15 (3): 457-473.

[143] Tunstall J. Communications Deregulation: The Unleashing of America's Communications Industry [M]. Oxford/ New York: Basil Blackwell, 1986: 55-65.

[144] Tynan A C, McKechnie, S A. Hedonic Meaning Creation though Christmas Consum Ption: A Review and Model [J]. Journal of Customer Behavior,

2009, 8 (3): 237-255.

[145] Victor Ginsburgh, Sheila Weyers. Quantitative Approaches to Valuation in the Arts with an Application to Movies [R]. Institute for Empirical Research in Economics University of Zurich, Working Paper Series, 2005, 6: 1-31.

[146] Voelpel S C, Leibold M, Tekie E B. The Wheel of Business Model R. Einvention: How to Reshape Your Business Model to Leapfrog Competitors [J]. Journal of Change Management, 2004, 4 (3): 259-276.

[147] Victor Ginsburgh. Awards, Success and Aesthetic Quality in the Arts [J]. Journal of Economic Perspectives, 17 (2): 99-111.

[148] Walters D, Lancaster G. Implementing Value Strategy Through the Value Chain [J]. Management Decision, 2000, 38 (3): 160-178.

[149] William J Baumol, Alan Peacock. A Manifesto for the Arts: Six Principles to Guide Government Arts Policies [M/OL]. London: Policy Institute, Society Series 6, 2005.

[150] Wittgenstein Ludwig. Lectures and Conversations on Aesthetics, Psychology and Religious Belief, ed.Cyril Barrett.Oxford: Blackwell, 1970.

[151] Wolff M. J.The Entertainment Economy: How Mega-Media Forces Are Transforming Our Lives [M]. New York: Random House. Three Rivers Press, 2000: 12-25.

[152] Yip G. Using Strategy to Change Your Business Model [J]. Business Strategy Review, 2004, 15 (2): 17-24.

[153] Yunus M, Moingeon B, Lehmann-Ortega L. Building Social Business Models: Lessons from the Grameen Experience [J]. Long Range Planning, 2010, 43 (2-3): 308-325.

[154] Z Griliches. Hedonic price indexes revisited, in "Price Indexes and Quality Change"(Griliches, Ed) [M]. Harvard, Cambridge, Massachusetts, 1971.

[155] 柏拉图. 柏拉图全集 [M]. 王晓朝译. 北京: 人民出版社, 2002.

[156] 常栓怀, 宋元梁. 艺术品的价格决定与博弈——以古瓷器价格为例 [J]. 求索, 2010 (1): 39-41.

[157] 陈劲, 斯亚奇, 谢芳. 企业知识产权价值实现的动态选择 [J]. 科学学与科学技术管理, 2011, 32 (11): 43-47.

[158] 成海清. 顾客价值驱动要素剖析 [J]. 软科学, 2007, 21 (2): 48-59.

[159] 大卫·赫斯蒙德夫. 文化产业 [M]. 张菲娜译. 北京: 中国人民大学出版社, 2007.

[160] 邓达. 创意产业核心价值与知识产权 [J]. 管理世界, 2006 (8): 146-147.

[161] 丁浩, 王炳成, 范柳. 国外商业模式创新途径研究述评 [J]. 经济问题探索, 2013 (9), 163-169.

[162] 杜文娟, 杨景越. 知识产权保护制度 [M]. 北京: 北京工业大学出版社, 2003: 12-50.

[163] 巩建华. 经济学价值理论的两个维度系统价值论初探 [J]. 甘肃理论学刊, 2005 (5): 59-62.

[164] 侯历华, 王新新. 国外品牌象征意义理论研究综述 [J]. 外国经济与管理, 2007 (6): 49-57.

[165] 胡彬. 创意产业价值创造的内在机理与政策导向 [J]. 中国工业经济., 2007 (5): 22.

[166] 胡晓鹏. 创意产品的价值结构与价值开发 [J]. 现代传播, 2008 (4): 110-113.

[167] 胡晓鹏. 技术创新与文化创意: 发展中国家经济崛起的思考 [J]. 科学学研究, 2006 (1): 125-130.

[168] 花建. 面对全球文化流动的前瞻视野和应对策略 [N]. 中国文化报, 2014-02.

[169] [加] 弗朗索瓦·科尔伯特. 文化产业营销与管理 [M]. 高福进等译. 上海: 上海人民出版社, 2002: 21-60.

[170] 姜明. 从价值的涵义看价值理论的争论 [J]. 江汉论坛, 2004 (01): 33-35.

[171] 金元浦. 文化研究: 理论与实践 [M]. 开封: 河南大学出版社, 2004: 5-17.

[172] 来小鹏. 影响知识产权价值评估的法律因素 [J]. 无形资产评估, 2008 (3): 33-35.

[173] 李碧珍. 创意商品的价值构成与价值实现 [J]. 当代经济研究, 2007 (9): 27-30.

[174] 李东华. 文化产品价值分析 [J]. 科技广场, 2006 (6): 125-126.

[175] 李红娟, 孙济庆. 知识产权的价值评估模型研究 [J]. 科技情报开发与经济, 2007 (6): 164-166.

[176] 李怀亮. 国际文化市场报告 [M]. 北京: 首都经济贸易出版社, 2014.

[177] 李嘉图. 政治经济学及赋税原理 [M]. 北京: 商务印书馆, 1972: 7.

[178] 李双金. 创意与创意资本化: 创新视角的分析 [J]. 上海经济研究, 2008 (9): 55.

[179] 李庭新, 李书. 文化产品价值的经济学分析 [J]. 市场周刊 (研究版), 2005 (3): 93-95.

[180] 李新家. 关于文化经济的几个理论问题 [J]. 思想战线, 2006 (1): 45-60.

[181] 李猷民. 从供求角度讨论价值的来源 [J]. 山东大学学报 (哲学社会科学版), 2007 (06): 98-100.

[182] 厉无畏, 王慧梅. 创意产业促进经济增长方式转变——机理·模式·路径 [J]. 中国工业经济, 2006 (11): 5-13.

[183] 厉无畏. 创意产业导论 [M]. 北京: 学林出版社, 2006: 3-5.

[184] 厉无畏. 论产业文化化 [J]. 科技和产业, 2004 (11): 10-14.

[185] 刘友金, 赵瑞霞, 胡黎明. 创意产业组织模式研究——基于创意价值链的视角 [J]. 中国工业经济, 2009 (12): 46-55.

[186] 马健. 艺术品价值评估的影响因素与基本框架 [J]. 中国资产评估, 2008 (7): 41-43.

[187] 马克思. 资本论 [M]. 北京: 人民出版社, 1975: 25-54.

[188] [美] 罗伯特·吉本斯. 博弈论基础 [M]. 高峰译. 北京: 中国社会科学出版社, 1999: 145-160.

[189] [美] 约瑟夫·派恩二世, 詹姆斯·吉尔摩. 体验经济 [M]. 机械工业出版社, 2002.

[190] 配第. 赋税论 [M]. 北京: 商务印书馆, 1996: 95.

[191] 彭艳. 文化创意产业中的创意扩散模式研究 [D]. 武汉: 武汉理工大学, 2010.

[192] 秦霖, 邱菀华. 文化产品价格形成机制探析 [J]. 经济与管理研究, 2005 (12): 26-29.

[193] 舒也. 本体论的价值之维 [J]. 浙江社会科学, 2006 (3): 125–132.

[194] 苏启林, 陈丹, 李凡. 创意产业: 由内涵界定到政策设计的演进 [J]. 中国工业经济, 2007 (8): 46.

[195] 孙春波. 论我国文化市场与文化产业的互动发展 [J]. 齐鲁艺苑, 2005 (1): 93–97.

[196] 汤晖, 钟洁. 文化产品的消费者感知价值研究 [J]. 西南民族大学学报 (人文社会科学版), 2011 (11): 136–140.

[197] 田志伟, 霍春辉. 创意生产力与创意经济发展 [J]. 生产力研究, 2009 (3): 66.

[198] 汪海粟. 信息失衡与无形资产减值分析 [M]. 北京: 经济科学出版社, 2009.

[199] 王诚军. 价值理论和评估理论溯源 [J]. 中国资产评估, 2001 (2): 18–19.

[200] 王万山, 伍世安. 马歇尔后的价格机制理论的发展述评 [J]. 经济评论, 2004 (2): 46–49.

[201] 王伟年, 张平宇. 创意产业与城市再生 [J]. 城市规划学刊, 2006 (2): 22–27.

[202] 王轶凡, 王德应. 知识产权价值实现的内涵及要素 [J]. 中国高校科技, 2011 (9): 72–73.

[203] 王志标. 文化创意产品供给目标冲突和协调 [J]. 管理评论, 2012, 24 (7): 24–32.

[204] 王志标. 影响文化产品价格的因素分析 [J]. 中南财经政法大学学报, 2008 (5): 114–118.

[205] 韦斯顿·安森. 知识产权价值评估基础 [M]. 李艳译. 北京: 知识产权出版社, 2009.

[206] 魏鹏举. 文化创意产品的属性与特征 [J]. 文化月刊, 2010 (8): 54–58.

[207] 翁君奕. 商务模式创新——企业经营"魔方"的旋启 [M]. 北京: 经济管理出版社, 2004.

[208] 西沐. 中国艺术品市场白皮书研究 [M]. 北京: 中国书店出版社, 2012.

[209] 胥悦红. 创意产业链的动态衍生模式探析 [J]. 改革与战略, 2009

（10）：120-122.

[210] 许成安，杨青. 劳动价值论、要素价值论和效用价值论中若干问题辨析 [J]. 经济评论，2008（1）：3-9.

[211] 雅昌艺术品拍卖网，http：//auction.artron.net/.

[212] 亚里士多德. 形而上学 [M]. 上海：商务印书馆，1959.

[213] 晏智杰. 经济学理论新解 [J]. 北京大学学报（哲社版），2001（6）：10-17.

[214] 杨晨，张涛. 基于价值的企业知识产权创新研究 [J]. 科学管理研究，2007（2）：53-56.

[215] 杨延超. 知识产权资本化 [M]. 北京：法律出版社，2008：285.

[216] 36大数据网站，http：//www.36dsj.com/archives/2260.

[217] [英] 吉姆·麦克盖根. 文化民粹主义 [M]. 桂万先译. 南京：南京大学出版社，2001：78.

[218] 游涛，臧秀清. 文化产品：特征与属性的再认识 [J]. 探索，2011（5）：121.

[219] 于冬. 基于经济增长模型下的企业知识产权价值评估 [J]. 科技管理研究，2005（2）：134-136.

[220] 袁煌，侯瀚宇. 版权价值评估对象及其价值影响因素探讨 [J]. 中国资产评估，2011（8）：15.

[221] 袁晓东. 知识产权交易成本分析 [J]. 电子知识产权，2006（11）：16-19.

[222] 詹姆斯·海尔布伦. 艺术文化经济学 [M]. 北京：人民大学出版社，2008.

[223] 张静静. 文化创意产业的知识产权价值评估研究 [M]. 北京：经济科学出版社，2011.

[224] 张迺英. 文化创意产品价值的实现路径分析 [J]. 社会科学，2012（11）：59-65.

[225] 张维迎. 博弈论与信息经济学 [M]. 上海：上海人民出版社，1996.

[226] 郑成思，朱谢群. 信息与知识产权的基本概念 [J]. 西南科技大学学报（哲学社会科学版），2006（3）：43-51.

[227] 郑成思. 知识产权论 [M]. 北京：法律出版社，2001：54-70.

[228] 郑文文，陈柳钦. 文化创意产品的版权博弈分析［J］. 产经评论，2012（7）：66-71.

[229]《纸牌屋》启示：大数据这样而来［EB/OL］. 新华网，2013.

[230] 中企华资产评估公司官方网站，http：//www.chinacea.com/.

后 记

未觉池塘春草梦，阶前梧叶已秋声。笔耕不辍数月，直至此时搁笔才发现时光如此匆匆。本书的成稿历经寒暑，几番修改，行文至此，唯有满心感激。

师恩深重，谆谆如父语，殷殷似友亲。首先要郑重感谢恩师高长春教授，他的鼓励与支持让我走上了改变人生轨迹的学术之路，他的渊博学识与严谨治学的态度指引我不断努力完善自我，他的宽容无私和高尚正直的人格魅力感染着我做一个正直、善良和满怀感恩之心的人，也正是由于老师的支持与指导让我得以完成人生的第一部学术专著。

谁言寸草心，报得三春晖。在此特别感谢我的父亲和母亲。正是他们无私的爱支持着我走到今天，感谢他们永远将我视为他们的小女儿，在我离家在外的岁月里时时刻刻为我牵挂担心，在我想要退缩的时候为我加油打气，在我取得进步的时候替我开心骄傲，他们也正是比我自己更加盼望本书顺利出版的两位忠实读者。

饮水思源，知遇有恩。感谢我的工作单位上海工程技术大学，感谢管理学院、投资金融系的各位领导、同事的支持与帮助。从学校到学院非常关心、支持青年教师的科研发展，经常举办各种学术研讨活动，为本书的撰写提供了良好的研究环境与氛围，给予了有力的科研保障。同时感谢诸多良师益友的帮助，感谢我的亲人朋友对我的关心与爱护，在此不能一一具名，但是我会把这份爱传递下去。

本书的撰写从市场价值实现与评估对创意产品市场这一热点问题进行了深入研究，付出了大量的时间、精力。在认真研究、思考、总结以及形成文章的过程中，深刻感受到自身水平有限、所知尚浅。即使许多先贤前辈已经踏出前路，但是追随探索中仍多有迷茫困惑，也付出了巨大的努力，每个小小的创新都是举步维艰，要不断地推敲、验证之后阐明自己的观点和思想。文章中表达不精练、不缜密之处还需在今后研究中进一步完善。期望自己的研究成果能对创意产品市场研究发展做出有益的补充和探索。

　　不忘初心，方得始终。我将始终怀抱着感恩的心，努力追求自己的梦想，继续漫漫求知之路。